中高年者縦断調査

（中高年者の生活に関する継続調査）特別報告

厚生労働省政策統括官
（統計・情報政策、政策評価担当）
一般財団法人　厚生労働統計協会

ま　え　が　き

　「中高年者縦断調査（中高年者の生活に関する継続調査）」は、平成 17 年
10 月末現在で 50〜59 歳である団塊の世代を含む中高年者世代を継続的に観
察することにより、高齢者対策等厚生労働行政施策の企画立案、実施等のた
めの基礎資料を得ることを目的として、平成 17 年度を初年として実施して
いるものです。
　この調査は、従来から行われてきた横断調査（毎回調査客体を替え、調査時
点の実態を明らかにする調査手法）と異なり、同一客体を継続的に調査し、
その実態や意識の変化、行動変化を把握し、詳細な分析を行う「縦断調査（ま
たは「パネル調査」）」という調査手法により実施しています。
　今般、「中高年者縦断調査（中高年者の生活に関する継続調査）」の調査
対象者が全員 60 歳以上となったことから、同一個人を追跡する縦断調査の
特性を活かし、50〜59 歳であった対象者を取り巻く環境が 10 年の間に
中高年者の就業や健康等に与えた影響について、独立行政法人労働政策研
究・研修機構の協力を得てまとめたものです。
　この報告書が行政施策の様々な基礎資料として利用されるとともに、関係
各方面においても幅広く利用していただければ幸いです。
　終わりに、ご協力いただいた調査対象の皆様をはじめ、調査に関わられた
関係各位に深く感謝いたしますとともに、今後一層のご協力をお願いする次
第です。

平成 31 年 3 月

　　　　　　　　　　　　　　　　　　厚生労働省政策統括官
　　　　　　　　　　　　　　　　　　（統計・情報政策、政策評価担当）

担 当 係

政策統括官付参事官付世帯統計室　中高年者縦断統計係

電話　03－5253－1111

内線　7594

目　　次

まえがき

Ⅰ　本報告書について……………………………………………………………　7

Ⅱ　調査の概要　………………………………………………………………………　9

Ⅲ　結果の概要
　　1　中高年者の就業継続と介護　……………………………………………… 12
　　2　高齢者の就業行動が健康意識の推移に与える影響　………………… 16
　　3　高齢者の公的年金受給額及び配偶関係別就業確率の観察　………… 18
　　4　住宅と中高年期の労働供給　……………………………………………… 20
　　参　考　…………………………………………………………………………… 22

Ⅳ　結果の詳細
　　第1章　中高年者の就業継続と介護　…………………………………… 25
　　第2章　高齢者の就業行動が健康意識の推移に与える影響　………… 43
　　第3章　高齢者の公的年金受給額及び配偶関係別就業確率の観察　… 58
　　第4章　住宅と中高年期の労働供給　…………………………………… 110
　　参　考　「団塊の世代」に焦点を当てた60代における就業の変遷

　　　　　　　　　　　－「団塊の世代」の段階的引退過程－　…………… 126

Ⅴ　用語の定義　…………………………………………………………………… 169

I　本報告書について

1　はじめに

　　本報告は、平成 17 年度より毎年調査・公表している「中高年者縦断調査」のデータが、平成 27 年調査（第 11 回調査）で 10 年分蓄積され、調査対象者も全員 60 歳以上となったことから、パネルデータの特性を生かした団塊の世代を含む中高年世代の行動変容について、独立行政法人労働政策研究・研修機構の協力を得てまとめたものである。

　　なお、第 1 章の「中高年者の就業継続と介護」は中村真理子氏（国立社会保障・人口問題研究所、元厚生労働省政策統括官付参事官付世帯統計室併任）、第 2 章の「高齢者の就業行動が健康意識の推移に与える影響」は三村国雄氏（元一橋大学経済研究所専任講師）、第 3 章の「高齢者の公的年金受給額及び配偶関係別就業確率の観察」は中野諭氏（独立行政法人労働政策研究・研修機構副主任研究員）、第 4 章の「住宅と中高年期の労働供給」は高橋陽子氏（独立行政法人労働政策研究・研修機構研究員）、参考の「『団塊の世代』に焦点を当てた 60 代における就業の変遷－『団塊の世代』の段階的引退過程－」は浅尾裕氏（独立行政法人労働政策研究・研修機構特任研究員）にご協力をいただいた。

2　縦断調査について

　　集団の一時点の状況を調べる調査を横断調査（cross-sectional survey）と呼ぶ。これに対し、同一個人から複数時点において回答を得るような調査方法のことを縦断調査（longitudinal survey）またはパネル調査（panel survey）という。具体例として、1 年に 1 度の調査を 3 回実施する場合を考えてみる。もしこの調査を横断調査として行うのであれば、原則、調査対象者は 3 回の調査実施毎に入れ替わり、ある個人が 2 回以上調査に回答することはない。しかし、縦断調査として行うのであれば、調査対象者は 3 回の調査すべてに回答することになる。よって、横断調査ではある集団の 3 時点の情報を知ることしかできないが、縦断調査ではある個人の 3 時点の変化を把握することができる。

　　このような縦断調査の利点の一つは、ある時点の状況が将来に与える影響を知ることができる点である。中高年者縦断調査を例にすれば、中高年者の介護の実施状況が数年後の就業状態といかに関連しているのかを把握することができる。本報告書ではこの利点を活かし、中高年者の就業にまつわるテーマを中心に、集計・分析を行った。

3　本報告書の構成について

　　本報告では 4 つのテーマごとに章立てを行い、各テーマに係る分析から得られた結果について、分析方法や手順とともに、図表や文章を用いて解説している。

　　また、参考として、団塊の世代に焦点をあてた分析結果を掲載している。

4　留意事項

　　本報告は、多変量解析の手法を使った分析を中心に構成されており、図中の星印は、統計的有意水準を表している。

　　凡例については、以下のとおりである。

***	1 ％水準で有意な結果
**	5 ％水準で有意な結果
*	10％水準で有意な結果

Ⅱ　調査の概要

1　調査の目的

　この調査は、団塊の世代を含む全国の中高年者世代の男女を追跡して、その健康・就業・社会活動について、意識面・事実面の変化の過程を継続的に調査し、行動の変化や事象間の関連性等を把握し、高齢者対策等厚生労働行政施策の企画立案、実施等のための基礎資料を得ることを目的として、平成 17 年度を初年として実施しているものである。

2　調査の対象

平成 17 年 10 月末現在で 50～59 歳である全国の男女を対象とし、厚生労働省が国民生活基礎調査を基に調査客体を抽出した。

3　調査の時期

　調査の周期　毎年 1 回（11 月の第一水曜日）

4　調査の事項

　家族の状況、健康の状況、就業の状況、住居・家計の状況　等

5　調査の方法

　第 5 回調査までは、調査員による配布・回収、第 6 回調査以降は郵送により行った。

6　利用上の注意

（1）　調査回における対象者の年齢は以下のとおりである。

第 1 回調査	（平成17年	2005年）	50～59歳
第 2 回調査	（平成18年	2006年）	51～60歳
第 3 回調査	（平成19年	2007年）	52～61歳
第 4 回調査	（平成20年	2008年）	53～62歳
第 5 回調査	（平成21年	2009年）	54～63歳
第 6 回調査	（平成22年	2010年）	55～64歳
第 7 回調査	（平成23年	2011年）	56～65歳
第 8 回調査	（平成24年	2012年）	57～66歳
第 9 回調査	（平成25年	2013年）	58～67歳
第10回調査	（平成26年	2014年）	59～68歳
第11回調査	（平成27年	2015年）	60～69歳

（2）表章記号の規約

計数のない場合	－
比率が微少（0.05 未満）の場合	0.0

（3）本概況の数値は小数点以下第2位を四捨五入しているため、内訳の合計が総数に合わない場合がある。

Ⅲ 結果の概要

結果の概要

1 中高年者の就業継続と介護

(1) 中高年者の就業継続の動向

中高年者のうち、就業継続確率が高いのは有配偶男性、低いのは有配偶女性

第1回調査時点で就業している者を対象に、就業継続確率について、生存時間分析の一種であるカプラン・マイヤー法による推定を行った。男女別、配偶関係別に就業継続確率を比較すると、就業継続確率が最も高いのは有配偶男性、最も低いのは有配偶女性であった。（図1－1）

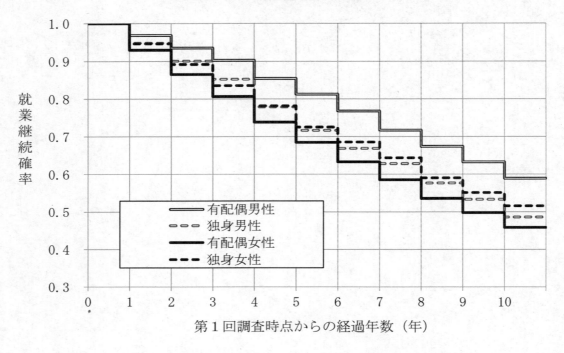

図1－1　第1回調査時に就業している者の就業継続確率の推定結果
：男女別、第1回調査時点の配偶関係別

注：「第1回調査時点からの経過年数」は、第1回調査時が0年目に該当する。

（2）介護の開始と就業継続確率

就業している中高年者が介護を開始すると就業継続確率が低くなる傾向
介護の開始後に就業継続確率が低くなる傾向があるのは男性より女性

第1回調査時点と第2回調査時点で就業しており、かつ介護・育児をしていない者を対象として、第3回調査時点の介護の実施の有無別に就業継続確率の推定を行った。

第3回調査時に介護をしていない者に比べ、第3回調査時に介護を開始した者の就業継続確率が低くなる傾向がみられる。また、第3回調査時に介護をしていない者と第3回調査時に介護を開始した者との就業継続確率の差は、男性より女性の方が大きい。（図1－2）

図1－2　第1回調査、第2回調査のいずれの時点でも就業しており、かつ介護・育児をしていない者の就業継続確率の推定結果：第3回調査時の介護の有無別

男性

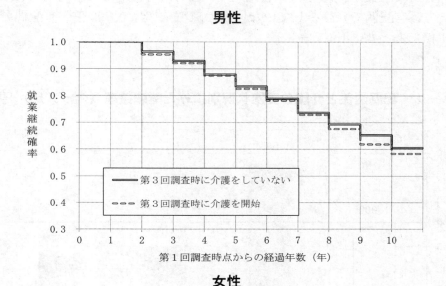

女性

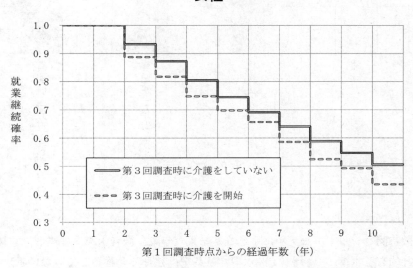

注：1）「第1回調査時点からの経過年数」は、第1回調査時が0年目に該当する。
　　2）図1－2の集計対象は第1回調査と第2回調査のいずれの時点においても就業を継続している者であるため、0年目（第1回調査時）、1年目（第2回調査時）の就業継続確率は1となる。ここでは第3回調査時の介護の実施状況別にその後の就業継続確率を推定しているため、2年目以降の値に注目した。

（３）介護の実施と離職確率（多変量解析による推定）

男性の場合、独身で介護をしていない者に比べ、独身で介護をしている者は約1.5倍離職確率が高い。一方、介護の実施の有無に関わらず、有配偶者の離職確率は低い傾向

ここまでの結果（図１－１、図１－２）から、性別と配偶関係によって就業継続確率が異なっていること、そして、介護の開始後の就業継続確率には男女差があることが観察された。しかし、図１－２は第３回調査時点での介護の実施の有無別に就業継続確率を比較したにすぎない。配偶関係と介護の実施状況が離職確率といかに関係しているかをより詳細に描出するため、多変量解析を行った。

男女別に個人の属性（年齢、教育水準、就業形態）を統制した上で配偶関係と介護の実施状況と離職確率の間の関連について、生存時間分析の一種である離散時間ロジット・モデルによる推定を行った。

男性の場合、独身で介護をしていない者に比べ、独身で介護をしている者の離職確率は1.509倍であった。一方、有配偶で介護をしていない者の離職確率は0.793倍、有配偶で介護をしている者では0.751倍であった。（図２－１）

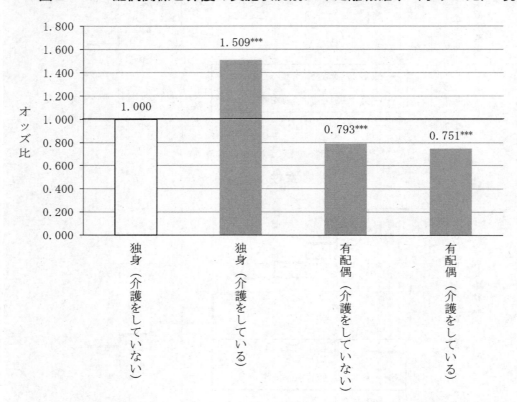

図２－１　配偶関係と介護の実施状況別にみた離職確率（オッズ比）：男性

注：1）離散時間ロジット・モデルによる推定結果（年齢、教育水準、就業形態を統制済の値）。
　　2）統計的有意水準：　***　１％水準　（基準は独身で介護をしていない者）
　　3）詳細は参考表（22頁）を参照。

女性の場合、独身で介護をしていない者と独身で介護をしている者の離職確率に統計的に有意な差は見られない。一方、独身で介護をしていない者に比べ、有配偶で介護をしていない者は約1.3倍、有配偶で介護をしている者は約1.6倍離職確率が高い傾向

女性の場合、独身で介護をしていない者と独身で介護をしている者の離職確率に統計的に有意な差は見られなかった。一方、独身で介護をしていない者に比べ、有配偶で介護をしていない者の離職確率は1.305倍、有配偶で介護をしている者の離職確率は1.580倍であった。(図2－2)

男性では、独身で介護をしている者の離職確率が最も高かったのに対し、女性では有配偶で介護をしている者の離職確率が最も高い（図2－1、図2－2）。

図2－2　配偶関係と介護の実施状況別にみた離職確率（オッズ比）：女性

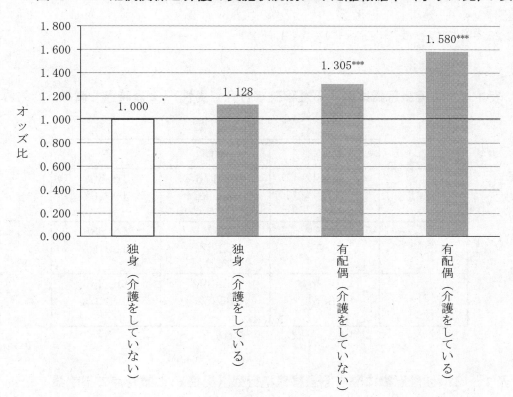

注：1）離散時間ロジット・モデルによる推定結果（年齢、教育水準、就業形態を統制済の値）。
　　2）統計的有意水準：　***　1％水準　（基準は独身で介護をしていない者）
　　3）詳細は参考表（22頁）を参照。

2 高齢者の就業行動が健康意識の推移に与える影響

１年前に就業していない者より、就業している者の方が、「健康」を維持している確率が高い。また、「不健康」が「健康」へ改善される確率も高い

　表１－１、表１－２は、男性を対象に、ある年次に健康意識が「健康」若しくは「不健康」であった者が、翌年「健康」若しくは「不健康」を維持していたのか、「健康」から「不健康」へ、「不健康」から「健康」へと変化したのかを示した表である。表１－１はある年次（表中ではｔ歳と表示）に就業していた者を対象に、表１－２はある年次に就業していなかった者を対象に集計を行った。

　男性の場合、ある年次に就業していた者で「健康」であった者が、翌年も「健康」を維持している確率は 92.0%、就業していなかった者では 89.2% であった。一方、ある年次に就業していた者で「不健康」から「健康」へと改善がみられた者は 39.1% であったのに対し、就業していなかった者では 26.0% であった。（表１－１、表１－２）

表１－１　健康意識に関する遷移確率行列（男性）：ｔ歳時点で就業

		t+1 歳		
		不健康	健康	計
ｔ 歳	不健康	6,492 60.9%	4,176 39.1% ※ 健康改善	10,668 100.0%
	健康	4,472 8.0%	51,216 92.0% ※ 健康維持	55,688 100.0%
	計	10,964 16.5%	55,392 83.5%	66,356 100.0%

注：上段はサンプル数、下段は遷移確率を示している。

表１－２　健康意識に関する遷移確率行列（男性）：ｔ歳時点で不就業

		t+1 歳		
		不健康	健康	計
ｔ 歳	不健康	2,103 74.0%	738 26.0% ※ 健康改善	2,841 100.0%
	健康	735 10.8%	6,072 89.2% ※ 健康維持	6,807 100.0%
	計	2,838 29.4%	6,810 70.6%	9,648 100.0%

注：上段はサンプル数、下段は遷移確率を示している。

表2－1、表2－2は、女性を対象に、表1－1、表1－2と同様の集計を行った結果である。
　女性の場合、ある年次に就業していた者で「健康」であった者が、翌年も「健康」を維持している確率は92.6％、就業していなかった者では91.2％であった。一方、ある年次に就業していた者で「不健康」から「健康」へと改善がみられた者は41.5％であったのに対し、就業していなかった者では31.3％であった。（表2－1、表2－2）
　男女ともに、1年前に就業していない者より、就業している者の方が、「健康」を維持している確率が高く、「不健康」が「健康」へ改善される確率も高い。

表2－1　健康意識に関する遷移確率行列（女性）：t歳時点で就業

t+1 歳

		不健康	健康	計
t 歳	不健康	4,251 58.5%	3,021 41.5% ※　健康改善	7,272 100.0%
	健康	3,368 7.4%	41,869 92.6% ※　健康維持	45,237 100.0%
	計	7,619 14.5%	44,890 85.5%	52,509 100.0%

注：上段はサンプル数、下段は遷移確率を示している。

表2－2　健康意識に関する遷移確率行列（女性）：t歳時点で不就業

t+1 歳

		不健康	健康	計
t 歳	不健康	5,106 68.7%	2,324 31.3% ※　健康改善	7,430 100.0%
	健康	2,425 8.8%	25,269 91.2% ※　健康維持	27,694 100.0%
	計	7,531 21.4%	27,593 78.6%	35,124 100.0%

注：上段はサンプル数、下段は遷移確率を示している。

3 高齢者の公的年金受給額及び配偶関係別就業確率の観察

男性の場合、配偶者の有無別にみると、公的年金の受給額に関わらず、配偶者ありの就業確率が高い傾向

男性の場合、配偶者の有無別にみると、公的年金の受給額に関わらず、いずれの年次においても、配偶者ありの就業確率が高い傾向がみられた。

なお、就業して一定の賃金を得ている場合に厚生年金の支給が停止される在職老齢年金制度があることにより、就業していることで公的年金受給額が低く出ている場合があるほか、就業確率は、社会・経済の影響もあることに留意する必要があるが、公的年金の受給額が低いほど、就業確率が上昇する傾向があり、いずれの年次においても共通して観察される。（表3－1）

表3－1 公的年金の受給額別にみた就業確率：60～64歳の男性

(%)

		2008年	2009年	2010年	2011年	2012年	2013年	2014年	2015年
配偶者あり	受給していない	91.8	88.9	94.4	95.6	96.0	97.2	96.3	96.8
	5万円未満	94.2	92.3	95.2	93.8	92.2	93.8	94.8	97.1
	5万円以上10万円未満	86.2	82.7	90.6	91.3	90.5	91.7	90.9	90.9
	10万円以上15万円未満	85.3	81.7	83.5	84.8	84.9	82.7	84.9	81.9
	15万円以上20万円未満	73.2	75.4	77.4	76.2	75.9	80.8	76.1	74.6
	20万円以上25万円未満	68.5	62.5	69.5	67.5	67.6	67.1	62.5	73.8
	25万円以上30万円未満	63.1	61.3	65.1	60.8	58.4	62.2	58.2	62.3
	30万円以上35万円未満	62.4	61.2	60.6	61.5	54.5	59.5	60.5	57.1
	35万円以上40万円未満	41.9	55.3	54.0	51.2	60.6	50.6	48.0	42.1
	40万円以上45万円未満	61.1	52.9	54.4	50.0	38.6	51.1	49.1	54.3
	45万円以上50万円未満	59.1	56.5	52.9	36.0	51.8	44.7	27.3	64.7
	50万円以上	75.0	81.3	63.6	53.1	65.0	68.2	57.1	44.4
	不詳	82.8	79.0	33.4	41.1	36.9	44.8	38.2	32.6
配偶者なし	受給していない	78.4	76.1	89.3	88.5	86.2	87.4	91.3	87.7
	5万円未満	80.0	78.4	80.0	84.2	75.6	80.9	69.8	80.6
	5万円以上10万円未満	71.4	69.6	72.1	77.8	80.3	71.6	84.7	82.0
	10万円以上15万円未満	59.5	66.1	80.0	70.6	64.8	63.9	65.8	67.2
	15万円以上20万円未満	73.3	54.1	67.4	55.1	54.7	59.4	56.1	56.8
	20万円以上25万円未満	31.8	45.0	55.6	53.2	46.6	53.2	40.4	35.9
	25万円以上30万円未満	60.0	33.3	51.9	61.8	31.8	40.9	38.9	52.9
	30万円以上35万円未満	66.7	43.8	45.5	38.9	50.0	43.8	53.8	27.3
	35万円以上40万円未満	25.0	66.7	42.1	57.1	58.3	40.0	40.0	40.0
	40万円以上45万円未満	0.0	50.0	33.3	22.2	33.3	28.6	50.0	50.0
	45万円以上50万円未満	100.0	100.0	0.0	50.0	－	50.0	0.0	－
	50万円以上	0.0	33.3	66.7	66.7	33.3	0.0	0.0	66.7
	不詳	47.1	59.1	24.7	19.0	22.2	20.6	20.0	21.6

注：1）公的年金受給額は2か月分の金額である。また、2008年の値には63歳と64歳、2009年の値には64歳の者が含まれていない。

2）配偶関係不詳の者を除く。

－18－

女性の場合、配偶者の有無別にみると、公的年金の受給額に関わらず、配偶者なしの就業確率が高い傾向

　女性の場合、配偶者の有無別にみると、公的年金の受給額に関わらず、いずれの年次においても、配偶者なしの就業確率が高い傾向がみられた。また、男性の場合と同様に公的年金の受給額が低いほど、就業確率が上昇する傾向がみられた。（表３－２）

表３－２　公的年金の受給額別にみた就業確率：60～64歳の女性

(%)

		2008年	2009年	2010年	2011年	2012年	2013年	2014年	2015年
配偶者あり	受給していない	55.1	53.9	87.5	88.5	91.3	88.8	91.3	90.9
	5万円未満	49.3	45.8	55.0	53.8	54.1	56.5	57.5	59.2
	5万円以上10万円未満	55.6	50.9	56.1	57.4	56.2	58.3	58.3	60.5
	10万円以上15万円未満	50.9	47.1	54.9	51.4	51.0	53.9	56.2	53.8
	15万円以上20万円未満	45.7	49.5	54.0	49.8	51.6	50.6	48.5	47.7
	20万円以上25万円未満	40.2	33.1	39.2	36.0	43.2	40.6	42.1	38.7
	25万円以上30万円未満	24.6	31.8	34.2	30.6	30.6	32.9	35.5	47.5
	30万円以上35万円未満	45.5	33.3	33.3	35.3	36.2	33.3	36.4	25.0
	35万円以上40万円未満	0.0	16.7	41.9	30.0	26.3	46.2	14.3	11.1
	40万円以上45万円未満	20.0	7.7	17.2	28.6	8.3	33.3	0.0	25.0
	45万円以上50万円未満	50.0	28.6	22.2	28.6	0.0	16.7	0.0	0.0
	50万円以上	33.3	42.9	43.5	44.4	80.0	33.3	0.0	100.0
	不詳	54.9	53.3	10.3	11.6	11.9	12.4	13.1	11.9
配偶者なし	受給していない	72.2	73.8	86.0	86.5	87.4	88.8	90.9	89.4
	5万円未満	78.0	65.7	80.6	80.0	77.3	74.7	73.8	80.7
	5万円以上10万円未満	73.0	71.7	82.0	77.3	79.7	87.6	78.0	71.0
	10万円以上15万円未満	59.7	58.9	62.3	70.7	62.9	60.4	60.7	69.0
	15万円以上20万円未満	66.0	60.2	62.4	64.1	63.5	63.8	66.1	67.6
	20万円以上25万円未満	49.4	49.2	57.5	53.8	52.3	47.6	50.4	50.5
	25万円以上30万円未満	36.5	44.7	43.7	38.8	30.7	33.3	36.8	42.6
	30万円以上35万円未満	23.5	26.5	35.0	33.3	46.4	41.9	61.1	30.8
	35万円以上40万円未満	20.0	0.0	28.6	43.8	11.1	21.4	40.0	33.3
	40万円以上45万円未満	0.0	－	0.0	33.3	0.0	33.3	66.7	75.0
	45万円以上50万円未満	－	0.0	50.0	50.0	100.0	0.0	0.0	0.0
	50万円以上	0.0	0.0	33.3	37.5	50.0	50.0	0.0	0.0
	不詳	52.9	63.6	17.1	17.4	12.4	22.0	12.3	17.2

注：１）公的年金受給額は２か月分の金額である。また、2008年の値には63歳と64歳、2009年の値には
　　　64歳の者が含まれていない。
　　２）配偶関係不詳の者を除く。

4　住宅と中高年期の労働供給

（1）住宅の所有の有無別にみた就業者の1週間の平均労働時間

　男性の場合、賃貸住宅居住者より住宅所有者の就業者の1週間の平均労働時間が短い傾向

　男性について、住宅の所有の有無別に、就業者の1週間の平均労働時間をみると、50歳代から60歳代を通じて、賃貸住宅居住者より住宅所有者の1週間の平均労働時間が短い傾向がみられた（図3）。

図3　住宅の所有の有無別にみた年齢各歳別就業者の平均労働時間：男性

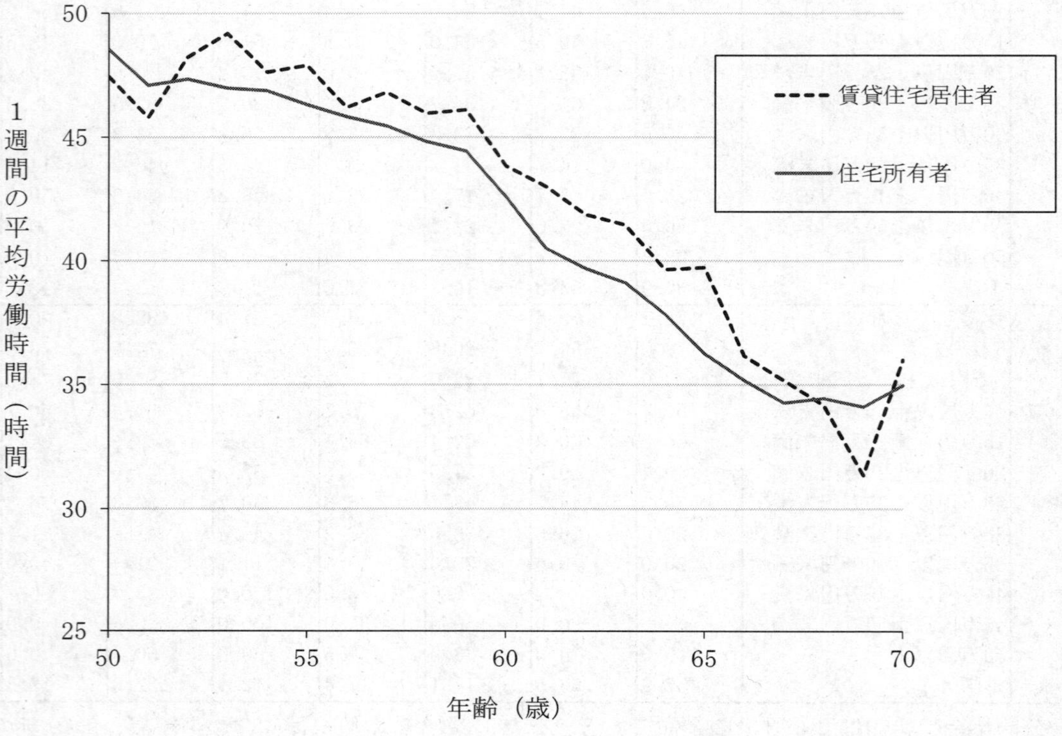

注：年齢には、調査実施年の年末時点の年齢を用いている。

（2）住宅の所有が労働時間に与える影響の推定（多変量解析による分析）

男性の場合、賃貸住宅居住者より住宅所有者の労働時間が2.5％短い
更に、住宅所有者で住宅ローンがない場合、賃貸住宅居住者より労働時間が3.6％短い
（※多変量解析の結果の詳細、分析手法については報告書を参照。）

　男性の場合、図3から、賃貸住宅居住者より住宅所有者の1週間の平均労働時間が短い傾向があることがわかった。しかし、住宅所有者と賃貸住宅居住者の間では、本人の収入や年齢、有配偶率や子どもがいる比率、介護状況など、個人の属性が異なっているため、住宅の所有が就業行動に与える影響を推定するには、個人の属性を統制した分析を行う必要がある※。
　個人の属性（本人の収入、年齢、結婚経験の有無、同居している子どもの有無等）の影響を統制した分析では、賃貸住宅居住者より住宅所有者の労働時間が2.5％短く、更に、住宅所有者で住宅ローンがない場合には、賃貸住宅居住者より労働時間が3.6％短いという結果が得られた。
（表4）

※ 例えば、住宅所有者より賃貸住宅居住者の方が婚姻率は低い。詳細は報告書を参照。

表4　労働時間に対する住宅所有の影響の効果の推定結果：男性

	固定効果推定 労働時間（対数）		
	モデル1	モデル2	モデル3
住居所有ダミー	-0.025 *		
	[0.014]		
住居所有（住宅ローンあり）		-0.006	
		[0.018]	
住居所有（住宅ローンなし）			-0.036 *
			[0.019]
本人の収入（対数）	0.088 ***	0.060 ***	0.095 ***
	[0.002]	[0.003]	[0.002]
年齢	-0.015 ***	-0.012 ***	-0.017 ***
	[0.001]	[0.001]	[0.001]
既婚ダミー	0.016	0.022	0.021
	[0.013]	[0.020]	[0.016]
同居の子どもの有無	0.000	-0.009	0.005
	[0.004]	[0.006]	[0.005]
別居の子どもの有無	0.013 ***	0.019 ***	0.009 *
	[0.004]	[0.006]	[0.005]
介護の有無ダミー	0.007	0.001	0.014 **
	[0.005]	[0.008]	[0.006]
定数項	4.385 ***	4.245 ***	4.443 ***
	[0.042]	[0.062]	[0.053]
就労形態ダミー	Yes	Yes	Yes
年固定効果	Yes	Yes	Yes
サンプルサイズ	70,203	26,305	49,710
決定係数R²	0.203	0.126	0.204
推定に使用した対象者数	8,795	4,747	7,560

注：1）それぞれ男性のサンプルについて、モデル1は全サンプル、
　　　　モデル2は賃貸住宅居住者と住宅所有者（住宅ローンあり）、
　　　　モデル3は賃貸住宅居住者と住宅所有者（住宅ローンなし）について集計。
　　2）就労形態ダミーとは、正規就業の場合を0、非正規雇用・自営の場合を1とした変数である。
　　3）表中[　　]は、標準誤差である。
　　4）統計的有意水準：*** 1％，** 5％，* 10％

参　　考

1　集計対象の条件および集計数

図表番号	集計条件	集計数	
		対象者数（人）	サンプル数
図1－1	第1回調査時に就業をしており、かつ配偶関係が不詳ではなかった者	（総数）　27,107 （男性）　15,272 （女性）　11,835	
図1－2	第1回、第2回調査のいずれの時点においても就業しており、かつ介護・育児をしておらず、第3回調査時の介護状況が不詳ではなかった者	（総数）　17,389 （男性）　10,165 （女性）　 7,224	
図2－1 図2－2	第1回、第2回調査のいずれの時点においても就業しており、第3回以降の調査に回答している者 注：調査対象者が1度調査に協力するたびに1サンプルのデータとなるよう形式を変換し、情報に欠損のないサンプルのみを用いた。	（総数）　21,742 （男性）　12,505 （女性）　 9,237	（図2－1）　　69,348 （図2－2）　　48,946
表1－1 表1－2 表2－1 表2－2	第1回調査から第11回調査に連続で回答している者 注：調査対象者が1度調査に協力するたびに1サンプルのデータとなるよう形式を変換し、情報に欠損のないサンプルのみを用いた。	（総数）　20,101	（表1－1）（男性）66,356 （表1－2）（男性）　9,648 （表2－1）（女性）52,509 （表2－2）（女性）35,124
表3－1 表3－2	第4回調査から第11回調査に連続で回答している者	（総数）　20,701 （男性）　 9,515 （女性）　11,186	
図3 表4	第1回調査から第11回調査に連続で回答している男性 注：調査対象者が1度調査に協力するたびに1サンプルのデータとなるよう形式を変換し、情報に欠損のないサンプルのみを用いた。	（総数）　 9,247	（図3、表4）　　70,203

2　参考表

図2－1、図2－2　離職の発生確率の推定結果（離散時間ロジット・モデル）

		男性	女性
教育水準	大学卒業	0.904 ***	0.880 ***
就業形態	正規の職員	1.000	1.000
	パート・アルバイト	1.021	0.887 **
	派遣社員，契約・嘱託	1.155 ***	1.014
	自営業主ほか	0.353 ***	0.484 ***
配偶関係と介護状況	独身で介護をしていない	1.000	1.000
	独身で介護をしている	1.509 ***	1.128
	有配偶で介護をしていない	0.793 ***	1.305 ***
	有配偶で介護をしている	0.751 ***	1.580 ***

注：1）値はオッズ比。男性，女性いずれについても年齢を統制済。対象は第3回調査から第11回調査。
　　　分析の詳細は報告書を参照。
　　2）統計的有意水準：　*** 1％，** 5％

IV 結果の詳細

IV 結果の詳細

第1章　中高年者の就業継続と介護

はじめに

　本章の目的は、中高年者の介護の実施と就業継続の関係の実態を把握することである。特に、どのような人が介護の開始とともに離職を経験しやすいのかを明らかにし、その背景を探る。以下でははじめに、就業構造基本調査の結果から現在の介護と就業の関係を確認し、それを踏まえた上で中高年者縦断調査データの特性をいかした分析を行っていく。

1　介護と就業の実態

　近年の日本における介護の実施状況と介護をしている人の就業状態に関して、平成24年就業構造基本調査の結果から確認する。

1－1　誰が介護を担っているのか

　現在の日本において介護を担っているのはどのような人なのだろうか。平成24年就業構造基本調査によれば、介護をしている者は557万4千人で、そのうち男性は200万6千人、女性は356万8千人となっており、全体の3分の2を女性が占めている。また、介護をしている者のうち、約7割が50歳以上である。

　図1では、介護をしている人の年齢階級別に性別・有業無業別の構成の内訳を示している。いずれの年齢階級でも女性が過半数を占めており、さらには男女ともに高い年齢階級になるほど無業の者の割合が上昇することがわかる。

　介護の主な担い手は中高年者であり、女性が占める割合が高い。加えて、年齢が高くなるほど、介護をしている人が仕事をしていない傾向にあることが確認できる。

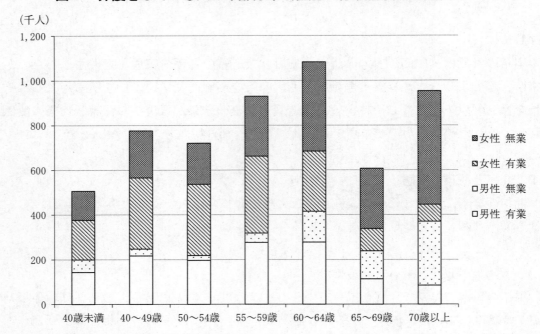

図1 介護をしている人の年齢分布（性別・有業無業別の内訳）

資料：総務省「平成24年就業構造基本調査」

1－2　介護と就業の両立は難しいのか

　図1から、介護をしている人に占める無業者の割合は、高齢になるほど高くなることが確認された。しかし、この結果から介護と仕事の両立が困難であるのかどうかを判断することはできない。単に高い年齢の人が定年などを理由に退職し、介護を担うようになっているという可能性を排除できないためである。介護が就業を抑制しているかどうかを確認するには、介護をしている者と介護をしていない者の間で有業者の割合の差を比較する必要がある。

　図2は、男女別、年齢階級別に、介護をしている人と介護をしていない人の有業・無業の割合を示したグラフである。無業者については就業希望の有無の内訳も示している。男女とも、介護をしている人の有業割合率が低い傾向がある。さらに、無業者に占める就業を希望する人の割合は、介護をしている人の方が高い傾向がある。介護をしている人は介護をしていない人に比べて就業している者の割合が低く、加えて、就業希望を持ちながらも就業することができていないことが確認できる。

図2－1　年齢階級別、介護実施の有無別にみた有業・無業の構成割合：男性

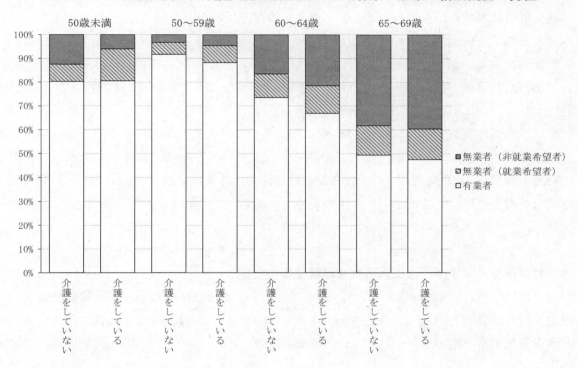

資料：総務省「平成24年就業構造基本調査」

図2－2　年齢階級別、介護実施の有無別にみた有業・無業の構成割合：女性

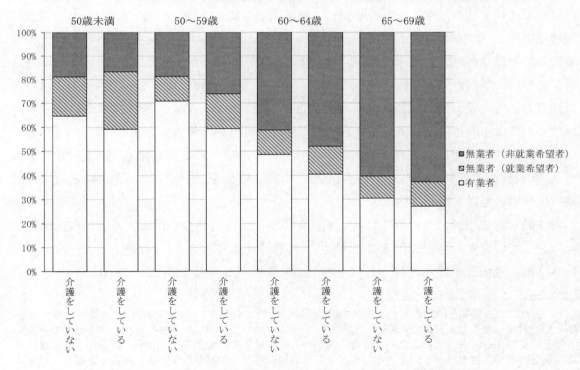

資料：総務省「平成24年就業構造基本調査」

2 中高年者縦断調査を用いた分析から明らかにしたいこと

就業構造基本調査から読み取ることができたのは介護の担い手の多くが50歳以上の中高年者であること、過半数を女性が占めていること、介護をしている人は介護をしていない人に比べて無業の割合が高く、さらには無業者に占める就業希望者の割合は高いということであった。介護と就業の両立には何らかの困難が伴っており、就業が抑制されている可能性がある。

では、介護の実施に伴って仕事を辞めてしまうのはどのような人なのだろうか。中高年者縦断調査のデータの分析からこの点を明らかにしていく。特に中高年者縦断調査は、第1回調査から第11回調査までの間、各調査時点における調査対象者の就業状況、介護の実施状況を調査していることから、介護の実施と離職の発生の関係をとらえることができる。本章ではこのデータの特性を生かし、生存時間分析という手法を用いる。

3 カプラン・マイヤー法による就業継続確率の推定

はじめに、生存時間分析の一つであるカプラン・マイヤー法を用いて、就業継続確率の推定を行う。介護を開始した人と介護をしていない人の就業継続確率を比較することで、介護を開始すると離職が発生しやすい（就業が継続されにくい）のか否かを確認する。

3-1 使用するデータと変数、分析手法

【データと変数】

分析で使用するのは中高年者縦断調査の第1回から第11回調査のデータである。調査対象者は平成17年10月末時点で50〜59歳であった全国の男女である。調査は年1回、毎年継続して実施されているため、第1回調査時点で50代であった調査対象者が60代になるまでの期間の情報が分析対象となっている。（なお、第1回調査から第5回調査までは調査員調査として、第6回調査以降は郵送調査として実施されている。調査票ほか、調査の詳細については中高年者縦断調査の実施回毎に作成されている報告書を参照されたい。）

この調査では毎年、対象者の調査の実施時点における介護の実施状況と調査対象者本人の就業の状況を質問している。本分析ではこの調査項目を用いて、介護の開始と就業継続確率の関係の推定を行っていく[1]。

具体的な調査項目についてみていく。就業については「あなたはふだん何か収入になる仕事をしていますか。」という質問に続き、「1仕事をしている」「2仕事をしていない」という2つの選択肢が提示され、どちらか1つを選択する形式で調査が行われている。本分

---

[1] この調査では、調査と調査の間の1年間の離職経験についても調査しているので、月単位での離職の経験を分析対象とすること可能ではある。しかし、介護については、調査の実施時点における介護の実施の有無を聞くににとどまっているため、介護の開始時点は年単位で把握することしかできない。例えば、第4回調査時点で介護を行っていなかった者が、第5回調査時点で介護をしていると回答した場合、第5回調査時に介護を開始したとみなすことはできるが、平成何年の何月から介護を開始したのかということはわからない。このようなデータの性質を踏まえ、本章の分析においては調査時点の介護の実施状況と就業の状況を基準として、分析を行うこととした。

析では就業継続が途絶えること（つまりは離職）に関心があるので、第1回調査から「1　仕事をしている」を選択し続けてきた調査対象者が「2　仕事をしていない」を初めて選択した時にイベント（離職）が発生したとみなしている。

　介護については、調査対象者の介護の実施状況を問う質問項目は、第1回・第2回調査と第3回調査以降で調査票の形式が変更されている。第1回・第2回調査では、「あなたは、同居している方や同居していない親族に対して介護や育児をしていますか。」という質問文に対し「1　している」「2　していない」を回答する形式になっている。しかし、第3回調査では「あなたは現在、同居している方や同居していない親族に対して、介護や育児をしていますか。」という質問文に対し、介護と育児それぞれについて「1　している」「2　していない」の2つの選択肢が提示され、どちらか1つを選択する形式の質問になっている。

　この調査項目を参照し、第3回調査時で介護について「1　している」を選択した者を「介護を開始した者」として、「2　していない」を選択した者を「介護をしていない者」として、それぞれのその後の就業継続確率の比較を行った。

【分析手法】

. ここでは、離職という事象（event）が発生するまでの時間の長さとその発生確率の関係に関心があるので、生存時間分析という手法を用いている。具体的には、カプラン・マイヤー法によって属性別の生存率（本章の場合には就業継続確率）を求め、属性同士の比較を行うことで、介護の開始と離職の発生の実態についてみていく。

　カプラン・マイヤー法とは、イベントが発生し得る期間の開始から終了までの時間の長さの順に調査対象者の情報を並べ、経過時間ごとにイベントが発生しない確率、つまりは生存率の算出を行い、その生存率の値を掛け合わせることで、経過時間ごとの生存率を求める方法である。具体的には、第1回調査からイベントの発生（離職の発生）までの年数若しくは、第1回調査から脱落（連続して回答していた者が回答しなくなるか、就業状況が不詳となる時点）までの年数の長さの順に調査対象者の情報を並べ、時間ごと（1年毎）に離職が発生しない確率を算出する。そして、その離職が発生しない確率を第1回調査から順に掛け合わせる（例えば、調査の開始時点から1年後の就業継続確率に2年後の就業継続確率を掛け合わせることで、2年後の就業継続確率を求める）ことで、第1回調査時点からの経過年数毎の就業継続確率を求める。この就業継続確率をつないで曲線として示し、調査対象者の属性や介護の実施の有無別に比較を行った。

3-2　結果
3-2-1　調査対象者の性別、配偶関係別にみた就業継続確率

　介護の開始と離職の関係を分析する前に、調査対象者の基本的な属性別に就業継続確率の動向を確認しておく。図3-1は、第1回調査時点で就業していると回答した者を対象に、その後の就業継続確率[2]を示したグラフである。集計対象を第1回調査時点で就業していると回答した者に限定しているので、第1回調査時点では全員が就業している。その後1年、2年と時間が経過するとともに就業を継続している確率が低下していく。

　この就業継続確率を男女別、配偶関係別に比較すると、就業継続確率が最も高いのが有配偶男性で、最も低いのが有配偶女性であった。独身の男女の就業継続確率は有配偶男性と有配偶女性の間を推移している。性別、配偶関係別に就業継続確率が異なることが確認できる。

図3-1　第1回調査時に就業している者の就業継続確率の推定結果

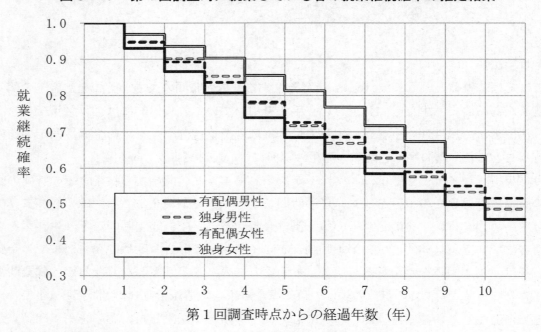

注：1）対象は第1回調査時で就業していると回答した者（27,107ケース）
　　2）「第1回調査時点からの経過年数」は第1回調査時点からの経過年数を示しているため、第1回調査時が0年目に該当する。

---

[2] 3-1で記述した通り、第1回調査時点以降、就業をしていると回答し続けていることを「就業継続」としている。転職や再就職の動向は考慮していない点は留意されたい。

３－２－２　介護の開始の有無別にみた就業継続確率

　では、介護の開始と就業継続確率との間には関連がみられるのだろうか。図３－２は、第１回調査時点と第２回調査時点ではいずれの時点においても就業しており、かつ介護・育児をしていない者を対象に、第３回調査時点の介護の実施の有無別に就業継続確率の推定を行ったグラフである。

　男性と女性、いずれの場合においても第３回調査時点で介護を開始した者に比べ、第３回調査で介護をしていない者の就業継続確率が高い傾向が観察された。ただし、男性では第３回調査時点で介護を開始した者と介護をしていない者の間の就業継続確率の差はごく僅かにすぎない。しかし女性の場合、第３回調査時に介護を開始した者の就業継続確率は、第１回調査時点の２年後以降、第３回調査時に介護をしていない者よりも低い値をとり続けている。男性よりも女性の方が介護の開始とともに離職を経験しやすいとみてよいだろう。

図3－2　第1回調査、第2回調査時のいずれの時点でも就業しており、かつ介護・育児をしていない者の就業継続確率の推定結果：第3回調査時の介護の有無別

男性

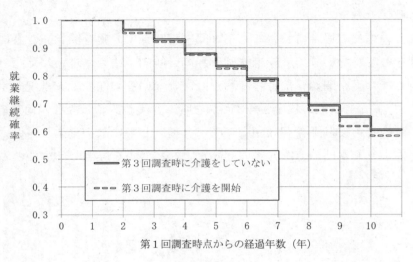

女性

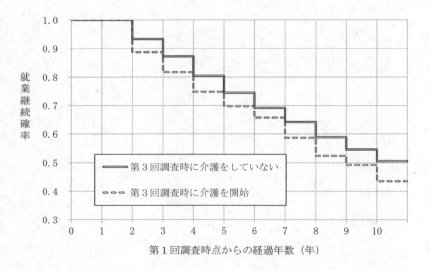

注：1）対象は第1回調査と第2回調査のいずれの時点でも就業し、かつ介護・育児をしていない者で、第3回調査時の介護状況に有効回答している者（男性10,165人、女性7,224人）。

2）「第1回調査時点からの経過年数」は第1回調査時点からの経過年数を示しており、第1回調査時が0年目に該当する。

３－３　考察

　カプラン・マイヤー法による就業継続確率の推定から、就業継続確率は性別と配偶関係によって異なっていること、そして、介護の開始後に離職が発生しやすく、その傾向は男性よりも女性ではっきりと表れていることがわかった。介護の実施と離職の関係は、介護の実施者の属性によって異なっていることが示唆される結果である。

　ただし、ここまでみてきた推定の結果はあくまで介護の開始と離職の関係の全体像をとらえるために「第３回調査時に介護を開始した者」と「第３回調査時に介護をしていない者」の就業継続確率の比較を行ったにすぎない。調査対象者の年齢や就業形態といった要因を統制していないほか、第３回調査以降の介護の実施状況は考慮されていない。多変量解析を行うことで、調査対象者の属性（年齢、就業形態、教育水準）などを統制し、配偶関係別・介護の実施の有無別に離職確率を検討しておく必要がある。

４　離散時間ロジット・モデルによる離職確率の推定

　３－１で示した通り、生存時間分析に用いるデータにはイベントが発生し得る期間の開始時間と終了時間の情報が必要となる。離散時間ロジット・モデルとはこの時間の測定単位が離散的である場合に利用される方法で、ある時点までにイベントが発生していないという条件の下で、ある時点（t時点）にイベントが発生する確率を推定する。言い換えると、イベントが発生し得る期間の人–期間データ（person-period data）に対して、イベントが発生するか否かのダミー変数を従属変数としたロジット・モデル分析を行う方法である。

　分析では、第１回調査、第２回調査のいずれの時点においても就業をしている者を対象とし、第３回調査から第 11 回調査の期間の情報を使用する。（なお、調査対象者本人以外が回答していることが明らかな場合は推定から除外した。）従属変数は離職の発生確率（オッズ比）である。年齢（各調査の実施時点の年齢）教育水準（第２回調査の情報から変数を作成。高等教育を受けている者を１、高校卒業以下の者を０とした。）、就業形態（調査時点における就業形態を１正規の職員、２パート・アルバイト、３派遣社員、契約・嘱託、４自営業主ほかの４カテゴリに分類した。）を統制した。そして、配偶関係（各調査時点において、配偶者がいる場合を「有配偶」、配偶者がいない場合を「独身」とした）と介護の実施の有無を組み合わせた変数を作成し、配偶者の有無と介護の実施状況によって離職確率がいかに異なるかを確認した。

　表１は、「男性」「女性」２つのモデルについての推定結果である。表中のオッズ比とは、基準カテゴリに対する相対的な離職確率を示しており、１より値が小さいと基準カテゴリよりも離職の確率が低く、１より大きいと離職確率が高いことを意味する。よって表中の値からは、年齢、教育水準、就業形態といった個人の属性の影響を統制した上で、独身で介護をしていない者を基準に、独身で介護をしている者、有配偶で介護をしていない者、有配偶で介護をしている者の離職確率が何倍程度大きい（小さい）のかということを読み

取ることができる。

　男性の結果から確認していくと、独身で介護をしていない者の離職確率を1とすると、有配偶で介護をしていない者の離職確率が 0.793 倍、独身で介護をしている者の離職確率が 1.509 倍、有配偶で介護をしている者の離職確率が 0.751 倍という結果であった。独身で介護をしていない者を基準とすると、有配偶者は介護の実施の有無に関わらず離職確率が低いのに対し、独身者で介護をしている場合の離職確率は約 1.5 倍になるという結果である。

　女性の場合、独身で介護をしていない者の離職確率と、独身で介護をしている者の離職確率との間に統計的に有意な差はみられなかった。しかし、有配偶で介護をしていない者の離職確率は 1.305 倍、有配偶で介護をしている者では 1.580 倍となった。独身者よりも有配偶者の離職確率が高く、その中でも有配偶で介護をしている者の離職確率が高いという結果である。

表1　離散時間ロジット・モデルによる離職確率の推定結果

		オッズ比 男性	オッズ比 女性
教育水準	大学卒業	0.904 ***	0.880 ***
就業形態	正規の職員	1.000	1.000
	パート・アルバイト	1.021	0.887 **
	派遣社員，契約・嘱託	1.155 ***	1.014
	自営業主ほか	0.353 ***	0.484 ***
配偶関係と介護状況	独身で介護をしていない	1.000	1.000
	独身で介護をしている	1.509 ***	1.128
	有配偶で介護をしていない	0.793 ***	1.305 ***
	有配偶で介護をしている	0.751 ***	1.580 ***
	定数	0.0226494 ***	0.0485051 ***
	分析対象のサンプル数	69,348	48,946

注：1）値はオッズ比。男性，女性いずれについても年齢を統制済。対象は第3回調査から第
　　　　11 回調査。
　　2）統計的有意水準：　*** 1％，** 5％

－34－

図4　配偶関係と介護の実施状況別にみた離職確率（オッズ比）

男性

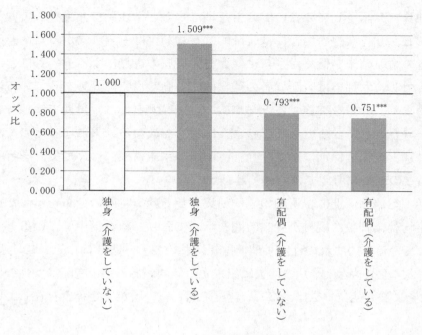

女性

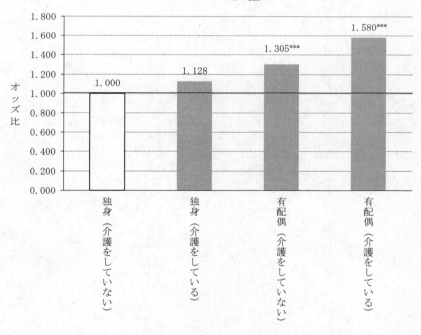

注：1）離散時間ロジット・モデルによる推定結果（年齢、教育水準、就業形態を統制済の値）。
　　2）統計的有意水準：　***　1％水準　（基準は独身で介護をしていない者）
　　3）詳細は表1を参照。

5　なぜこのような結果になったのか

　離散時間ロジット・モデルによる推定の結果から明らかになったのは次の二点である。第一に、男性は独身で介護をしていない場合を基準にすると、独身で介護をしている者の離職確率が高い。しかし、女性の場合には統計的に有意な差はみられなかった。第二に、男性では有配偶者の離職確率が低く、さらには介護の実施の有無による違いもほとんどみられなかったのに対し、女性では有配偶者の離職確率が高く、特に介護をしている場合に顕著であった。つまり、介護を実施すると離職確率が上昇するのは、男性では独身者、女性では有配偶者ということになる。なぜこのように男女で異なる結果になったのであろうか。ここでは、性別、配偶関係別に就業、介護、同居の家族構成について集計を行った結果を参照しながらこの理由を考えていくこととしたい。

　図5は、男女別・配偶関係別に1週間の平均就業日数と就業時間の分布を示したグラフである。横軸が平均就業日数、縦軸が就業時間を示しており、線が集中しているところに多くの人が集中している。いずれの性別・配偶関係においても「週5日」そして「週 40～49 時間」（つまりはフルタイム就業）の就業に集中する傾向があるが、有配偶女性の場合のみ、フルタイム就業よりも就業日数は少なく、就業時間も短い層が一定程度存在している。

図5　性別、配偶関係別にみた1週間の平均就業日数と就業時間の分布（第2回調査時）

独身男性

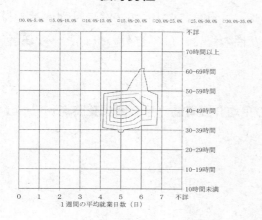

有配偶男性

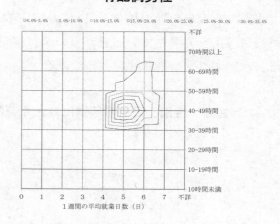

独身女性

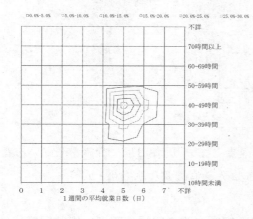

有配偶女性

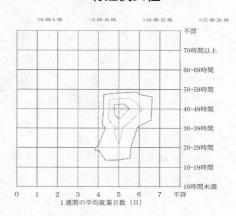

注：集計対象は第1回・第2回調査いずれの時点でも就業している者。
　（独身男性1,488人、有配偶男性12,230人、独身女性1,811人、有配偶女性8,546人。）

　次に介護の内容について確認する。図6は介護をしている者を対象に、男女別・配偶関係別に1週間の平均介護時間を示したグラフである。男性、女性いずれにおいても、独身者の介護時間が長い傾向がある。特に男性の場合、独身男性の1週間の平均介護時間は17.9時間であるのに対し、有配偶男性は9.9時間となっており、女性と比べて差が大きい。（独身女性は16.0時間、有配偶女性は14.2時間）

　また、介護をしている相手を示したのが表2である。独身男性の場合、「自分の母」を介護する割合が最も高く（77.0％）、次いで「自分の父」（23.7％）となっており、それ以外の者を介護している割合はごく僅かである。独身女性の場合、独身男性と同様に「自分の母」（59.9％）や「自分の父」（25.8％）を介護している者の割合が高いが、「配偶者の母」（9.3％）を介護している者も一定程度存在する。独身男性の介護はほとんどが自分の親の

介護であるのに対し、独身女性が行う介護は、必ずしも自分の親の介護ではないことがわかる[3]。

また、有配偶男性の場合、「自分の母」（58.5％）、「自分の父」（25.0％）、「配偶者の母」（14.7％）を介護している者が多いが、有配偶女性の場合には「自分の母」と「配偶者の母」はいずれも4割程度を占めている。

図6　性別、配偶関係別にみた1週間の平均介護時間（第3回調査時点）

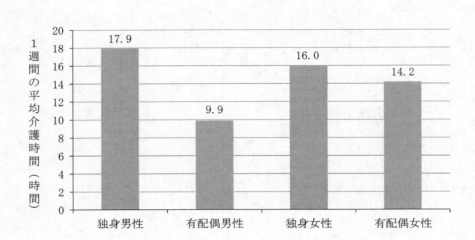

注：集計対象は第1回・第2回調査いずれの時点でも就業しており、第3回で介護をしている者。
（独身男性139人、有配偶男性896人、独身女性182人、有配偶女性1,021人。）

表2　性別、配偶関係別にみた、介護をしている相手（第3回調査時点・複数回答）

	実数（複数回答）				構成割合			
	独身男性	有配偶男性	独身女性	有配偶女性	独身男性	有配偶男性	独身女性	有配偶女性
子	3	38	6	31	2.2%	4.2%	3.3%	3.0%
自分の父	33	224	47	161	23.7%	25.0%	25.8%	15.8%
自分の母	107	524	109	406	77.0%	58.5%	59.9%	39.8%
配偶者の父	2	58	1	134	1.4%	6.5%	0.5%	13.1%
配偶者の母	2	132	17	402	1.4%	14.7%	9.3%	39.4%
孫	-	9	3	8	-	1.0%	1.6%	0.8%
兄弟姉妹	3	17	7	12	2.2%	1.9%	3.8%	1.2%
その他の親族	2	15	3	32	1.4%	1.7%	1.6%	3.1%
その他	2	13	3	24	1.4%	1.5%	1.6%	2.4%
不詳	-	15	5	12	-	1.7%	2.7%	1.2%
計	139	896	182	1021	100.0%	100.0%	100.0%	100.0%

注：集計対象は第1回・第2回調査いずれの時点でも就業しており、第3回で介護をしている者。

---

[3] これは、独身者に占める未婚者の割合の違いに起因する。独身男性と比べて独身女性の方が結婚経験のある者が多い。（女性は離別・死別した配偶者の親を介護している。）

表3は調査対象者の性別、配偶関係別、介護の実施の有無別に同居の家族構成を示している。男性の場合、独身で介護をしている者は58.3%が自分の親とのみ同居している。また、単身で暮らしている者は15.8%にとどまっている。これに対し女性の場合、独身で介護をしている者で自分の親のみと同居している割合は25.8%で、独身男性の約半分程度の水準である。そして、31.3%が単身で暮らしており、子どもと同居している者も16.5%にのぼる。独身男性は自分の親と同居している割合が高いのに対し、独身女性は単身で、若しくは子どもとのみ同居している割合が高い。

表3　性別、配偶関係別、介護の実施の有無別にみた同居の家族構成（第3回調査時）

独身

	男性		女性	
	介護をしていない	介護をしている	介護をしていない	介護をしている
本人のみ	50.6%	15.8%	41.7%	31.3%
本人と子ども	8.9%	3.6%	26.9%	16.5%
本人と子どもと自分の親	4.6%	5.8%	3.7%	6.6%
本人と自分の親	22.8%	58.3%	10.2%	25.8%
本人と自分の親と兄弟姉妹	3.3%	7.9%	1.6%	5.5%
その他	9.7%	7.2%	15.8%	14.3%
不詳	0.2%	1.4%	0.0%	0.0%
合計	100.0%	100.0%	100.0%	100.0%

有配偶

	男性		女性	
	介護をしていない	介護をしている	介護をしていない	介護をしている
夫婦のみ	27.5%	16.5%	31.9%	19.2%
夫婦と子ども	39.3%	22.7%	35.5%	21.9%
夫婦と子どもと自分の親	12.0%	27.1%	2.7%	6.6%
夫婦と子どもと配偶者の親	3.8%	4.8%	9.4%	20.7%
夫婦と子どもと兄弟姉妹	0.2%	0.2%	0.1%	0.1%
夫婦と子どもとその他	3.3%	1.6%	5.0%	2.3%
夫婦と自分の親	5.5%	14.8%	1.8%	5.0%
夫婦と配偶者の親	1.7%	2.3%	5.9%	12.6%
配偶者と非同居・配偶者との同別居不詳	3.8%	4.2%	4.6%	4.2%
その他	3.0%	5.7%	3.1%	7.4%
不詳	0.0%	0.0%	0.0%	0.0%
合計	100.0%	100.0%	100.0%	100.0%

注：集計対象は第1回・第2回調査いずれの時点でも就業しており、第3回で介護をしている者。
　　（独身男性139人、有配偶男性896人、独身女性182人、有配偶女性1,021人。）

ここまでみてきた就業（１週間の平均就業日数、就業時間）、介護（１週間の平均介護時間、介護の相手）、同居の家族構成の集計結果を整理したのが表４である。

　離散時間ロジット・モデルによる推定の結果からは、男性では独身で介護をしている者の離職確率が高いことが確認された。しかし女性の場合では、介護の実施の有無によって独身者の離職確率に統計的に有意な差はみられなかった。これは、独身男性が介護をしている場合と独身女性が介護をしている場合とでは、行っている「介護」の内容が違っているということに起因している可能性がある。

　表４で示している通り、独身男性が介護を行う場合には介護の相手のほとんどは自分の親である。そして、介護の相手である自分の親とのみ同居している割合も高いため、介護を分担する相手もいない状況で、主たる介護者として介護をしている者の割合が高いことが予想される。仕事と、分担者のいない状況での介護の間で困難を抱えている可能性がある。独身女性は単身で暮らしているか、若しくは子どもとのみ同居している割合が高い。よって、独身女性は同居していない相手（自分の親、配偶者の親）を介護している者の割合が高いということになる。断定することはできないが、他に介護を分担する者がいる可能性がある。また、子どもとの間で介護の分担をしている可能性もあるだろう。独身男性と独身女性では、同じ介護をしている者であっても介護への関わり方が異なっており、その影響が離職確率に表れているのではないだろうか。

　また、離散時間ロジット・モデルによる推定では、男性では有配偶者の離職確率が低く、さらには介護の実施の有無による違いもほとんどみられなかった。これに対し、女性では有配偶者の離職確率が高く、特に介護をしている場合に顕著であることが確認された。これは、有配偶男性と有配偶女性の働き方の違い（有配偶男性よりも有配偶女性の方が就業時間や就業日数が少ない）や介護の相手、同居の家族構成からみて、家庭内での分業（夫が就業、妻が介護を担う）が生じた結果であると解釈することができるだろう。

表４　集計・分析結果の要約

		働き方	主な介護の相手	介護の相手以外の同居家族	介護の分担	介護の状況	結果
男性	独身	週５日・40時間に集中	自分の母親 自分の父親	なし	期待できない	自分の親と同居し、主たる介護者として介護を担う	**介護をしている者の離職確率が高い**
	有配偶	週５日・40時間に集中	自分の母親 自分の父親 配偶者の親	配偶者、子	期待できる	家庭内での分業・分担の可能性（夫は就業し、妻が主に介護を担う。妻、子との介護の分担の可能性。）	**介護の実施の有無による離職確率の差はみられない**
女性	独身	週５日・40時間に集中	自分の母親 自分の父親 配偶者の母親	子	期待できる	同居していない者の介護を行う（他の者が主たる介護者になっている可能性・子どもとの分担がなされている可能性）	**介護の実施の有無による離職確率の差はみられない**
	有配偶	就業日数は少ない傾向 就業時間は短い傾向	自分の母親 配偶者の母親 自分の父親	配偶者、子	期待できる	家庭内での分業の可能性（夫が就業を継続し、妻が介護を担っている）	**介護をしている者の離職確率が高い**

6 まとめ

　本章の目的は、中高年者の介護の実施と就業行動の関係の実態把握を行うことであった。特に、どのような属性を持つ人が介護の開始とともに離職を経験しやすいのかを明らかにし、その背景を検討するというアプローチをとった。

　はじめに、カプラン・マイヤー法による就業継続確率の推定を行い、就業継続確率は性別と配偶関係によって異なっていること、有配偶男性の就業継続確率が高く、有配偶女性の就業継続確率が低いことを確認した。そして、介護の開始後に離職が発生しやすいこと、特に介護の開始後に離職を経験しやすいのは男性よりも女性であることを示した。

　次に離散時間ロジット・モデルを用いて、年齢、教育水準、就業形態を統制し、配偶関係・介護の実施の有無と離職確率の関係の推定を行った。男性では独身で介護を実施した場合に離職確率が高い傾向がみられた。そして、有配偶者の離職確率は介護の実施の有無ではほとんど変わらず、いずれも独身で介護をしていない者の離職確率よりも低いという結果になった。女性では、独身者では介護の実施の有無によって離職確率の差はみられなかったが、有配偶者、特に有配偶で介護をしている者の離職確率が高いという結果が得られた。

　この推定結果を踏まえて、男女別・配偶関係別に就業（1週間の平均就業日数、就業時間）、介護（1週間の平均介護時間、介護をしている相手）、同居の家族構成についての集計を行った。そこからみえてきたのは、独身男性が介護をしている状況と独身女性が介護をしている状況は異なっているということであった。独身男性は自分の親を、同居しながら介護しているのに対し、独身女性は単身若しくは子どもと同居しながら、別居している自分の親、若しくは配偶者の親を介護している。独身男性で介護をしている場合は、介護を分担する相手がおらず、仕事と介護の両立に困難を抱え、離職に至っているのではないかということが推察される。

　本章の冒頭で確認した通り、介護の担い手の3分の2は女性である。そのため、介護離職者の規模（人数）を縮小させることを目的にするのであれば、女性が就業を継続しやすい介護環境を整えることが効果的であると考えられる。特に、有配偶で介護をしている女性の離職確率を低下させることができれば、介護離職者を減少させることに寄与するとみこまれる。

　一方で男性は、独身で介護をしている者の離職確率が高いという結果になった。介護の実施者に占める男性、特に独身男性は、有配偶女性と比較すれば数は少ない。しかし、介護をしている者に占める割合は低くとも、独身男性が介護を開始した場合に、就業との両立に困難を抱えているという実態がうかがわれる結果であった。今後の日本社会では、未婚化・晩婚化の進展に伴って結婚経験のない者の割合が増加するとみられる。独身者、特に介護の分担を行うことが難しい可能性の高い未婚の介護者は増加がみこまれる。単身で介護をしている者の状況については、さらに詳細な実態の把握が必要である。

　最後に、本章では扱うことができなかった視点について言及しておきたい。中高年者縦

断調査は調査対象者の介護の実施状況を測定することに主眼がおかれた調査の設計となっているため、介護の相手（被介護者）が必要としている介護の程度、介護サービスの利用状況といった情報は把握することができていない。また、調査対象者の兄弟姉妹の構成に関する情報も完全ではない。これらの要因が介護と就業に対してどのような影響を与えているかという分析は、別の統計や調査データを用いて行わなければならない。今後、さらなる研究が求められる。

第2章　　　高齢者の就業行動が健康意識の推移に与える影響

1．分析の目的

　　日本の高齢者は、高齢期の就業を、収入確保や自己実現の手段としてだけではなく、健康維持及び老化防止の機会としても捉えているとされている。内閣府が2015（平成27）年に日本、アメリカ、ドイツ、スウェーデンの4か国で60歳以上の高齢者を対象に行った第8回「高齢者の生活と意識に関する国際比較調査」によると、高齢者が就業を希望する理由については、日本では、「収入がほしいから」が49.0％と最も多くなっているが、それに次いで多いのは「働くのは体によいから、老化を防ぐから」が24.8％であり、他の調査国であるスウェーデン（16.9％）、アメリカ（14.9％）、ドイツ（14.8％）よりも多くなっている。

　　本章では、中高年者縦断調査のデータを用いて、高齢者の就業行動が健康意識の推移に与える影響について分析する。具体的には、高齢者の就業行動と健康意識の相関関係について確認した上で、前年の就業行動が健康意識の維持や改善へ与える影響及び、就業行動が60代の長期的な健康維持へ与える影響について分析を行う。

2．データと分析手法

（1）データと分析対象

　本章における分析では、中高年者縦断調査の第1回調査（2005年）から第11回調査（2015年）までのデータを用いた。同調査では、2005（平成17）年10月末時点で50歳から59歳であった全国の男女を調査対象としている[1]。

　本章の第2節及び第3節において記述統計・分析の対象としたのは、第1回調査から第11回調査までの11回すべての調査に回答があった20,101人分のデータ（221,111件）である[2]。

　同調査はパネルデータであるため、調査開始当時50歳だった人については60歳時点までのデータを、調査開始当時59歳だった人については69歳時点までのデータを収録している。このため、年齢別のデータ数は図1のような山型の分布となっており、59歳と60歳のデータが最も多くなっている一方、50歳と69歳のデータは少なくなっている。

図1　分析対象データの年齢分布

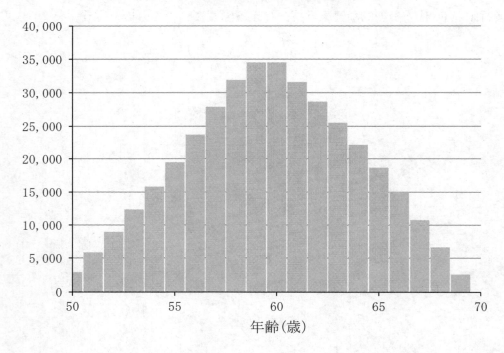

---

[1] 同調査の実施時期は、第1回調査は2005年11月2日であり、第2回以降は、11月の第1水曜日を調査期日としている。
[2] 第4節では、導入した分析方法である生存時間分析の特性を踏まえ、調査途中で脱落したデータも分析対象に含めている。

（2）主な変数
① 健康意識

　健康意識については、中高年者縦断調査では、「あなたの現在の健康状態はいかがですか」という質問に対して、「大変良い」「良い」「どちらかといえば良い」「どちらかといえば悪い」「悪い」「大変悪い」の6段階で回答を求める項目を継続的に調査している。本章では、「大変良い」「良い」「どちらかといえば良い」と回答した場合は「健康」、「どちらかといえば悪い」「悪い」「大変悪い」と回答した場合は「不健康」と分類している。

　このように、自らの健康状態を主観的に評価した指標は「主観的健康感」と呼ばれる。主観的健康感は、身体的な健康状態が第一決定要因であると同時に不安や環境などの心理・社会的要因とも関連しているとされている。また、高齢者の主観的健康感は、将来の生命予後やその後の死亡と有意に関連があることも示されている。

　男女別の健康な人の割合の推移は図2の通りである。一般的に、加齢に伴い健康な人の割合は男女ともに減少する傾向にある。また、性別の差が健康意識に与える影響については、年齢によって異なる。女性の方が男性よりも健康である割合が高いが、その差は必ずしも大きくはない。

図2　健康な人の割合の推移：性別

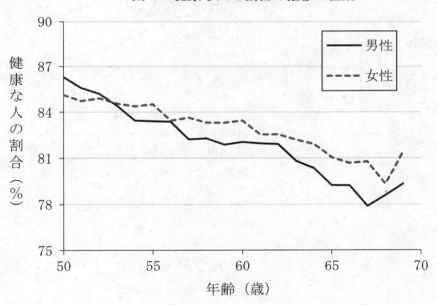

② 就業行動

就業行動については、中高年者縦断調査では、「あなたはふだん何か収入になる仕事をしていますか」という質問に対して、「仕事をしている」「仕事をしていない」の2者択一で継続的に回答を求めている。本章では、「仕事をしている」と回答した場合は「就業している」または「就業」、「仕事をしていない」と回答した場合は「就業していない」または「不就業」と分類している。

男女別の就業の割合の推移は図3の通りである。就業の割合は、男性が女性よりも大きくなっている。男女ともに加齢に伴い就業の割合は減少しており、女性は55歳から、男性は60歳から減少幅が大きくなる。特に、男性は59歳から60歳、64歳から65歳にかけて減少幅が大きくなっており、定年等による就業抑制の影響がうかがえる。

図3 就業の割合の推移：性別

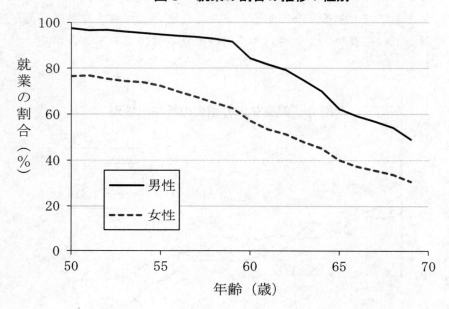

③ 就業行動と健康意識の関係

　本章では就業行動が健康意識の推移に与える影響について分析を行うが、その前段として、就業行動と健康意識の関連性について比較するため、就業行動別にみた健康な人の割合の推移について考察する。

　図4は、男性における就業行動別にみた健康な人の割合の推移を示したものである。一貫して就業者が健康である割合は不就業者よりも高くなっている。就業者と不就業者の間の健康である割合の差は、50代では約20ポイント程度あるが、60歳以降では10ポイント程に縮小している。前出の図3に示すとおり60歳までは男性の就業率が90%以上であるが、60歳以降は減少していることとあわせて考察すると、50代では健康ではないために就業していない方が一定の割合を占めている一方、60歳以降の定年等による引退や就業抑制によって、健康な不就業者が増加していることを反映しているものと考えられる。

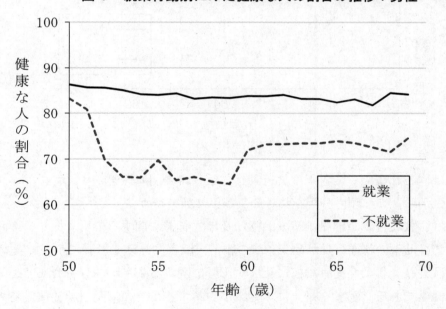

図4　就業行動別にみた健康な人の割合の推移：男性

図5は、女性における就業行動別にみた健康な人の割合の推移を示したものである。女性においても、就業者が健康である割合は不就業者よりも高くなっているが、就業者と不就業者の健康である割合の差は約5～10%程度で推移しており、その差は男性と比べると小さい。また、年齢による変化のトレンドは確認されず、男性にみられたような60歳以降の定年等による就業抑制の影響も確認されなかった。

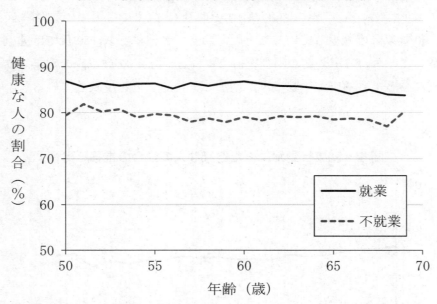

図5　就業行動別にみた健康な人の割合の推移：女性

（3）分析手法

　本章では、これまでみてきた就業行動と健康意識の関連性を踏まえて、パネルデータの特性を生かした2種類の分析を第3節及び第4節で行う。

　第3節は、就業行動が健康維持・改善に及ぼす影響に関する分析である。遷移確率行列を用いて、前年の就業行動が健康意識の維持・改善に与える影響について考察する。

　第4節は、就業行動が健康維持に及ぼす影響に関する生存時間分析である。第1回調査時点で健康である高齢者を対象に、健康が中断するまでの期間（＝健康維持の期間）の長さについて、各回の就業行動が及ぼす影響について分析することにより、就業行動の長期的な健康維持への影響について考察する。

　各分析の分析手法や推計モデルについては、以下の各節の中で詳しく述べる。

３．就業行動の健康維持・改善に与える影響に関する分析

（１）はじめに

　　前節では、各年齢における就業行動と健康意識に関連性があることを確認した。本節では、遷移確率行列を用いて分析することにより、前年の就業行動が健康意識の維持・改善に与える影響について考察する。

（２）分析方法及び変数の定義

　　遷移確率行列は２時点間の状態の変化を示すものである。表１は、健康意識に関する遷移確率行列を示しており、ある年次（表中では t 歳と表示）に健康意識が「健康」若しくは「不健康」であった者が、翌年「健康」若しくは「不健康」を維持していたのか、「健康」から「不健康」へ、「不健康」から「健康」へと変化したのかを示した表である。表１の遷移確率行列によると、ある年次において不健康だった者のうち、翌年でも不健康のままでいる割合（遷移確率）が 63.1%、改善して健康になっている割合（遷移確率）が 36.9% であり、ある年次において健康だった者のうち、翌年で不健康になっている割合（遷移確率）は 8.2%、健康を維持している割合（遷移確率）が 91.8% となっている。

　　以下では、ある年次に不健康だった者が翌年には健康になっている場合を「健康改善」、ある年次に健康だった者が翌年も健康でいる場合を「健康維持」と定義する。

　　本節では、最初に前年の就業行動別の健康意識に関する遷移確率行列について考察を行い、その後、前年の就業行動別にみた健康維持度・健康改善度の推移について考察する。

表１　健康意識に関する遷移確率行列

t+1 歳

t 歳		不健康	健康	計
	不健康	21,615 63.1%	12,637 36.9% ※　健康改善	34,252 100.0%
	健康	13,441 8.2%	150,312 91.8% ※　健康維持	163,753 100.0%
	計	35,056 17.7%	162,949 82.3%	198,005 100.0%

注：上段はサンプル数、下段は遷移確率を示している。

（3）分析結果

　表２－１から表２－４は男女別及び前年の就業行動別の健康意識に関する遷移確率行列をそれぞれ示したものである。表２－１、表２－３はある年次に就業している者を対象に、表２－２、表２－４はある年次に就業していなかった者を対象に集計を行った。

　男性の場合は、ある年次に就業していた者で「健康」であった者が、翌年も「健康」を維持している確率（健康維持の遷移確率、以下「健康維持率」という。）については、ある年次に就業していた者（92.0％）の方が、就業していなかった者の確率（89.2％）よりも 2.8 ポイント高くなっている。また、ある年次に就業していた者で「不健康」から「健康」へと改善される確率（健康改善の遷移確率、以下「健康改善率」という。）については、ある年次に就業していた者（39.1％）の方が、就業していなかった者の確率（26.0％）よりも13.1 ポイント高くなっている。

表２－１　健康意識に関する遷移確率行列（男性）：t 歳時点で就業

t+1 歳

		不健康	健康	計
t 歳	不健康	6,492 60.9%	4,176 39.1% ※　健康改善	10,668 100.0%
	健康	4,472 8.0%	51,216 92.0% ※　健康維持	55,688 100.0%
	計	10,964 16.5%	55,392 83.5%	66,356 100.0%

注：上段はサンプル数、下段は遷移確率を示している。

表２－２　健康意識に関する遷移確率行列（男性）：t 歳時点で不就業

t+1 歳

		不健康	健康	計
t 歳	不健康	2,103 74.0%	738 26.0% ※　健康改善	2,841 100.0%
	健康	735 10.8%	6,072 89.2% ※　健康維持	6,807 100.0%
	計	2,838 29.4%	6,810 70.6%	9,648 100.0%

注：上段はサンプル数、下段は遷移確率を示している。

— 50 —

女性の場合は、健康維持率については、ある年次に就業していた者（92.6%）の方が、就業していなかった者の確率（91.2%）よりも 1.4 ポイント高くなっている。また、健康改善率については、ある年次に就業していた者（41.5%）の方が、就業していなかった者の確率（31.3%）よりも 10.2 ポイント高くなっている。

表２－３　健康意識に関する遷移確率行列（女性）：t 歳時点で就業

		t+1 歳		
		不健康	健康	計
t 歳	不健康	4,251 58.5%	3,021 41.5% ※　健康改善	7,272 100.0%
	健康	3,368 7.4%	41,869 92.6% ※　健康維持	45,237 100.0%
	計	7,619 14.5%	44,890 85.5%	52,509 100.0%

注：上段はサンプル数、下段は遷移確率を示している。

表２－４　健康意識に関する遷移確率行列（女性）：t 歳時点で不就業

		t+1 歳		
		不健康	健康	計
t 歳	不健康	5,106 68.7%	2,324 31.3% ※　健康改善	7,430 100.0%
	健康	2,425 8.8%	25,269 91.2% ※　健康維持	27,694 100.0%
	計	7,531 21.4%	27,593 78.6%	35,124 100.0%

注：上段はサンプル数、下段は遷移確率を示している。

　続いて、就業が健康維持・健康改善へ与える影響について、経年推移も考慮して考察する。

　まず、健康維持率の推移について考察する。図６及び図７は、前年の就業行動別にみた健康維持率の推移を男女別に示したものである。図６によると、男性については、ある年次に就業していた者の健康維持率は、就業していなかった者よりも概ね高く推移しているがその差は決して大きくない。また図７によると、女性についても、65 歳まではある年次に就業していた者の健康維持率が就業していなかった者よりも高くなっている

が、その差は決して大きくなく、65歳以降はほぼ同水準となっている。これらの結果は、前年の就業行動における健康維持率のポイント差が男性は 2.8 ポイント、女性は 1.4 ポイントと一層小さくなっていることと対応している。

図6　前年の就業行動別にみた健康維持率の推移：男性

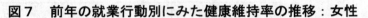

図7　前年の就業行動別にみた健康維持率の推移：女性

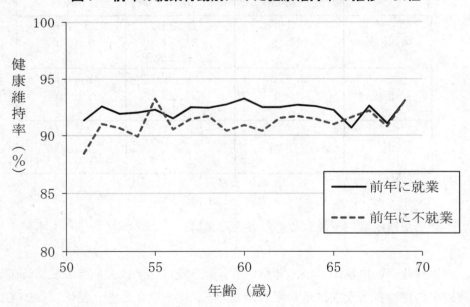

次に、健康改善率の推移について考察する。図8及び図9は、前年の就業行動別に見た健康改善率の推移を男女別に示したものである。これらによると、男女ともに、ある年次に就業していた者の健康改善率は、就業していなかった者よりも概ね高く推移している。これらの結果は、全体の遷移確率行列における前年の就業行動における健康改善率のポイント差が男性で 13.1 ポイント、女性で 10.2 ポイントと比較的大きいことと対応している。

図8 前年の就業行動別にみた健康改善率の推移：男性

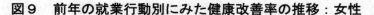

図9 前年の就業行動別にみた健康改善率の推移：女性

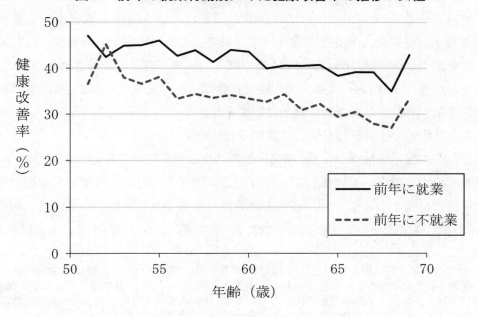

４．就業行動と健康維持への影響に関する生存時間分析

（１）はじめに

　中高年者縦断調査のようなパネルデータでは個人の動向の経年観察が可能であることから、各個人について特定のイベントが発生するまでの期間の長さを分析することが可能である。このような際に用いられるのが生存時間分析(Survival Analysis)である。

　本節では、60歳時点で健康な男性[3]を対象に、「不健康」になることをイベントとして、60歳から健康が中断する時点までの期間（＝健康維持の期間）の長さについて、60代前半の就業行動が及ぼす影響について分析することにより、男性高齢者の就業行動の長期的な健康維持への影響について考察する。

（２）分析方法及び変数の定義

　本分析では、60歳時点で「健康」な人が「不健康」になるまで（健康維持が中断するまで）の調査回数（＝年数）を「生存時間」、ある調査回まで健康が継続する確率を「生存率」、この確率を示す関数を「生存関数」、それを図示したものを「生存曲線」という。

　本分析では、就業行動の健康維持への影響について考察するため、男性高齢者について、60代前半の各年齢における就業者と不就業者の生存曲線を比較する。

（３）分析結果

　男性労働者の60代における健康維持率の推移を示す生存曲線について、60代前半（60歳～64歳）の各年齢における就業行動別に比較して示したKaplan-Maier生存曲線は表3～表7及び図10～図14のとおりである。

　表3～表7では、各時点における就業した場合と不就業の場合の生存関数の差が統計的に有意かどうか吟味するために、両者が等しいという帰無仮説を検討するためのlog-rank検定、Wilcoxon検定の結果も示している。これによると、帰無仮説は、60歳については棄却されないが、61歳から64歳では1％水準で有意に棄却される。

　このことから、61歳から64歳までの就業行動は、生存関数が示す生存率（健康維持の継続する確率）の推移に統計的に有意な影響を与えることを示している。

　続いて、各年齢での就業行動別の生存関数を比較する。

　就業行動別の生存関数について、就業行動の基準となっている年齢における生存率（健康維持の継続する確率）を比較してみると、この時点ですでに、就業した場合の生存率（健康維持の継続する確率）は、不就業の場合のそれよりも高くなっている（両者の差は、就業行動の基準が61歳の場合は0.022、62歳の場合は0.039、63歳の場合は0.065、

---

[3] 女性については、第3節にみられるとおり、前年の就業行動の健康維持への影響は限定的であり、長期的な効果が確認される可能性が低いと考えられる。また、女性については、男性にみられるような、定年等による引退や就業抑制による離職等が原因とみられる60代前半の就業行動の変化は明確には確認されない。これらのことから、本節では分析対象から女性を除外し、男性に限定している。

64歳の場合は0.066)。これは、健康を維持している者の方がより就業する傾向にあることを示していると考えられる。

続いて、その後の生存率（健康維持の継続する確率）の推移を考察すると、就業者と不就業者の健康維持確率の差は60代後半に至っても継続して確認され、特に60代の最後の時期にあたる68歳及び69歳になるとその差がさらに大きくなっている（69歳時点での両者の差は、就業行動の基準が61歳の場合は0.075、62歳の場合は0.076、63歳の場合は0.082、64歳の場合は0.079）。これは、60代前半の就業行動が、その後の健康維持にも影響を与え、特に60代後半の健康維持に大きな影響を与えている可能性を示しているといえる。

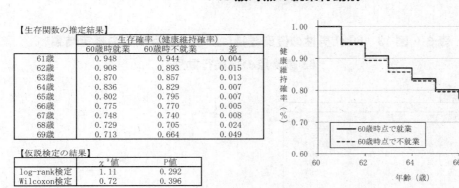

表3・図10　60代男性の健康維持に関する生存関数の推定結果
：60歳時点の就業行動別

表4・図11　60代男性の健康維持に関する生存関数の推定結果
：61歳時点の就業行動別

表5・図12　60代男性の健康維持に関する生存関数の推定結果：62歳時点の就業行動別

【生存関数の推定結果】

	生存確率（健康維持確率）		
	62歳時就業	62歳時不就業	差
61歳	0.950	0.932	0.018
62歳	0.908	0.869	0.039
63歳	0.869	0.821	0.048
64歳	0.834	0.782	0.052
65歳	0.797	0.743	0.054
66歳	0.768	0.719	0.049
67歳	0.739	0.688	0.051
68歳	0.719	0.652	0.067
69歳	0.700	0.624	0.076

【仮説検定の結果】

	χ^2値	P値
log-rank検定	16.77	<0.001
Wilcoxon検定	17.95	<0.001

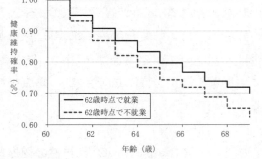

表6・図13　60代男性の健康維持に関する生存関数の推定結果：63歳時点の就業行動別

【生存関数の推定結果】

	生存確率（健康維持確率）		
	63歳時就業	63歳時不就業	差
61歳	0.952	0.923	0.029
62歳	0.914	0.864	0.050
63歳	0.874	0.809	0.065
64歳	0.836	0.775	0.061
65歳	0.797	0.740	0.057
66歳	0.766	0.712	0.054
67歳	0.736	0.686	0.050
68歳	0.718	0.649	0.069
69歳	0.700	0.618	0.082

【仮説検定の結果】

	χ^2値	P値
log-rank検定	22.00	<0.001
Wilcoxon検定	25.51	<0.001

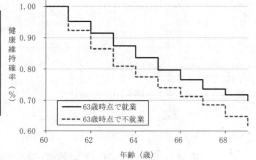

表7・図14　60代男性の健康維持に関する生存関数の推定結果：64歳時点の就業行動別

【生存関数の推定結果】

	生存確率（健康維持確率）		
	64歳時就業	64歳時不就業	差
61歳	0.953	0.929	0.024
62歳	0.918	0.872	0.046
63歳	0.878	0.821	0.057
64歳	0.841	0.775	0.066
65歳	0.801	0.740	0.061
66歳	0.768	0.710	0.059
67歳	0.735	0.684	0.051
68歳	0.715	0.650	0.065
69歳	0.696	0.617	0.079

【仮説検定の結果】

	χ^2値	P値
log-rank検定	21.20	<0.001
Wilcoxon検定	24.12	<0.001

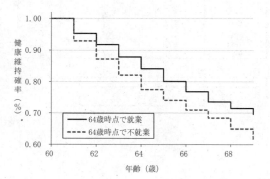

5．まとめ

本章では、中高年者縦断調査のデータを用いて、就業行動の健康意識の推移への影響について分析を行った。

第3節では、遷移確率行列を用いて、前年の就業行動が健康意識の推移（「健康維持」：健康→健康、「健康改善」：不健康→健康）に与える影響について分析した。分析の結果、ある年次に就業していた者は、就業していなかった者に比べて、健康維持率及び健康改善率のいずれについても高くなる傾向にあることが明らかになった。また、就業行動が健康改善率に与える影響の方が、健康維持率に与える影響よりも大きい傾向にあることも示された。

第4節では、60歳時点で健康な男性を対象に、生存時間分析を用いて、60代前半の就業行動が60代を通じた健康維持に与える影響について分析した。分析の結果、60代前半に就業している者は、就業していない者に比べて、より高い確率で60代を通じた健康維持が実現される傾向になることが明らかになった。また、60代後半の中でも特に68歳・69歳においてこのような傾向が大きくなっており、このことは、60代前半の就業行動が、60代後半以降の健康維持に継続的な影響を与えている可能性を示唆しているといえる。

以上から、高齢者の就業は、短期的にも長期的にも健康意識を維持・改善する効果がある可能性があることが示唆された。これは、多くの日本の高齢者が共有している「働くのは体によい」「働くのは老化を防ぐ」という認識と整合的であるといえる。

ただし、現時点では、中高年者縦断調査で追跡可能なのは60代までであり、また、現時点で収集している60代後半のデータ数もまだ少ないことに留意する必要がある。高齢者の就業行動と健康意識の推移の関連性について、より一般的に考察するためには、更なる継続的な調査が必要である。

6．参考文献

石井太（2014）「中高年者の健康意識変化とその要因に関する分析」，金子隆一（編）『縦断および横断調査によるライフコース事象の経時変化分析と施策への対応に関する研究平成24～25年度総合研究報告書』，pp.301-311.

石井太・福田節也（2014）「生存時間分析」，平成24～25年度厚生労働科学研究費補助金政策科学推進事業・縦断および横断調査によるライフコース事象の経時変化分析と施策への対応に関する研究（研究代表者：金子隆一）（編）「パネルデータ分析法ガイド」，pp.15-28.

山内加奈子，斉藤 功，加藤匡宏，谷川 武，小林敏生（2015）地域高齢者の主観的健康感の変化に影響を及ぼす心理・社会活動要因 5年間の追跡研究．日本公衆衛生雑誌(62)，pp.537-547.

第3章　　　高齢者の公的年金受給額及び配偶関係別就業確率の観察

１．分析の目的

　高齢社会対策大綱やニッポン一億総活躍プランでは、就労意欲のある高齢者の受け皿、つまり企業等の環境整備に力点がおかれているが、高齢者の多様なニーズに応えるためには、様々な視点から高齢者の労働供給行動を観察することが有益であると考えられる。

　高齢者の労働供給を対象とした多くの研究において、公的年金制度が高齢者の労働供給を抑制する効果が確認されてきた。また、近年では年金制度改革（年金支給年齢の引き上げ）が高齢者の労働供給を促進する影響を扱う研究が散見される（最近の研究には、たとえば Kondo and Shigeoka (forthcoming) や山田（2017）がある）。しかし、これらの公的年金制度やその改革が高齢者の労働供給に与える限界的な影響の研究の蓄積に比べ、公的年金の受給額に応じて、どの程度の高齢者が就業しているかという素朴な問いに答える成果物はほとんど残されていない。

　また、これまで配偶関係は年齢別労働力率のいわゆる M 字カーブの谷の年齢層における女性の労働供給を規定する要因として取り上げられることが多かったが、高齢者の労働供給を規定する要因にもなっている可能性がある。しかし、配偶関係別にみた高齢者の労働供給に関する研究の蓄積は乏しい。

　以上を踏まえ、高齢者の属性として公的年金受給額及び配偶関係を対象として厚生労働省「中高年者縦断調査（中高年者の生活に関する継続調査)」の調査票の集計を行い、それぞれの状態に基づく高齢者の労働供給行動の違いを観察する。

２．データと集計様式
（１）データ

　本集計で用いるデータは、厚生労働省「中高年者縦断調査（中高年者の生活に関する継続調査)」のマイクロデータである。

　「中高年者縦断調査」は 2005 年 10 月 31 日時点で 50〜59 歳の者を対象としており、その調査票で年齢を直接質問するのではなく、生年月を質問している。これを踏まえ、本集計では各調査年の 10 月 31 日時点の年齢を推計して使用している。

　「中高年者縦断調査」の調査票では本人だけではなく、配偶者の就業や公的年金の受給状況についても質問している。また、1 つの世帯で夫婦いずれにも調査票を配布している場合がある。結果として、夫（妻）の調査票から妻（夫）の就業や公的年金の受給状況がわかり、妻（夫）の調査票から妻（夫）本人の就業や公的年金の受給状況がわかる。しかしながら、問題は両者が必ずしも一致しない場合があることである。そのため、矛盾する場合は、本人が回答している方が正確であると判断して一部データを修正している。

（２）集計対象

　本集計において鍵となる変数である公的年金受給額（調査年の 10 月に受給した２か月分）は、厚生労働省「中高年者縦断調査」の第４回調査（2008 年）から調査項目に加えられている。そのため、「中高年者縦断調査」の第４回〜第 11 回調査に連続して回答している者を集計対象とする。

（３）集計様式

　性別、配偶関係別、年齢階級別に調査年を表頭、公的年金の受給額（２か月分）を表側として集計対象の構成比を算出する。また、性別、配偶関係別、年齢階級別に調査年を表頭、公的年金の受給額（２か月分）を表側として収入のある仕事をしている割合（就業確率）を算出する。

３．集計結果
（１）男女別、公的年金受給額別にみた収入のある仕事をしている割合（就業確率）

　「中高年者縦断調査」の調査対象は 2005 年に 50〜59 歳である者であるため、2008 年では 53〜62 歳になる。したがって、2008 年においてはまだ大半が公的年金の受給開始年齢に到達しておらず、2008〜2015 年の調査に連続して回答している男性のうち受給していない者は約 79％である（表１）。2015 年では 60〜69 歳になり、公的年金を受給していない男性は 20％まで減少する。公的年金の受給額（２か月分）は、2009 年まで「５万円以上 10 万円未満」（約４〜６％）、2010 年以降「10 万円以上 15 万円未満」（約６〜11％）の階級の構成比がそれぞれもっとも高いが、必ずしも突出している訳ではない。受給額が「不詳」である構成比が年々高まっているため厳密ではないが、2008 年から 2015 年にかけて、つまり年齢の上昇にともなって、受給額が「25 万円未満」の階級の構成比は低下し、「25 万円以上」の階級の構成比が上昇している。

表１　公的年金の受給割合（公的年金の受給額（２か月分）別：男性）

(%)

		2008年	2009年	2010年	2011年	2012年	2013年	2014年	2015年
	受給していない	79.3	69.6	57.6	47.0	39.2	32.1	27.1	20.0
受給している	5万円未満	2.5	3.1	3.6	4.1	4.6	4.1	3.8	3.4
	5万円以上10万円未満	4.3	6.0	5.3	6.9	7.3	7.2	7.3	7.6
	10万円以上15万円未満	3.5	5.0	5.7	7.8	8.5	9.8	10.0	10.7
	15万円以上20万円未満	2.2	3.5	4.4	5.8	6.6	7.2	7.8	8.0
	20万円以上25万円未満	2.4	3.6	4.5	5.8	7.7	8.0	8.5	8.8
	25万円以上30万円未満	1.6	2.6	3.2	4.1	4.8	5.9	7.3	8.0
	30万円以上35万円未満	1.0	1.4	2.2	3.1	4.1	5.2	6.7	8.0
	35万円以上40万円未満	0.4	0.9	1.7	2.3	3.3	4.5	5.8	7.1
	40万円以上45万円未満	0.6	1.0	2.3	2.8	3.2	4.0	5.2	5.6
	45万円以上50万円未満	0.3	0.5	1.1	1.3	1.6	1.5	1.7	2.1
	50万円以上	0.1	0.2	0.8	0.9	0.7	1.1	0.9	0.9
	不詳	1.8	2.6	7.4	8.1	8.3	9.5	7.9	9.9
総数		9,515							

表１のような公的年金の受給状況にある男性が収入のある仕事をしている割合（就業確率）を示したものが、表２である。いずれの年次においても、公的年金を受給していない男性の 90%が就業している。公的年金の受給額（２か月分）別にみると、就業確率の高低が入れ替わっている階級もあるが、概して公的年金受給額が低くなるほど、就業確率が上昇する傾向がある。公的年金の受給額が「30 万円以上 35 万円未満」（約 53〜61%）、「35 万円以上 40 万円未満」（約 41〜56%）の男性の約半数が就業している。

表２　就業確率（公的年金の受給額（２か月分）別：男性）

(%)

		2008年	2009年	2010年	2011年	2012年	2013年	2014年	2015年
	受給していない	93.9	91.9	96.6	96.8	96.7	96.8	96.2	95.4
受給している	5万円未満	92.7	90.6	93.1	92.1	89.5	89.8	91.4	93.5
	5万円以上10万円未満	84.4	80.5	87.7	89.2	86.9	87.2	85.3	84.1
	10万円以上15万円未満	79.0	78.0	82.2	81.8	81.8	80.0	80.3	80.8
	15万円以上20万円未満	72.9	72.4	76.0	72.4	71.8	74.2	69.7	70.5
	20万円以上25万円未満	64.8	59.4	67.4	65.8	64.1	64.5	62.9	64.2
	25万円以上30万円未満	64.5	59.8	63.9	61.3	59.1	59.9	58.9	61.5
	30万円以上35万円未満	61.1	58.4	58.7	57.8	55.8	57.3	53.4	53.8
	35万円以上40万円未満	40.5	56.3	52.4	53.2	54.8	50.4	47.9	44.8
	40万円以上45万円未満	56.7	52.1	53.2	48.1	37.4	42.0	48.5	49.5
	45万円以上50万円未満	62.5	57.4	52.4	44.4	47.1	39.4	38.9	43.3
	50万円以上	50.0	68.2	64.6	50.6	47.8	45.5	42.7	42.4
	不詳	81.4	80.3	30.7	34.8	31.5	33.2	29.6	26.7

　次に女性の状況についてみてみよう。男性同様、2008 年においてはまだ大半が公的年金の受給開始年齢に到達しておらず、2008〜2015 年の調査に連続して回答している女性のうち受給していない者は約 76%である（表３）。ただし、2015 年で公的年金を受給していない女性は約 10%であり、男性と比べ水準が 10 ポイントも低くなっている。また、2009 年から 2010 年にかけてデータに大きな段差が確認される。公的年金の受給額（２か月分）は、2012 年まで「５万円未満」（約 8 〜13%）、2013 年以降「10 万円以上 15 万円未満」（約 14〜20%）の階級の構成比がそれぞれもっとも高い。「５万円未満」の階級の構成比は、2013 年以降においても相対的に高いまま推移している（約 12%）。男性よりも受給額が「不詳」である構成比が高いので注意が必要であるが、概して 2008 年から 2015 年にかけて、受給額が「10 万円未満」の階級の構成比は低下し、「10 万円以上」の階級の構成比が上昇している。

表3　公的年金の受給割合（公的年金の受給額（2か月分）別：女性）

(%)

		2008年	2009年	2010年	2011年	2012年	2013年	2014年	2015年
	受給していない	75.9	66.2	38.5	32.1	25.9	20.4	15.0	9.9
受給している	5万円未満	7.6	10.9	11.6	12.8	12.7	12.3	12.3	12.1
	5万円以上10万円未満	4.3	6.1	6.8	8.4	9.9	10.6	11.6	11.8
	10万円以上15万円未満	3.0	4.6	4.7	6.8	10.6	13.6	18.1	19.9
	15万円以上20万円未満	2.4	3.0	3.2	5.0	7.0	8.4	10.8	11.9
	20万円以上25万円未満	2.5	3.0	3.0	3.5	4.1	5.1	5.7	6.6
	25万円以上30万円未満	1.5	1.8	1.8	2.1	2.5	2.8	3.4	3.9
	30万円以上35万円未満	0.4	0.7	0.9	1.1	1.3	1.5	1.7	2.1
	35万円以上40万円未満	0.1	0.2	0.4	0.5	0.6	0.9	1.0	1.2
	40万円以上45万円未満	0.1	0.1	0.4	0.4	0.4	0.5	0.5	0.6
	45万円以上50万円未満	0.0	0.1	0.1	0.1	0.1	0.1	0.1	0.1
	50万円以上	0.1	0.1	0.4	0.2	0.1	0.3	0.1	0.2
	不詳	2.1	3.0	28.3	27.0	24.7	23.4	19.7	19.9
	総数	11,186							

やはり時系列でみるとデータの段差が大きいため注意が必要だが、2008年及び2009年を除いて公的年金を受給していない女性の約90%が就業している（表4）。公的年金の受給額（2か月分）別にみると、就業確率の高低が入れ替わっている階級もあるが、概して公的年金受給額が低くなるほど、就業確率が上昇する傾向がある。なお、同じ公的年金の受給額の階級で比較すると、男性よりも就業確率が30ポイント程度低い。

表4　就業確率（公的年金の受給額（2か月分）別：女性）

(%)

		2008年	2009年	2010年	2011年	2012年	2013年	2014年	2015年
	受給していない	67.7	66.2	93.4	92.9	93.4	90.9	91.0	88.2
受給している	5万円未満	51.5	47.7	57.5	55.7	56.2	57.4	57.8	60.0
	5万円以上10万円未満	58.7	54.3	61.0	58.9	56.8	56.9	54.0	52.8
	10万円以上15万円未満	50.0	49.5	56.3	52.4	47.6	45.3	44.4	45.0
	15万円以上20万円未満	58.7	56.6	58.7	52.2	49.2	44.3	43.9	44.0
	20万円以上25万円未満	53.6	45.7	50.3	49.5	49.1	45.5	46.7	46.3
	25万円以上30万円未満	34.7	38.8	41.0	35.7	33.1	35.8	36.0	36.9
	30万円以上35万円未満	36.2	26.3	34.7	31.7	33.3	33.3	33.5	30.1
	35万円以上40万円未満	14.3	15.4	34.8	32.7	21.7	19.8	17.5	18.5
	40万円以上45万円未満	20.0	6.3	21.4	22.0	11.1	21.4	20.4	27.4
	45万円以上50万円未満	66.7	33.3	33.3	28.6	23.1	30.8	9.1	12.5
	50万円以上	22.2	25.0	41.5	47.8	56.3	29.0	0.0	44.4
	不詳	55.6	56.8	10.1	10.7	10.0	12.4	11.3	11.7

— 61 —

（2）男女別、配偶関係別、公的年金受給額別にみた就業確率

（1）で観察した結果の傾向が、配偶関係の有無によって変わるかを確認する。公的年金の受給状況は、先にみた男性全体の場合と比べ配偶関係の有無による大きな差は確認されない（表5）。ただし、配偶者のいる男性の方が、公的年金受給額が高い階級の構成比が相対的に高くなっている。

表5　公的年金の受給割合（配偶関係別、公的年金の受給額（2か月分）別：男性）

(%)

		2008年	2009年	2010年	2011年	2012年	2013年	2014年	2015年
	配偶者あり								
	受給していない	79.5	69.9	58.7	48.1	39.9	32.6	27.7	20.4
受給している	5万円未満	2.5	3.1	3.5	4.0	4.6	4.1	3.7	.3.4
	5万円以上10万円未満	4.3	5.9	5.3	6.7	7.1	7.1	7.2	7.5
	10万円以上15万円未満	3.3	4.8	5.8	7.7	8.2	9.7	9.7	10.6
	15万円以上20万円未満	2.2	3.4	4.4	5.6	6.3	7.0	7.5	7.7
	20万円以上25万円未満	2.4	3.6	4.5	5.9	7.8	8.0	8.3	8.6
	25万円以上30万円未満	1.6	2.8	3.3	4.2	4.9	6.1	7.5	8.0
	30万円以上35万円未満	1.1	1.4	2.2	3.2	4.1	5.3	6.8	8.1
	35万円以上40万円未満	0.4	0.9	1.7	2.4	3.4	4.5	6.1	7.5
	40万円以上45万円未満	0.7	1.0	2.5	3.0	3.5	4.3	5.6	6.1
	45万円以上50万円未満	0.3	0.5	1.2	1.5	1.8	1.7	1.9	2.4
	50万円以上	0.1	0.2	0.8	0.9	0.7	1.1	0.9	0.9
	不詳	1.6	2.5	6.1	7.1	7.7	8.6	7.1	8.9
総数		8,518	8,452	8,394	8,378	8,405	8,370	8,356	8,329
	配偶者なし								
	受給していない	77.8	67.3	48.4	39.4	34.0	28.3	22.3	17.2
受給している	5万円未満	2.5	3.5	4.7	5.4	4.5	4.5	4.3	3.3
	5万円以上10万円未満	4.4	6.6	5.9	8.4	8.7	7.8	7.9	8.1
	10万円以上15万円未満	4.9	6.5	5.4	8.9	10.6	11.1	12.4	11.5
	15万円以上20万円未満	2.2	4.2	4.7	7.4	8.9	9.0	10.1	10.5
	20万円以上25万円未満	2.3	4.0	5.1	5.2	7.2	7.7	10.1	10.3
	25万円以上30万円未満	1.5	1.2	2.4	3.4	4.1	4.3	6.4	7.9
	30万円以上35万円未満	0.3	1.6	2.1	2.7	3.8	5.0	6.1	7.8
	35万円以上40万円未満	0.4	0.9	1.7	1.9	2.4	4.0	4.0	4.2
	40万円以上45万円未満	0.1	0.6	1.1	1.4	1.4	1.3	1.8	2.0
	45万円以上50万円未満	0.1	0.1	0.1	0.2	0.0	0.3	0.4	0.3
	50万円以上	0.3	0.4	0.7	0.4	0.8	0.7	0.4	0.5
	不詳	3.1	3.2	17.6	15.2	13.6	16.1	13.8	16.4
総数		994	1,058	1,103	1,132	1,108	1,138	1,141	1,173

注：配偶関係不詳の者を除く。

表5でみたように集計対象の男性の約9割に配偶者がいるため、配偶者がいる男性に限ってみても、男性全体同様、概して公的年金受給額が低くなるほど、就業確率が上昇する傾向がある（表6）。配偶者がいない男性についても同様の傾向が観察されるが、サンプルサイズの小さい年金受給額（2か月分）の高い階級を除き、年金受給額がいくらであろうが配偶者がいる男性と比べて就業確率が相対的に低い。

表6 就業確率(配偶関係別、公的年金の受給額(2か月分)別:男性)

(%)

		2008年	2009年	2010年	2011年	2012年	2013年	2014年	2015年
		配偶者あり							
	受給していない	95.3	93.6	97.1	97.3	97.5	97.6	96.6	96.4
受給している	5万円未満	94.3	92.3	95.3	94.0	91.8	91.5	94.2	96.1
	5万円以上10万円未満	86.0	82.3	90.5	91.5	88.3	89.6	86.2	85.4
	10万円以上15万円未満	83.8	80.9	83.1	84.0	85.1	82.8	83.1	83.0
	15万円以上20万円未満	73.4	75.1	77.4	75.5	74.7	76.8	72.4	73.8
	20万円以上25万円未満	68.1	61.9	69.3	67.4	66.3	66.4	65.7	67.9
	25万円以上30万円未満	65.0	60.9	65.1	61.3	60.2	61.6	60.0	62.9
	30万円以上35万円未満	60.9	60.8	60.5	60.8	56.9	57.9	54.9	55.4
	35万円以上40万円未満	42.4	55.1	53.8	53.8	55.1	51.8	48.1	44.5
	40万円以上45万円未満	57.6	52.3	54.4	49.2	37.2	42.5	49.2	49.8
	45万円以上50万円未満	60.9	56.5	52.9	44.3	47.1	39.6	39.9	43.7
	50万円以上	66.7	77.8	64.8	50.0	50.0	47.3	41.6	41.8
	不詳	85.7	82.4	34.5	39.8	34.7	36.6	33.3	28.7
		配偶者なし							
	受給していない	81.8	78.5	92.9	91.7	89.7	90.1	92.2	87.1
受給している	5万円未満	80.0	78.4	80.8	82.0	72.0	78.4	73.5	76.9
	5万円以上10万円未満	70.5	68.6	69.2	75.8	78.1	70.8	80.0	75.8
	10万円以上15万円未満	51.0	60.9	75.0	68.3	62.4	61.9	63.8	65.9
	15万円以上20万円未満	68.2	54.5	65.4	56.0	56.6	59.8	55.7	53.7
	20万円以上25万円未満	34.8	42.9	53.6	52.5	46.3	50.0	46.1	42.1
	25万円以上30万円未満	60.0	38.5	51.9	61.5	48.9	42.9	49.3	51.6
	30万円以上35万円未満	66.7	41.2	43.5	32.3	47.6	52.6	41.4	41.8
	35万円以上40万円未満	25.0	66.7	42.1	47.6	51.9	37.8	45.7	46.9
	40万円以上45万円未満	0.0	50.0	33.3	31.3	40.0	26.7	33.3	43.5
	45万円以上50万円未満	100.0	100.0	0.0	50.0	-	33.3	0.0	25.0
	50万円以上	0.0	25.0	62.5	60.0	33.3	25.0	60.0	50.0
	不詳	61.3	67.6	20.1	18.0	17.9	19.7	14.0	18.8

注:配偶関係不詳の者を除く。

集計対象の女性について配偶関係別に公的年金の受給状況を確認すると(表7)、配偶者がいる女性に比べ、配偶者がいない女性の方が公的年金を受給していない割合が低くなっており、公的年金受給額が相対的に高い階級の構成比が高くなっている。

表7　公的年金の受給割合（配偶関係別、公的年金の受給額（2か月分）別：女性）

(%)

		2008年	2009年	2010年	2011年	2012年	2013年	2014年	2015年
	配偶者あり								
	受給していない	79.2	69.9	39.4	33.0	26.5	20.7	15.3	10.1
受給している	5万円未満	8.2	11.8	12.7	14.1	13.9	13.9	13.9	13.8
	5万円以上10万円未満	4.3	6.1	6.7	8.6	10.3	11.0	12.0	12.4
	10万円以上15万円未満	2.5	4.1	4.2	6.5	10.6	14.3	19.4	21.5
	15万円以上20万円未満	1.5	2.0	2.1	3.9	5.9	7.6	10.2	11.4
	20万円以上25万円未満	1.2	1.5	1.5	2.1	2.8	3.4	4.0	4.9
	25万円以上30万円未満	0.8	0.9	0.9	1.1	1.4	1.7	2.1	2.4
	30万円以上35万円未満	0.2	0.4	0.6	0.7	0.9	1.0	0.9	1.2
	35万円以上40万円未満	0.1	0.2	0.4	0.4	0.5	0.7	0.7	0.9
	40万円以上45万円未満	0.1	0.1	0.4	0.3	0.3	0.4	0.3	0.4
	45万円以上50万円未満	0.0	0.1	0.1	0.1	0.1	0.1	0.1	0.1
	50万円以上	0.0	0.1	0.3	0.1	0.1	0.2	0.1	0.1
	不詳	1.9	2.9	30.7	29.0	26.7	25.0	21.1	21.0
	総数	9,549	9,417	9,287	9,233	9,223	9,124	9,011	8,935
	配偶者なし								
	受給していない	56.5	46.7	34.1	27.7	23.1	18.8	13.9	9.1
受給している	5万円未満	4.0	6.3	6.1	6.8	7.1	5.4	5.5	5.3
	5万円以上10万円未満	4.2	6.5	7.3	7.8	8.3	9.0	10.0	9.8
	10万円以上15万円未満	6.0	7.8	6.8	8.3	10.4	10.7	12.9	13.8
	15万円以上20万円未満	8.0	8.3	8.4	10.1	12.1	12.3	13.4	13.8
	20万円以上25万円未満	10.0	11.2	10.3	10.2	10.6	12.3	13.1	13.2
	25万円以上30万円未満	5.8	6.1	6.3	6.7	7.6	7.7	9.0	10.1
	30万円以上35万円未満	1.5	2.6	2.5	3.2	3.1	4.1	4.8	5.8
	35万円以上40万円未満	0.6	0.4	0.5	1.0	1.3	2.0	2.2	2.3
	40万円以上45万円未満	0.2	0.2	0.5	0.5	0.9	0.8	1.1	1.2
	45万円以上50万円未満	0.1	0.1	0.2	0.3	0.2	0.1	0.1	0.1
	50万円以上	0.4	0.3	0.8	0.6	0.4	0.5	0.3	0.3
	不詳	2.8	3.7	16.3	16.9	15.1	16.2	13.7	15.2
	総数	1,626	1,749	1,848	1,925	1,957	2,041	2,136	2,228

注：配偶関係不詳の者を除く。

　男性同様、集計対象の女性の約9割に配偶者がおり、配偶者がいる女性に限ってみても、女性全体同様、概して公的年金受給額が低くなるほど、就業確率が上昇する傾向がある（表8）。配偶者がいない女性についても同様の傾向が観察されるが、サンプルサイズの小さい年金受給額（2か月分）の高い階級を除き、年金受給額がいくらであろうが配偶者がいる女性と比べて就業確率が相対的に高い。また、配偶者がいる女性は、公的年金を受給していない者と少額でも受給している者との就業確率の差が大きいことが特徴的である。これらの特徴は、男性とは異なる。

表8　就業確率（配偶関係別、公的年金の受給額（2か月分）別：女性）

(%)

		2008年	2009年	2010年	2011年	2012年	2013年	2014年	2015年
		配偶者あり							
	受給していない	66.1	64.4	93.7	93.4	93.7	91.3	91.3	89.0
受給している	5万円未満	49.5	45.9	55.2	53.4	53.9	55.8	56.6	58.1
	5万円以上10万円未満	55.9	50.9	56.1	55.6	53.2	53.0	49.8	50.2
	10万円以上15万円未満	46.7	45.7	54.2	48.8	44.9	43.2	42.0	42.1
	15万円以上20万円未満	45.0	48.7	52.3	44.2	43.5	38.6	39.6	38.7
	20万円以上25万円未満	40.9	32.6	40.3	41.1	45.5	44.3	45.8	45.7
	25万円以上30万円未満	23.3	32.6	34.9	33.0	34.6	37.0	35.6	38.9
	30万円以上35万円未満	47.8	31.4	34.5	33.8	33.8	29.5	32.1	28.0
	35万円以上40万円未満	0.0	15.8	37.8	27.3	25.0	22.7	17.9	17.9
	40万円以上45万円未満	28.6	7.7	21.2	22.6	10.7	20.5	16.7	22.2
	45万円以上50万円未満	50.0	37.5	18.2	22.2	10.0	30.0	11.1	16.7
	50万円以上	33.3	42.9	40.7	45.5	66.7	30.0	0.0	70.0
	不詳	55.4	55.6	9.5	10.1	9.8	11.4	11.5	11.3
		配偶者なし							
	受給していない	80.9	80.5	91.8	90.6	92.1	88.8	89.6	85.2
受給している	5万円未満	75.4	67.3	80.4	78.6	77.5	74.8	70.9	79.7
	5万円以上10万円未満	75.4	71.1	82.1	76.7	77.8	78.3	74.6	65.6
	10万円以上15万円未満	58.2	60.3	63.2	66.7	60.6	57.5	60.0	63.3
	15万円以上20万円未満	73.1	66.9	67.1	66.5	62.4	59.8	57.5	61.0
	20万円以上25万円未満	62.6	54.6	57.9	57.7	53.6	47.0	47.5	47.1
	25万円以上30万円未満	43.6	43.4	45.3	38.0	31.8	34.2	36.3	34.8
	30万円以上35万円未満	25.0	22.2	34.8	29.5	32.8	37.3	34.0	31.8
	35万円以上40万円未満	22.2	14.3	22.2	42.1	16.0	15.0	17.0	19.2
	40万円以上45万円未満	0.0	0.0	22.2	20.0	11.8	23.5	25.0	34.6
	45万円以上50万円未満	100.0	0.0	75.0	40.0	66.7	33.3	0.0	0.0
	50万円以上	16.7	0.0	42.9	50.0	42.9	27.3	0.0	0.0
	不詳	56.5	62.5	15.6	16.3	11.5	19.1	10.6	13.9

注：配偶関係不詳の者を除く。

（3）男女別、年齢階級別、公的年金受給額別にみた就業確率[1]

　集計の対象は2008～2015年で同一であるが、当然ながら年齢に応じてそれぞれのライフステージは変化すると考えられる。そこで、60～64歳及び65～69歳の年齢階級に焦点を当てる。ただし、60～64歳の年齢階級であっても、2008年では63～64歳が、2009年では64歳の者がそれぞれ含まれていない。また、65～69歳の年齢階級についても、2011年では66～69歳、2012年では67～69歳、2013年では68～69歳、2014年では69歳の者がそれぞれ含まれていない。

　60～64歳では2008～2010年、65～69歳では2011～2015年にかけ、当該年齢階級の上限に近い年齢の者が含まれるにつれて、公的年金を受給していない者の割合は下がる（表9）。しかし、60～64歳の男性では、2014年以降公的年金を受給していない者の割合が大きく上昇しており、2000年に改正された厚生年金保険法による老齢厚生年金（報酬比例部分）の支給年齢の引き上げの影響であると推察される。公的年金の受給額（2か月分）は、60～64歳の男性では「5万円以上10万円未満」（約9～13%）、「10万円以上15万円未満」（約10～12%）の階級の構成比が高く、65～69歳の男性では「30万円以上35万円未満」（約10

---

[1] さらに世帯の借入金の有無、預貯金の有無、社会保障給付金以外の不労所得（私的年金、子供等からの仕送り、資産収入）の有無別に公的年金受給状況及び就業確率を集計したものは、章末の付表Aを参照のこと。

～13%）、「35万円以上40万円未満」（約10～12%）の階級の構成比が高い。ただし、65～69歳の男性の場合はこの2つの階級に回答が集中している訳ではなく、各階級に分散している。

表9　公的年金の受給割合（年齢階級別、公的年金の受給額（2か月分）別：男性）

(%)

		2008年	2009年	2010年	2011年	2012年	2013年	2014年	2015年
				60～64歳					
受給していない		41.5	36.4	30.4	26.9	28.7	30.8	37.1	39.1
受給している	5万円未満	7.5	6.9	6.4	6.9	7.4	7.1	7.0	6.7
	5万円以上10万円未満	12.9	13.0	9.4	11.2	11.1	10.5	10.4	10.6
	10万円以上15万円未満	9.8	10.3	9.9	11.7	11.6	11.6	10.9	10.7
	15万円以上20万円未満	6.3	7.5	7.7	8.6	8.6	8.2	8.6	7.3
	20万円以上25万円未満	7.2	7.8	8.0	8.5	9.6	8.3	7.6	7.3
	25万円以上30万円未満	4.7	5.6	5.7	6.1	5.8	6.0	6.0	5.7
	30万円以上35万円未満	2.8	3.1	3.8	3.8	3.3	3.0	2.0	1.8
	35万円以上40万円未満	1.1	2.0	3.0	2.6	2.0	1.8	1.2	1.0
	40万円以上45万円未満	1.8	2.2	4.1	3.1	2.0	2.1	1.3	1.1
	45万円以上50万円未満	0.7	1.1	1.9	1.4	1.1	0.8	0.5	0.4
	50万円以上	0.3	0.4	1.4	0.9	0.4	0.5	0.2	0.3
	不詳	3.4	3.8	8.4	8.4	8.3	9.3	7.2	8.1
総数		3,094	4,316	5,322	5,529	5,267	4,960	4,459	4,193
				65～69歳					
受給していない		－	－	－	7.7	6.1	5.6	5.3	4.9
受給している	5万円未満	－	－	－	1.4	2.5	1.2	1.1	0.8
	5万円以上10万円未満	－	－	－	4.5	5.4	5.1	5.3	5.1
	10万円以上15万円未満	－	－	－	10.3	9.5	11.5	10.8	10.7
	15万円以上20万円未満	－	－	－	8.7	8.6	8.8	8.2	8.6
	20万円以上25万円未満	－	－	－	9.7	11.1	11.1	10.8	10.1
	25万円以上30万円未満	－	－	－	6.4	7.8	8.4	10.0	9.8
	30万円以上35万円未満	－	－	－	10.3	10.9	11.3	12.7	13.0
	35万円以上40万円未満	－	－	－	9.6	10.3	10.7	11.6	11.8
	40万円以上45万円未満	－	－	－	11.9	10.1	8.9	10.1	9.1
	45万円以上50万円未満	－	－	－	5.8	5.0	3.3	3.2	3.5
	50万円以上	－	－	－	3.7	2.2	2.5	1.7	1.4
	不詳	－	－	－	10.0	10.4	11.4	9.3	11.3
総数		－	－	－	780	1,947	3,094	4,316	5,322

　60～64歳及び65～69歳の男性いずれについても、公的年金受給額が低くなるほど、就業確率が上昇する傾向がある（表10）。総務省「労働力調査」によれば、60～64歳の男性の就業率は、2008年の72.5%から2015年の75.5%に上昇している。本集計における就業確率と「労働力調査」の就業率の定義は必ずしも一致しないが、60～64歳の男性のうち年金受給額（2か月分）が「15万円以上20万円未満」の階級に属する者の就業確率（約72～77%）が、当該年齢階級の男性の就業率の全国平均とほぼ同じ水準である。一方、65～69歳の男性の就業率は、2011年の46.3%から2015年の53.0%と、60～64歳の男性と比較して大きく伸びている（総務省「労働力調査」）。この就業率の水準は、65～69歳の男性のうち年金受給額（2か月分）が「30万円以上35万円未満」（約52～57%）、「35万円以上40万円未満」（約45～57%）の階級に属する者の就業確率とほぼ同じである。

表 10　就業確率（年齢階級別、公的年金の受給額（2か月分）別：男性）

(%)

		2008年	2009年	2010年	2011年	2012年	2013年	2014年	2015年
					60～64歳				
	受給していない	90.7	87.8	94.0	94.9	95.0	96.2	95.8	95.9
受給している	5万円未満	92.6	90.6	93.0	92.3	90.2	92.1	91.3	95.0
	5万円以上10万円未満	84.7	81.0	88.4	89.3	89.2	89.1	90.1	89.7
	10万円以上15万円未満	82.2	79.6	83.2	82.9	82.0	80.0	82.1	79.9
	15万円以上20万円未満	73.2	73.0	76.3	73.0	72.3	77.4	72.9	72.0
	20万円以上25万円未満	64.9	60.2	67.8	66.0	65.2	65.5	59.4	69.1
	25万円以上30万円未満	62.8	59.9	63.9	60.9	56.5	60.6	56.9	61.6
	30万円以上35万円未満	62.5	59.1	58.9	59.5	54.1	57.8	59.6	52.7
	35万円以上40万円未満	40.0	56.5	52.5	51.8	60.4	49.5	47.3	41.9
	40万円以上45万円未満	60.0	52.7	53.2	48.5	38.3	50.0	49.2	54.2
	45万円以上50万円未満	60.9	57.4	52.4	36.4	51.8	45.0	26.1	64.7
	50万円以上	60.0	73.7	63.9	53.8	60.9	62.5	50.0	50.0
	不詳	77.1	76.4	31.9	37.1	34.2	39.7	33.9	30.2
					65～69歳				
	受給していない	－	－	－	93.3	91.6	92.5	93.0	92.3
受給している	5万円未満	－	－	－	81.8	83.7	68.4	91.8	83.7
	5万円以上10万円未満	－	－	－	88.6	73.3	81.1	75.3	75.1
	10万円以上15万円未満	－	－	－	77.5	82.2	80.1	78.4	81.5
	15万円以上20万円未満	－	－	－	70.6	69.6	69.6	66.2	69.6
	20万円以上25万円未満	－	－	－	64.5	61.8	63.0	65.5	61.5
	25万円以上30万円未満	－	－	－	66.0	64.2	59.0	60.0	61.4
	30万円以上35万円未満	－	－	－	52.5	56.8	57.1	52.4	53.9
	35万円以上40万円未満	－	－	－	57.3	52.2	50.6	48.1	45.0
	40万円以上45万円未満	－	－	－	47.3	36.7	39.1	48.4	49.1
	45万円以上50万円未満	－	－	－	55.6	44.3	37.3	41.0	41.3
	50万円以上	－	－	－	44.8	37.2	40.3	41.9	41.1
	不詳	－	－	－	26.9	27.1	26.3	27.8	24.8

　60～64歳及び65～69歳の女性のうち公的年金を受給していない割合の傾向は、男性と同様であるが、改正された厚生年金保険法による支給年齢の引き上げは男性よりも5年遅れて実施されるため、集計対象の期間ではその影響はみられない（表11）。公的年金の受給額（2か月分）は、60～64歳の女性では「5万円未満」の階級の構成比（約21～25％）が高く、65～69歳の女性では「10万円以上15万円未満」の階級の構成比（約25～31％）が高い。

表 11　公的年金の受給割合（年齢階級別、公的年金の受給額（２か月分）別：女性）

(%)

		2008年	2009年	2010年	2011年	2012年	2013年	2014年	2015年
					60～64歳				
	受給していない	37.6	33.3	18.5	17.5	17.7	17.6	18.2	18.8
受給している	5万円未満	22.8	23.9	20.6	21.3	21.6	22.4	24.2	25.3
	5万円以上10万円未満	12.7	13.2	11.9	12.3	13.3	13.4	13.8	12.6
	10万円以上15万円未満	7.7	9.2	7.9	8.0	8.5	8.0	8.3	7.1
	15万円以上20万円未満	5.0	5.3	4.8	6.0	5.8	5.4	5.5	4.7
	20万円以上25万円未満	5.2	5.0	4.2	4.6	4.4	4.4	4.4	4.6
	25万円以上30万円未満	3.6	3.4	2.9	2.9	3.0	2.3	2.5	2.6
	30万円以上35万円未満	1.1	1.3	1.5	1.5	1.2	1.1	0.8	0.8
	35万円以上40万円未満	0.2	0.5	0.6	0.6	0.5	0.5	0.2	0.2
	40万円以上45万円未満	0.2	0.3	0.6	0.4	0.3	0.3	0.1	0.2
	45万円以上50万円未満	0.1	0.2	0.2	0.1	0.1	0.1	0.1	0.1
	50万円以上	0.2	0.2	0.5	0.3	0.1	0.2	0.1	0.1
	不詳	3.7	4.3	25.8	24.6	23.4	24.3	21.8	22.9
	総数	3,670	5,068	6,238	6,467	6,212	5,735	5,247	4,948
					65～69歳				
	受給していない	－	－	－	4.5	4.0	3.5	2.9	2.8
受給している	5万円未満	－	－	－	6.4	3.3	2.4	2.0	1.5
	5万円以上10万円未満	－	－	－	14.4	12.1	11.3	11.3	11.3
	10万円以上15万円未満	－	－	－	25.3	28.4	28.5	31.3	30.1
	15万円以上20万円未満	－	－	－	14.4	17.4	16.8	18.0	17.5
	20万円以上25万円未満	－	－	－	6.2	7.1	8.0	7.9	8.1
	25万円以上30万円未満	－	－	－	3.3	3.7	4.7	4.9	5.0
	30万円以上35万円未満	－	－	－	2.7	2.9	2.9	2.9	3.1
	35万円以上40万円未満	－	－	－	1.4	1.8	2.1	2.0	1.9
	40万円以上45万円未満	－	－	－	0.8	1.0	1.0	0.9	0.9
	45万円以上50万円未満	－	－	－	0.5	0.3	0.1	0.1	0.1
	50万円以上	－	－	－	0.3	0.3	0.5	0.2	0.2
	不詳	－	－	－	19.7	17.6	18.1	15.6	17.5
	総数	－	－	－	873	2,218	3,670	5,068	6,238

　60～64歳及び65～69歳の女性いずれについても、男性同様、公的年金受給額が低くなるほど就業確率が上昇する傾向がある（表 12）。総務省「労働力調査」によれば、60～64歳の女性の就業率は、2008年の42.5%から2015年の49.4%に上昇している。60～64歳の女性のうち年金受給額（２か月分）が「20万円以上25万円未満」の階級に属する者の就業確率（約41～48%）が、当該年齢階級の女性の就業率の全国平均とほぼ同じ水準である。一方、65～69歳の女性の就業率は、2011年の27.1%から2015年の31.6%に上昇している（総務省「労働力調査」）。この就業率の水準は、65～69歳の女性のうち年金受給額（２か月分）が「25万円以上30万円未満」（約31～38%）、「30万円以上35万円未満」（約21～31%）の階級に属する者の就業確率とほぼ同じである。その他の特徴として、配偶者がいる女性でみたように、60～64歳及び65～69歳の女性のうち公的年金を受給していない者と少額でも受給している者との就業確率の差が大きい。

表12　就業確率（年齢階級別、公的年金の受給額（2か月分）別：女性）

(%)

		2008年	2009年	2010年	2011年	2012年	2013年	2014年	2015年
					60～64歳				
	受給していない	57.0	56.1	87.3	88.0	90.5	88.8	91.2	90.7
受給している	5万円未満	51.3	47.4	57.2	56.2	56.1	57.8	58.9	61.1
	5万円以上10万円未満	57.9	54.2	60.9	60.7	59.9	62.7	61.3	62.1
	10万円以上15万円未満	53.0	49.8	56.4	55.6	53.7	55.4	56.9	57.5
	15万円以上20万円未満	51.9	52.8	57.0	54.7	56.1	56.5	55.7	56.7
	20万円以上25万円未満	44.0	41.2	48.3	44.7	47.5	44.0	46.3	44.1
	25万円以上30万円未満	30.3	38.6	39.6	35.1	30.6	33.1	36.1	45.7
	30万円以上35万円未満	35.9	29.9	34.1	34.3	40.0	37.5	47.5	28.6
	35万円以上40万円未満	11.1	13.0	39.5	36.1	21.4	33.3	25.0	16.7
	40万円以上45万円未満	14.3	7.7	14.3	29.6	4.8	33.3	28.6	50.0
	45万円以上50万円未満	50.0	25.0	27.3	33.3	14.3	14.3	0.0	0.0
	50万円以上	12.5	27.3	40.6	41.2	66.7	38.5	0.0	75.0
	不詳	54.5	54.6	11.0	12.2	12.0	13.5	12.9	12.5
					65～69歳				
	受給していない	—	—	—	74.4	79.5	74.6	75.2	75.1
受給している	5万円未満	—	—	—	39.3	54.1	50.0	43.4	45.7
	5万円以上10万円未満	—	—	—	43.7	46.6	46.6	44.8	44.5
	10万円以上15万円未満	—	—	—	45.7	42.3	40.8	41.0	42.7
	15万円以上20万円未満	—	—	—	38.1	40.3	37.5	39.6	41.3
	20万円以上25万円未満	—	—	—	57.4	48.4	45.5	47.3	47.2
	25万円以上30万円未満	—	—	—	31.0	37.8	37.6	35.8	33.3
	30万円以上35万円未満	—	—	—	20.8	24.6	31.1	29.7	30.4
	35万円以上40万円未満	—	—	—	16.7	20.0	14.1	16.7	18.6
	40万円以上45万円未満	—	—	—	14.3	17.4	10.5	19.1	24.1
	45万円以上50万円未満	—	—	—	0.0	33.3	50.0	16.7	20.0
	50万円以上	—	—	—	66.7	33.3	22.2	0.0	35.7
	不詳	—	—	—	15.1	9.7	14.3	10.9	10.9

（4）男女別、年齢階級別、配偶関係別、公的年金受給額別にみた就業確率

　（3）でみた 60～64 歳及び 65～69 歳の年齢階級における公的年金受給状況及び就業確率について、さらに当該年齢階級の配偶関係別に確認する。60～64 歳の男性の場合、配偶者がいる者の公的年金を受給していない割合が、配偶者がいない者に比べて相対的に高い（表13）。公的年金の受給額（2か月分）別の分布は、配偶者の有無によって大きな差は確認されない。

　60～64 歳の男性の公的年金を受給していない者のうち配偶者がいる者は、配偶者がいない者に比べて就業確率が 10 ポイント程度高い（表 14）。集計対象の男性全体でみた場合と同様、年金受給額がいくらであろうが配偶者がいない 60～64 歳の男性の就業確率は、配偶者がいる男性と比べて相対的に低い[2]。

　65～69 歳の男性のうち配偶者がいる者の方が、配偶者がいない者に比べ、公的年金受給額（2か月分）が高い階級の構成比が相対的に高い（表 15）。また、60～64 歳の男性の場合と同様、公的年金を受給していない者のうち配偶者がいる者は、配偶者がいない者に比べて就業確率が 10 ポイント程度高い（表 16）。年金受給額がいくらであろうが配偶者がいない 65～69 歳の男性の就業確率は、配偶者がいる男性と比べて相対的に低い傾向も 60～64 歳の男性と同様である。

---

[2] 総務省「労働力調査」によれば、60～64 歳の男性の就業率は、配偶者がいる者で 2008 年の 76.0％から 2015 年の 80.6％に、配偶者がいない者で 2008 年の 53.0％から 2015 年の 57.1％にそれぞれ上昇している。

表13　公的年金の受給割合（配偶関係別、公的年金の受給額（２か月分）別：60～64歳の男性）

(%)

		2008年	2009年	2010年	2011年	2012年	2013年	2014年	2015年
	配偶者あり								
	受給していない	42.1	37.0	31.1	27.6	29.3	31.6	38.4	40.2
受給している	5万円未満	7.3	6.7	6.2	6.6	7.4	7.1	6.8	6.7
	5万円以上10万円未満	12.7	12.7	9.3	10.8	10.9	10.5	10.4	10.5
	10万円以上15万円未満	9.5	10.0	10.0	11.6	11.3	11.3	10.5	10.5
	15万円以上20万円未満	6.4	7.4	7.7	8.3	8.1	7.9	8.4	7.1
	20万円以上25万円未満	7.1	7.7	7.8	8.7	9.7	8.4	7.5	7.2
	25万円以上30万円未満	4.6	6.0	5.8	6.2	6.2	6.3	6.4	6.0
	30万円以上35万円未満	3.0	3.0	3.8	3.9	3.4	3.0	1.9	1.7
	35万円以上40万円未満	1.1	2.0	2.9	2.6	2.0	1.9	1.3	1.0
	40万円以上45万円未満	1.9	2.3	4.4	3.3	2.2	2.2	1.4	1.3
	45万円以上50万円未満	0.8	1.2	2.2	1.5	1.2	0.9	0.6	0.5
	50万円以上	0.3	0.4	1.4	1.0	0.4	0.5	0.2	0.2
	不詳	3.1	3.7	7.4	7.8	7.7	8.4	6.1	7.1
	総数	2,807	3,865	4,720	4,867	4,632	4,334	3,898	3,669
	配偶者なし								
	受給していない	35.7	30.7	25.0	22.4	24.0	25.5	27.2	31.6
受給している	5万円未満	8.7	8.2	8.4	8.6	7.1	7.5	7.8	7.0
	5万円以上10万円未満	14.7	15.4	10.3	13.6	12.0	10.8	10.7	11.8
	10万円以上15万円未満	12.9	13.1	9.2	12.9	13.9	13.3	13.2	11.8
	15万円以上20万円未満	5.2	8.2	7.7	10.5	11.8	10.3	10.3	8.5
	20万円以上25万円未満	7.7	8.9	9.1	7.1	9.1	7.5	8.5	7.6
	25万円以上30万円未満	5.2	2.7	4.5	5.2	3.5	3.5	3.3	3.3
	30万円以上35万円未満	1.0	3.6	3.7	2.7	2.5	2.6	2.4	2.1
	35万円以上40万円未満	1.4	2.0	3.2	2.1	1.9	1.6	0.9	1.0
	40万円以上45万円未満	0.3	1.3	2.0	1.4	0.9	1.1	0.7	0.4
	45万円以上50万円未満	0.3	0.2	0.2	0.3	0.0	0.3	0.2	0.0
	50万円以上	0.7	0.7	1.0	0.5	0.5	0.3	0.2	0.6
	不詳	5.9	4.9	15.6	12.7	12.8	15.6	14.5	14.3
	総数	286	449	595	660	634	623	551	516

注：配偶関係不詳の者を除く。

表14　就業確率（配偶関係別、公的年金の受給額（２か月分）別：60～64歳の男性）

(%)

		2008年	2009年	2010年	2011年	2012年	2013年	2014年	2015年
	配偶者あり								
	受給していない	91.8	88.9	94.4	95.6	96.0	97.2	96.3	96.8
	5万円未満	94.2	92.3	95.2	93.8	92.2	93.8	94.8	97.1
	5万円以上10万円未満	86.2	82.7	90.6	91.3	90.5	91.7	90.9	90.9
	10万円以上15万円未満	85.3	81.7	83.5	84.8	84.9	82.7	84.9	81.9
受給している	15万円以上20万円未満	73.2	75.4	77.4	76.2	75.9	80.8	76.1	74.6
	20万円以上25万円未満	68.5	62.5	69.5	67.5	67.6	67.1	62.5	73.8
	25万円以上30万円未満	63.1	61.3	65.1	60.8	58.4	62.2	58.2	62.3
	30万円以上35万円未満	62.4	61.2	60.6	61.5	54.5	59.5	60.5	57.1
	35万円以上40万円未満	41.9	55.3	54.0	51.2	60.6	50.6	48.0	42.1
	40万円以上45万円未満	61.1	52.9	54.4	50.0	38.6	51.1	49.1	54.3
	45万円以上50万円未満	59.1	56.5	52.9	36.0	51.8	44.7	27.3	64.7
	50万円以上	75.0	81.3	63.6	53.1	65.0	68.2	57.1	44.4
	不詳	82.8	79.0	33.4	41.1	36.9	44.8	38.2	32.6
	配偶者なし								
	受給していない	78.4	76.1	89.3	88.5	86.2	87.4	91.3	87.7
	5万円未満	80.0	78.4	80.0	84.2	75.6	80.9	69.8	80.6
	5万円以上10万円未満	71.4	69.6	72.1	77.8	80.3	71.6	84.7	82.0
	10万円以上15万円未満	59.5	66.1	80.0	70.6	64.8	63.9	65.8	67.2
受給している	15万円以上20万円未満	73.3	54.1	67.4	55.1	54.7	59.4	56.1	56.8
	20万円以上25万円未満	31.8	45.0	55.6	53.2	46.6	53.2	40.4	35.9
	25万円以上30万円未満	60.0	33.3	51.9	61.8	31.8	40.9	38.9	52.9
	30万円以上35万円未満	66.7	43.8	45.5	38.9	50.0	43.8	53.8	27.3
	35万円以上40万円未満	25.0	66.7	42.1	57.1	58.3	40.0	40.0	40.0
	40万円以上45万円未満	0.0	50.0	33.3	22.2	33.3	28.6	50.0	50.0
	45万円以上50万円未満	100.0	100.0	0.0	50.0	-	50.0	0.0	-
	50万円以上	0.0	33.3	66.7	66.7	33.3	0.0	0.0	66.7
	不詳	47.1	59.1	24.7	19.0	22.2	20.6	20.0	21.6

注：配偶関係不詳の者を除く。

表15 公的年金の受給割合（配偶関係別、公的年金の受給額（2か月分）別：65～69歳の男性）

(%)

	2008年	2009年	2010年	2011年	2012年	2013年	2014年	2015年
配偶者あり								
受給していない	－	－	－	7.8	5.9	5.6	5.2	4.8
5万円未満	－	－	－	1.2	2.5	1.2	1.1	0.8
5万円以上10万円未満	－	－	－	4.6	5.0	5.0	5.1	5.1
10万円以上15万円未満	－	－	－	10.0	9.2	11.5	10.5	10.6
15万円以上20万円未満	－	－	－	8.5	8.5	8.6	7.8	8.2
20万円以上25万円未満	－	－	－	9.8	11.4	11.0	10.4	9.7
25万円以上30万円未満	－	－	－	6.6	7.3	8.5	9.9	9.5
30万円以上35万円未満	－	－	－	9.7	10.7	11.2	12.9	13.1
35万円以上40万円未満	－	－	－	9.8	10.7	10.8	12.0	12.5
40万円以上45万円未満	－	－	－	12.4	10.7	9.7	11.0	9.9
45万円以上50万円未満	－	－	－	6.5	5.6	3.7	3.6	3.9
50万円以上	－	－	－	3.9	2.1	2.6	1.8	1.5
不詳	－	－	－	9.1	10.3	10.6	8.6	10.3
総数	－	－	－	692	1,743	2,753	3,805	4,660
配偶者なし								
受給していない	－	－	－	7.0	7.9	6.2	6.1	5.9
5万円未満	－	－	－	3.5	2.5	1.2	1.2	0.5
5万円以上10万円未満	－	－	－	3.5	8.4	5.9	6.1	5.2
10万円以上15万円未満	－	－	－	12.8	11.8	12.2	13.3	11.3
15万円以上20万円未満	－	－	－	10.5	9.9	10.4	11.5	12.0
20万円以上25万円未満	－	－	－	9.3	9.4	11.9	13.5	12.5
25万円以上30万円未満	－	－	－	4.7	11.3	8.0	10.9	11.6
30万円以上35万円未満	－	－	－	15.1	12.8	12.2	11.3	12.2
35万円以上40万円未満	－	－	－	8.1	7.4	10.1	8.1	6.7
40万円以上45万円未満	－	－	－	8.1	4.4	2.4	3.4	3.2
45万円以上50万円未満	－	－	－	0.0	0.0	0.3	0.6	0.6
50万円以上	－	－	－	2.3	3.0	1.8	0.8	0.5
不詳	－	－	－	15.1	11.3	17.5	13.3	18.0
総数	－	－	－	86	203	337	505	657

注：配偶関係不詳の者を除く。

表16 就業確率（配偶関係別、公的年金の受給額（2か月分）別：65～69歳の男性）

(%)

	2008年	2009年	2010年	2011年	2012年	2013年	2014年	2015年
配偶者あり								
受給していない	－	－	－	96.3	96.1	95.4	94.4	93.7
5万円未満	－	－	－	100.0	88.6	70.6	90.7	89.7
5万円以上10万円未満	－	－	－	93.8	75.0	83.3	76.4	76.6
10万円以上15万円未満	－	－	－	79.7	86.3	82.9	81.3	84.0
15万円以上20万円未満	－	－	－	71.2	71.6	71.0	68.4	73.2
20万円以上25万円未満	－	－	－	66.2	63.1	65.2	68.0	64.5
25万円以上30万円未満	－	－	－	67.4	64.1	60.7	61.1	63.1
30万円以上35万円未満	－	－	－	58.2	58.6	57.3	54.0	55.2
35万円以上40万円未満	－	－	－	60.3	52.7	52.3	48.3	44.7
40万円以上45万円未満	－	－	－	47.7	36.4	39.5	49.2	49.4
45万円以上50万円未満	－	－	－	55.6	44.3	37.6	41.9	41.7
50万円以上	－	－	－	44.4	37.8	40.8	40.0	41.4
不詳	－	－	－	28.6	30.0	27.0	31.0	26.6
配偶者なし								
受給していない	－	－	－	66.7	62.5	71.4	83.9	84.6
5万円未満	－	－	－	33.3	40.0	50.0	100.0	33.3
5万円以上10万円未満	－	－	－	33.3	64.7	65.0	71.0	64.7
10万円以上15万円未満	－	－	－	63.6	54.2	58.5	61.2	64.9
15万円以上20万円未満	－	－	－	66.7	55.0	60.0	55.2	51.9
20万円以上25万円未満	－	－	－	50.0	47.4	45.0	50.0	45.1
25万円以上30万円未満	－	－	－	50.0	65.2	44.4	52.7	51.3
30万円以上35万円未満	－	－	－	23.1	46.2	56.1	38.6	43.8
35万円以上40万円未満	－	－	－	28.6	46.7	35.3	46.3	47.7
40万円以上45万円未満	－	－	－	42.9	44.4	25.0	29.4	42.9
45万円以上50万円未満	－	－	－	－	－	0.0	0.0	25.0
50万円以上	－	－	－	50.0	33.3	33.3	75.0	33.3
不詳	－	－	－	23.1	4.3	22.0	9.0	16.9

注：配偶関係不詳の者を除く。

60～64歳の女性のうち配偶者がいる者は、公的年金受給額（2か月分）が「5万円未満」の階級の構成比（約23～28％）がもっとも高いが、配偶者がいない者は、「5万円未満」（約10～13％）だけではなく、「15万円以上20万円未満」（約9～14％）、「20万円以上25万円未満」（約12～14％）の階級の構成比も同程度に高い（表17）。公的年金を受給していない60～64歳の女性の就業確率は、配偶者の有無によって大きな差は確認できない（表18）。また、年金受給額がいくらであろうが配偶者がいない60～64歳の女性の就業確率は、配偶者がいる女性と比べて相対的に高い[3]。これらは男性とは異なる傾向である。

　65～69歳の女性のうち配偶者がいる者は、公的年金受給額（2か月分）が「10万円以上15万円未満」の階級の構成比（約27～35％）がもっとも高く、ついで「15万円以上20万円未満」（約14～19％）の階級で構成比が高くなっている。また、配偶者がいない者は、「10万円以上15万円未満」（約14～19％）、「15万円以上20万円未満」（約13～17％）、及び「20万円以上25万円未満」（約10～14％）の階級の構成比が同程度に高い（表19）。サンプルサイズが小さい階級があるので注意が必要であるが、60～64歳の女性と同様、年金受給額がいくらであろうが配偶者がいない65～69歳の女性の就業確率は、配偶者がいる女性と比べて概して相対的に高い傾向がある（表20）。

---

[3] 総務省「労働力調査」によれば、60～64歳の女性の就業率は、配偶者がいる者で2008年の40.4％から2015年の47.8％に、配偶者がいない者で2008年の50.0％から2015年の55.1％にそれぞれ上昇している。

表17　公的年金の受給割合（配偶関係別、公的年金の受給額（2か月分）別：60〜64歳の女性）

(%)

		2008年	2009年	2010年	2011年	2012年	2013年	2014年	2015年
		配偶者あり							
	受給していない	39.8	35.8	19.0	17.9	18.0	17.9	18.2	19.1
受給している	5万円未満	25.2	26.4	23.0	23.8	24.0	25.2	26.8	28.0
	5万円以上10万円未満	13.1	13.4	12.0	12.7	13.7	13.8	14.2	12.9
	10万円以上15万円未満	6.9	8.5	7.5	7.6	8.1	7.5	8.1	6.5
	15万円以上20万円未満	4.2	4.4	3.7	4.9	4.4	3.6	3.9	3.1
	20万円以上25万円未満	3.6	3.1	2.6	2.9	2.9	2.7	2.6	3.0
	25万円以上30万円未満	2.2	2.0	1.6	1.6	1.7	1.5	1.8	2.0
	30万円以上35万円未満	0.7	0.8	1.0	1.0	0.9	0.7	0.5	0.4
	35万円以上40万円未満	0.1	0.4	0.6	0.4	0.4	0.3	0.2	0.2
	40万円以上45万円未満	0.2	0.3	0.6	0.4	0.2	0.3	0.1	0.1
	45万円以上50万円未満	0.1	0.2	0.2	0.1	0.1	0.1	0.1	0.0
	50万円以上	0.1	0.2	0.5	0.2	0.1	0.2	0.1	0.0
	不詳	3.7	4.3	27.8	26.5	25.5	26.2	23.5	24.6
	総数	3,080	4,187	5,083	5,250	5,092	4,731	4,330	4,086
		配偶者なし							
	受給していない	26.0	21.1	16.6	15.4	16.3	16.2	18.2	17.7
受給している	5万円未満	10.2	11.8	9.7	10.4	10.7	9.5	11.8	12.7
	5万円以上10万円未満	10.8	12.2	11.4	10.6	11.5	11.4	12.0	10.9
	10万円以上15万円未満	11.5	12.3	9.5	9.6	10.4	10.2	9.3	9.8
	15万円以上20万円未満	9.1	9.6	9.7	10.9	12.3	13.9	13.0	12.3
	20万円以上25万円未満	13.6	14.3	12.0	12.1	11.6	12.5	12.7	12.0
	25万円以上30万円未満	10.8	9.8	9.2	8.6	9.0	6.0	6.3	5.5
	30万円以上35万円未満	2.9	3.9	3.6	4.0	2.5	3.1	2.0	3.0
	35万円以上40万円未満	0.9	0.6	0.6	1.3	0.8	1.4	0.6	0.4
	40万円以上45万円未満	0.3	0.0	0.5	0.5	0.8	0.3	0.3	0.5
	45万円以上50万円未満	0.0	0.1	0.2	0.2	0.1	0.1	0.1	0.1
	50万円以上	0.9	0.5	0.8	0.7	0.4	0.4	0.1	0.1
	不詳	2.9	3.8	16.2	15.8	13.7	15.1	13.5	15.0
	総数	581	867	1,119	1,203	1,117	995	905	855

注：配偶関係不詳の者を除く。

表18　就業確率（配偶関係別、公的年金の受給額（2か月分）別：60〜64歳の女性）

(%)

		2008年	2009年	2010年	2011年	2012年	2013年	2014年	2015年
		配偶者あり							
	受給していない	55.1	53.9	87.5	88.5	91.3	88.8	91.3	90.9
受給している	5万円未満	49.3	45.8	55.0	53.8	54.1	56.5	57.5	59.2
	5万円以上10万円未満	55.6	50.9	56.1	57.4	56.2	58.3	58.3	60.5
	10万円以上15万円未満	50.9	47.1	54.9	51.4	51.0	53.9	56.2	53.8
	15万円以上20万円未満	45.7	49.5	54.0	49.8	51.6	50.6	48.5	47.7
	20万円以上25万円未満	40.2	33.1	39.2	36.0	43.2	40.6	42.1	38.7
	25万円以上30万円未満	24.6	31.8	34.2	30.6	30.6	32.9	35.5	47.5
	30万円以上35万円未満	45.5	33.3	33.3	35.3	36.2	33.3	36.4	25.0
	35万円以上40万円未満	0.0	16.7	41.9	30.0	26.3	46.2	14.3	11.1
	40万円以上45万円未満	20.0	7.7	17.2	28.6	8.3	33.3	0.0	25.0
	45万円以上50万円未満	50.0	28.6	22.2	28.6	0.0	16.7	0.0	0.0
	50万円以上	33.3	42.9	43.5	44.4	80.0	33.3	0.0	100.0
	不詳	54.9	53.3	10.3	11.6	11.9	12.4	13.1	11.9
		配偶者なし							
	受給していない	72.2	73.8	86.0	86.5	87.4	88.8	90.9	89.4
受給している	5万円未満	78.0	65.7	80.6	80.0	77.3	74.7	73.8	80.7
	5万円以上10万円未満	73.0	71.7	82.0	77.3	79.7	87.6	78.0	71.0
	10万円以上15万円未満	59.7	58.9	62.3	70.7	62.9	60.4	60.7	69.0
	15万円以上20万円未満	66.0	60.2	62.4	64.1	63.5	63.8	66.1	67.6
	20万円以上25万円未満	49.4	49.2	57.5	53.8	52.3	47.6	50.4	50.5
	25万円以上30万円未満	36.5	44.7	43.7	38.8	30.7	33.3	36.8	42.6
	30万円以上35万円未満	23.5	26.5	35.0	33.3	46.4	41.9	61.1	30.8
	35万円以上40万円未満	20.0	0.0	28.6	43.8	11.1	21.4	40.0	33.3
	40万円以上45万円未満	0.0	-	0.0	33.3	0.0	33.3	66.7	75.0
	45万円以上50万円未満	-	0.0	50.0	50.0	100.0	0.0	0.0	0.0
	50万円以上	0.0	0.0	33.3	37.5	50.0	50.0	0.0	0.0
	不詳	52.9	63.6	17.1	17.4	12.4	22.0	12.3	17.2

注：配偶関係不詳の者を除く。

表19　公的年金の受給割合（配偶関係別、公的年金の受給額（2か月分）別：65〜69歳の女性）

(%)

		2008年	2009年	2010年	2011年	2012年	2013年	2014年	2015年
	配偶者あり								
	受給していない	−	−	−	4.2	3.7	2.9	2.7	2.5
受給している	5万円未満	−	−	−	7.1	3.4	2.5	2.3	1.7
	5万円以上10万円未満	−	−	−	15.2	13.3	11.9	11.8	11.9
	10万円以上15万円未満	−	−	−	26.6	31.2	32.3	35.3	34.1
	15万円以上20万円未満	−	−	−	13.9	17.5	17.8	19.0	18.3
	20万円以上25万円未満	−	−	−	5.4	5.9	6.3	6.1	6.5
	25万円以上30万円未満	−	−	−	2.5	2.3	2.8	2.8	2.7
	30万円以上35万円未満	−	−	−	1.7	1.8	1.9	1.6	1.9
	35万円以上40万円未満	−	−	−	1.4	1.3	1.8	1.5	1.4
	40万円以上45万円未満	−	−	−	0.8	0.9	0.8	0.7	0.7
	45万円以上50万円未満	−	−	−	0.3	0.2	0.1	0.1	0.1
	50万円以上	−	−	−	0.3	0.2	0.4	0.1	0.2
	不詳	−	−	−	20.6	18.3	18.4	16.0	18.0
総数		−	−	−	718	1,794	2,902	3,951	4,849
	配偶者なし								
	受給していない	−	−	−	5.5	5.2	5.8	3.8	3.8
受給している	5万円未満	−	−	−	2.7	3.1	2.0	0.8	0.7
	5万円以上10万円未満	−	−	−	11.0	7.1	9.0	9.5	9.1
	10万円以上15万円未満	−	−	−	19.2	17.0	14.4	17.3	16.3
	15万円以上20万円未満	−	−	−	16.4	17.0	12.7	14.3	14.8
	20万円以上25万円未満	−	−	−	10.3	12.3	14.2	14.4	14.0
	25万円以上30万円未満	−	−	−	7.5	9.7	12.0	12.3	12.9
	30万円以上35万円未満	−	−	−	8.2	7.6	6.7	7.8	7.5
	35万円以上40万円未満	−	−	−	1.4	3.8	3.4	3.8	3.6
	40万円以上45万円未満	−	−	−	0.7	1.7	1.8	1.9	1.6
	45万円以上50万円未満	−	−	−	1.4	0.5	0.1	0.1	0.1
	50万円以上	−	−	−	0.7	0.5	0.9	0.5	0.4
	不詳	−	−	−	15.1	14.7	16.9	13.5	15.3
総数		−	−	−	146	423	758	1,091	1,373

注：配偶関係不詳の者を除く。

表20　就業確率（配偶関係別、公的年金の受給額（2か月分）別：65〜69歳の女性）

(%)

		2008年	2009年	2010年	2011年	2012年	2013年	2014年	2015年
	配偶者あり								
	受給していない	−	−	−	73.3	80.3	77.6	77.8	77.0
受給している	5万円未満	−	−	−	41.2	50.8	45.2	44.4	42.9
	5万円以上10万円未満	−	−	−	41.3	43.7	43.1	38.6	40.8
	10万円以上15万円未満	−	−	−	45.0	40.4	39.0	38.5	40.2
	15万円以上20万円未満	−	−	−	31.0	37.3	34.8	37.5	37.5
	20万円以上25万円未満	−	−	−	61.5	48.6	46.2	47.7	48.4
	25万円以上30万円未満	−	−	−	38.9	43.9	40.7	35.7	33.6
	30万円以上35万円未満	−	−	−	25.0	30.3	27.3	30.6	28.6
	35万円以上40万円未満	−	−	−	10.0	20.8	15.4	18.3	18.8
	40万円以上45万円未満	−	−	−	16.7	12.5	4.2	19.2	21.9
	45万円以上50万円未満	−	−	−	0.0	25.0	66.7	20.0	25.0
	50万円以上	−	−	−	50.0	50.0	27.3	0.0	62.5
	不詳	−	−	−	11.5	9.7	13.5	11.4	10.7
	配偶者なし								
	受給していない	−	−	−	75.0	77.3	68.2	68.3	73.1
受給している	5万円未満	−	−	−	25.0	69.2	73.3	33.3	66.7
	5万円以上10万円未満	−	−	−	62.5	70.0	64.7	71.2	61.6
	10万円以上15万円未満	−	−	−	50.0	56.9	56.0	59.3	61.2
	15万円以上20万円未満	−	−	−	62.5	54.2	51.0	48.7	57.6
	20万円以上25万円未満	−	−	−	46.7	48.1	44.4	45.9	45.3
	25万円以上30万円未満	−	−	−	18.2	31.7	34.1	35.8	32.8
	30万円以上35万円未満	−	−	−	16.7	18.8	35.3	28.2	32.0
	35万円以上40万円未満	−	−	−	50.0	18.8	11.5	14.3	18.4
	40万円以上45万円未満	−	−	−	0.0	28.6	21.4	19.0	27.3
	45万円以上50万円未満	−	−	−	0.0	50.0	0.0	0.0	0.0
	50万円以上	−	−	−	100.0	0.0	14.3	0.0	0.0
	不詳	−	−	−	40.9	9.7	17.2	8.8	11.9

注：配偶関係不詳の者を除く。

（5）男女別、年齢階級別、配偶者の仕事の有無別、公的年金受給額別にみた就業確率

　　配偶者がいる者の労働供給行動は、配偶者の就労状況や収入の影響を受けると考えられる。そこで、対象を配偶者がいる者のみに限定して、配偶者に収入のある仕事の有無別に60〜64歳及び65〜69歳の年齢階級における公的年金受給状況及び就業確率を確認する。

　　配偶者がいる60〜64歳の男性のうち配偶者が収入のある仕事をしている者は、配偶者が収入のある仕事をしていない者と比べ、公的年金を受給していない割合が高く、公的年金受給額（2か月分）が高い階級の構成比が相対的に低い（表21）。また、年金受給額がいくらであろうが配偶者が収入のある仕事をしている60〜64歳の男性の就業確率は、配偶者が収入のある仕事をしていない男性と比べて概して相対的に高い（表22）。

　　配偶者がいる65〜69歳の男性の傾向は、60〜64歳の男性と同様であるが、上記のような配偶者が収入のある仕事をしている者としていない者との公的年金受給状況及び就業確率の差がより顕著になっている（表23、24）。

表21　公的年金の受給割合

（配偶者の仕事の有無別、公的年金の受給額（2か月分）別：60〜64歳の男性）

(%)

		2008年	2009年	2010年	2011年	2012年	2013年	2014年	2015年
		配偶者に収入のある仕事あり							
	受給していない	42.8	39.1	33.8	29.2	30.7	33.6	40.5	42.6
受給している	5万円未満	8.8	8.2	7.3	8.1	9.1	8.2	8.2	8.2
	5万円以上10万円未満	13.1	12.8	10.8	12.7	11.9	12.3	11.6	11.6
	10万円以上15万円未満	10.1	10.9	10.6	12.4	12.4	12.1	11.5	10.8
	15万円以上20万円未満	7.5	7.2	7.6	8.0	8.2	7.7	7.9	6.4
	20万円以上25万円未満	6.0	7.3	7.8	7.4	8.9	7.1	5.7	6.8
	25万円以上30万円未満	3.4	4.2	4.7	5.1	4.8	4.8	5.0	3.9
	30万円以上35万円未満	2.1	2.5	3.0	3.6	3.0	2.8	1.8	1.5
	35万円以上40万円未満	1.4	1.7	2.6	2.1	1.5	1.3	0.8	0.6
	40万円以上45万円未満	1.4	1.6	3.5	2.6	1.5	1.9	1.1	1.0
	45万円以上50万円未満	0.4	0.6	1.2	0.8	0.7	0.6	0.4	0.4
	50万円以上	0.2	0.3	0.8	0.7	0.3	0.4	0.2	0.1
	不詳	2.7	3.7	6.3	7.4	7.0	7.2	5.4	6.1
	総数	1,605	2,020	2,511	2,554	2,449	2,297	2,093	1,960
		配偶者に収入のある仕事なし							
	受給していない	40.7	32.8	25.8	23.4	24.5	26.5	31.4	30.4
受給している	5万円未満	5.2	5.2	4.6	5.0	5.6	5.9	5.5	5.0
	5万円以上10万円未満	11.5	12.6	7.8	8.2	9.7	8.9	9.5	10.7
	10万円以上15万円未満	7.7	9.0	9.6	10.6	10.7	10.7	10.4	11.4
	15万円以上20万円未満	4.7	7.3	8.3	9.4	8.9	8.7	8.1	8.9
	20万円以上25万円未満	9.3	8.4	8.2	11.0	10.9	10.0	10.7	8.5
	25万円以上30万円未満	6.9	8.1	6.9	7.9	8.3	8.9	9.0	10.1
	30万円以上35万円未満	5.1	4.0	5.2	4.5	4.2	3.5	2.1	1.9
	35万円以上40万円未満	0.7	2.3	3.4	3.4	3.0	3.0	2.4	1.7
	40万円以上45万円未満	3.2	3.7	5.7	4.5	3.4	3.2	2.0	1.9
	45万円以上50万円未満	1.2	1.9	3.6	2.6	2.0	1.3	0.8	0.6
	50万円以上	0.3	0.7	2.3	1.4	0.7	0.5	0.2	0.5
	不詳	3.3	3.9	8.5	7.9	8.0	8.9	6.7	8.3
	総数	896	1,335	1,800	1,870	1,684	1,477	1,173	983

注：配偶者の収入のある仕事の有無が不詳の者を除く。

表22 就業確率

(配偶者の仕事の有無別、公的年金の受給額（2か月分）別：60～64歳の男性）

(%)

		2008年	2009年	2010年	2011年	2012年	2013年	2014年	2015年
	配偶者に収入のある仕事あり								
	受給していない	93.4	90.0	95.2	97.3	96.9	97.5	97.2	96.9
受給している	5万円未満	95.1	95.8	96.2	93.7	92.8	95.2	94.2	96.9
	5万円以上10万円未満	89.0	86.8	94.5	93.2	91.1	93.6	94.2	93.0
	10万円以上15万円未満	87.7	84.2	86.5	87.3	87.1	83.8	86.3	84.4
	15万円以上20万円未満	78.3	80.1	77.6	81.0	79.6	86.0	78.8	78.6
	20万円以上25万円未満	73.2	70.1	75.9	77.8	74.7	76.1	70.0	82.0
	25万円以上30万円未満	66.7	61.9	73.1	69.5	68.6	67.6	61.9	62.3
	30万円以上35万円未満	58.8	66.0	66.7	62.6	66.2	69.2	70.3	70.0
	35万円以上40万円未満	50.0	58.8	63.6	60.4	72.2	60.0	62.5	50.0
	40万円以上45万円未満	63.6	65.6	51.7	53.0	54.1	58.1	50.0	52.6
	45万円以上50万円未満	71.4	61.5	58.6	45.0	55.6	53.8	33.3	62.5
	50万円以上	75.0	83.3	76.2	66.7	57.1	66.7	60.0	100.0
	不詳	86.4	84.0	37.6	44.7	41.9	44.2	42.0	37.5
	配偶者に収入のある仕事なし								
	受給していない	90.7	88.4	92.9	92.9	94.2	96.2	95.4	96.7
受給している	5万円未満	93.6	91.3	91.6	93.6	89.5	89.7	95.3	98.0
	5万円以上10万円未満	82.5	77.4	83.7	87.0	87.8	85.5	82.0	82.9
	10万円以上15万円未満	79.7	78.3	78.5	79.9	81.8	79.1	79.5	77.7
	15万円以上20万円未満	61.9	68.4	77.2	69.9	70.7	76.6	71.4	65.5
	20万円以上25万円未満	61.4	56.3	63.5	60.0	57.6	56.8	54.4	61.9
	25万円以上30万円未満	62.9	59.3	58.9	53.1	48.6	56.1	52.4	60.6
	30万円以上35万円未満	60.9	61.1	55.3	61.2	41.4	51.9	52.0	31.6
	35万円以上40万円未満	33.3	51.6	43.5	46.9	56.0	44.4	42.9	29.4
	40万円以上45万円未満	58.6	42.9	54.9	50.6	29.3	46.8	52.2	63.2
	45万円以上50万円未満	45.5	65.4	50.8	34.7	52.9	31.6	22.2	66.7
	50万円以上	100.0	80.0	59.5	42.3	63.6	87.5	50.0	40.0
	不詳	76.7	75.0	28.8	35.1	29.6	41.2	31.6	24.4

注：配偶者の収入のある仕事の有無が不詳の者を除く。

表23 公的年金の受給割合

(配偶者の仕事の有無別、公的年金の受給額（2か月分）別：65～69歳の男性）

(%)

		2008年	2009年	2010年	2011年	2012年	2013年	2014年	2015年
	配偶者に収入のある仕事あり								
	受給していない	-	-	-	8.3	7.7	7.2	6.7	5.9
受給している	5万円未満	-	-	-	1.0	2.5	1.6	1.3	0.9
	5万円以上10万円未満	-	-	-	6.9	6.7	6.7	6.4	6.8
	10万円以上15万円未満	-	-	-	11.1	13.0	15.2	14.2	14.1
	15万円以上20万円未満	-	-	-	8.7	10.1	11.3	8.9	9.6
	20万円以上25万円未満	-	-	-	12.2	10.8	10.4	10.8	10.6
	25万円以上30万円未満	-	-	-	5.9	8.5	7.6	9.5	9.3
	30万円以上35万円未満	-	-	-	11.5	11.9	11.5	11.7	12.3
	35万円以上40万円未満	-	-	-	10.1	7.2	8.0	10.5	9.6
	40万円以上45万円未満	-	-	-	10.1	7.2	7.1	8.8	7.5
	45万円以上50万円未満	-	-	-	4.9	2.9	2.8	2.3	3.3
	50万円以上	-	-	-	1.4	1.1	1.9	1.3	1.3
	不詳	-	-	-	8.0	10.4	8.7	7.6	8.8
	総数	-	-	-	288	751	1,159	1,602	1,963
	配偶者に収入のある仕事なし								
	受給していない	-	-	-	6.8	3.9	3.6	3.5	3.4
受給している	5万円未満	-	-	-	1.2	2.5	0.9	0.9	0.7
	5万円以上10万円未満	-	-	-	2.4	3.8	3.6	4.3	3.9
	10万円以上15万円未満	-	-	-	9.4	6.3	8.9	7.6	7.7
	15万円以上20万円未満	-	-	-	8.5	7.5	7.0	7.0	7.1
	20万円以上25万円未満	-	-	-	7.1	11.4	11.2	9.8	9.1
	25万円以上30万円未満	-	-	-	7.6	6.9	9.0	10.2	10.1
	30万円以上35万円未満	-	-	-	8.5	10.1	11.5	14.7	14.4
	35万円以上40万円未満	-	-	-	9.4	14.3	13.5	13.7	16.0
	40万円以上45万円未満	-	-	-	15.6	13.7	12.1	12.5	11.5
	45万円以上50万円未満	-	-	-	8.5	7.5	4.5	4.7	4.2
	50万円以上	-	-	-	5.0	2.9	3.1	2.1	1.6
	不詳	-	-	-	10.0	9.2	11.2	9.0	10.4
	総数	-	-	-	340	869	1,417	1,947	2,368

注：配偶者の収入のある仕事の有無が不詳の者を除く。

表 24　就業確率
（配偶者の仕事の有無別、公的年金の受給額（2か月分）別：65～69歳の男性）

(%)

		2008年	2009年	2010年	2011年	2012年	2013年	2014年	2015年
		配偶者に収入のある仕事あり							
	受給していない	–	–	–	100.0	98.3	96.4	94.4	96.6
受給している	5万円未満	–	–	–	100.0	94.7	66.7	95.2	94.4
	5万円以上10万円未満	–	–	–	90.0	88.0	88.5	84.5	83.5
	10万円以上15万円未満	–	–	–	78.1	87.8	88.1	85.5	87.7
	15万円以上20万円未満	–	–	–	72.0	77.6	80.9	80.3	84.0
	20万円以上25万円未満	–	–	–	71.4	67.9	72.5	79.8	74.2
	25万円以上30万円未満	–	–	–	82.4	73.4	72.7	71.1	69.9
	30万円以上35万円未満	–	–	–	54.5	62.9	63.9	67.4	65.6
	35万円以上40万円未満	–	–	–	65.5	74.1	63.4	60.1	57.4
	40万円以上45万円未満	–	–	–	62.1	40.7	51.2	61.0	58.8
	45万円以上50万円未満	–	–	–	85.7	68.2	51.5	51.4	53.1
	50万円以上	–	–	–	50.0	50.0	63.6	61.9	73.1
	不詳	–	–	–	34.8	38.5	34.7	42.1	40.1
		配偶者に収入のある仕事なし							
	受給していない	–	–	–	91.3	94.1	94.1	94.1	88.9
受給している	5万円未満	–	–	–	100.0	86.4	84.6	88.9	87.5
	5万円以上10万円未満	–	–	–	100.0	54.5	72.5	65.1	64.1
	10万円以上15万円未満	–	–	–	78.1	83.6	74.6	74.1	77.0
	15万円以上20万円未満	–	–	–	65.5	64.6	59.6	56.2	59.3
	20万円以上25万円未満	–	–	–	62.5	62.6	60.8	58.6	56.3
	25万円以上30万円未満	–	–	–	57.7	53.3	52.0	54.5	59.4
	30万円以上35万円未満	–	–	–	65.5	52.3	51.5	44.9	46.0
	35万円以上40万円未満	–	–	–	56.3	42.7	44.8	41.2	37.8
	40万円以上45万円未満	–	–	–	35.8	34.5	34.5	44.4	45.8
	45万円以上50万円未満	–	–	–	41.4	36.9	31.3	40.2	37.4
	50万円以上	–	–	–	47.1	32.0	29.5	27.5	24.3
	不詳	–	–	–	23.5	22.5	23.4	25.6	18.6

注：配偶者の収入のある仕事の有無が不詳の者を除く。

　配偶者がいる60～64歳の女性のうち配偶者が収入のある仕事をしている者は、配偶者が収入のある仕事をしていない者と比べ、公的年金を受給していない割合は高いが、公的年金受給額（2か月分）の分布には大きな差を確認できない（表25）。また、年金受給額がいくらであろうが配偶者が収入のある仕事をしている60～64歳の女性の就業確率は、配偶者が収入のある仕事をしていない女性と比べて概して相対的に高く、60～64歳の男性の場合と同様の傾向である（表26）。なお、配偶者がいる65～69歳の女性の傾向は、60～64歳の女性と同様である（表27、28）。

表 25 公的年金の受給割合

（配偶者の仕事の有無別、公的年金の受給額（２か月分）別：60〜64歳の女性）

(%)

		2008年	2009年	2010年	2011年	2012年	2013年	2014年	2015年
	配偶者に収入のある仕事あり								
	受給していない	41.2	37.9	23.3	21.4	20.8	20.5	20.6	21.0
受給している	5万円未満	26.8	28.9	23.4	24.0	24.3	25.8	26.5	28.5
	5万円以上10万円未満	12.4	12.0	11.9	13.5	14.4	14.1	14.2	12.5
	10万円以上15万円未満	6.7	7.9	6.9	7.0	7.4	7.3	7.6	6.1
	15万円以上20万円未満	3.5	3.5	3.5	4.2	3.9	2.9	3.5	2.8
	20万円以上25万円未満	3.4	2.4	1.7	2.2	2.9	2.6	2.4	2.7
	25万円以上30万円未満	1.7	1.9	1.3	1.5	1.3	1.0	1.4	1.9
	30万円以上35万円未満	0.6	0.9	0.8	0.6	0.6	0.5	0.3	0.3
	35万円以上40万円未満	0.1	0.2	0.5	0.3	0.2	0.1	0.1	0.1
	40万円以上45万円未満	0.2	0.3	0.4	0.2	0.1	0.1	0.0	0.0
	45万円以上50万円未満	0.0	0.1	0.1	0.0	0.0	0.0	0.0	0.0
	50万円以上	0.1	0.1	0.2	0.2	0.1	0.2	0.1	0.1
	不詳	3.2	4.1	26.0	24.9	24.1	24.9	23.2	24.0
	総数	1,664	1,948	2,853	2,997	2,992	2,960	2,810	2,720
	配偶者に収入のある仕事なし								
	受給していない	36.8	34.9	12.4	12.9	13.6	13.6	12.9	14.5
受給している	5万円未満	26.1	26.2	24.2	24.9	25.1	25.5	28.3	27.7
	5万円以上10万円未満	12.8	14.5	12.4	11.9	13.1	14.3	14.3	14.1
	10万円以上15万円未満	6.7	7.3	8.7	8.9	9.3	8.2	9.0	7.5
	15万円以上20万円未満	3.7	4.4	4.3	5.9	5.1	4.9	4.7	3.8
	20万円以上25万円未満	4.8	4.4	3.8	4.0	3.1	3.0	3.2	3.7
	25万円以上30万円未満	2.7	1.9	2.0	2.0	2.2	2.4	2.4	2.3
	30万円以上35万円未満	1.3	1.1	1.5	1.5	1.5	1.2	1.0	0.6
	35万円以上40万円未満	0.3	1.1	0.8	0.5	0.6	0.5	0.3	0.4
	40万円以上45万円未満	0.0	0.2	0.9	0.7	0.5	0.6	0.2	0.2
	45万円以上50万円未満	0.0	0.2	0.4	0.3	0.3	0.2	0.2	0.1
	50万円以上	0.0	0.2	0.5	0.2	0.1	0.2	0.0	0.0
	不詳	4.8	3.7	28.1	26.4	25.6	25.5	23.4	25.3
	総数	375	565	1,904	1,946	1,866	1,618	1,430	1,279

注：配偶者の収入のある仕事の有無が不詳の者を除く。

表 26 就業確率

（配偶者の仕事の有無別、公的年金の受給額（２か月分）別：60〜64歳の女性）

(%)

		2008年	2009年	2010年	2011年	2012年	2013年	2014年	2015年
	配偶者に収入のある仕事あり								
	受給していない	60.1	58.3	90.8	92.4	93.6	91.1	93.3	92.1
受給している	5万円未満	54.0	53.0	63.2	61.3	63.4	64.1	66.8	65.5
	5万円以上10万円未満	59.9	55.4	61.5	64.5	64.1	65.4	64.8	66.8
	10万円以上15万円未満	50.9	45.8	60.2	58.8	60.5	61.1	60.3	60.0
	15万円以上20万円未満	50.0	53.6	60.6	60.0	60.2	57.6	54.6	53.9
	20万円以上25万円未満	43.9	37.0	44.9	37.9	52.3	48.7	48.5	41.9
	25万円以上30万円未満	28.6	40.5	33.3	40.0	33.3	36.7	42.5	64.7
	30万円以上35万円未満	40.0	35.3	56.5	72.2	47.1	50.0	62.5	50.0
	35万円以上40万円未満	0.0	25.0	50.0	22.2	33.3	50.0	0.0	50.0
	40万円以上45万円未満	33.3	16.7	20.0	40.0	0.0	66.7	0.0	0.0
	45万円以上50万円未満	-	0.0	50.0	100.0	0.0	100.0	0.0	0.0
	50万円以上	50.0	50.0	42.9	60.0	100.0	33.3	0.0	100.0
	不詳	50.0	62.0	12.5	15.3	14.4	13.6	14.4	14.1
	配偶者に収入のある仕事なし								
	受給していない	39.1	38.6	77.6	78.5	87.0	81.8	84.3	88.1
受給している	5万円未満	35.7	32.4	42.0	40.7	37.8	41.5	39.6	44.9
	5万円以上10万円未満	52.1	43.9	48.7	42.4	42.0	45.3	45.1	47.8
	10万円以上15万円未満	48.0	48.8	47.6	43.7	39.1	41.7	48.1	42.7
	15万円以上20万円未満	28.6	36.0	43.2	37.4	40.6	41.8	40.3	36.7
	20万円以上25万円未満	33.3	32.0	34.2	34.6	28.1	26.5	32.6	31.9
	25万円以上30万円未満	20.0	36.4	31.6	21.1	29.3	30.8	25.7	17.2
	30万円以上35万円未満	20.0	16.7	14.3	13.3	25.0	21.1	21.4	0.0
	35万円以上40万円未満	0.0	0.0	37.5	33.3	18.2	37.5	20.0	0.0
	40万円以上45万円未満	-	0.0	17.6	30.8	11.1	22.2	0.0	50.0
	45万円以上50万円未満	-	0.0	14.3	16.7	0.0	0.0	0.0	0.0
	50万円以上	-	0.0	40.0	0.0	50.0	33.3	-	-
	不詳	55.6	33.3	6.9	7.2	6.7	6.8	10.7	7.7

注：配偶者の収入のある仕事の有無が不詳の者を除く。

表27　公的年金の受給割合

（配偶者の仕事の有無別、公的年金の受給額（2か月分）別：65～69歳の女性）

(%)

		2008年	2009年	2010年	2011年	2012年	2013年	2014年	2015年
				配偶者に収入のある仕事あり					
	受給していない	–	–	–	5.2	4.7	3.7	3.9	3.5
受給している	5万円未満	–	–	–	7.6	4.3	2.9	2.6	2.2
	5万円以上10万円未満	–	–	–	15.2	14.5	14.6	12.4	12.9
	10万円以上15万円未満	–	–	–	27.7	31.3	32.5	36.5	34.6
	15万円以上20万円未満	–	–	–	12.1	16.7	18.2	19.1	18.8
	20万円以上25万円未満	–	–	–	6.6	5.8	5.4	5.9	6.5
	25万円以上30万円未満	–	–	–	2.8	2.6	3.4	2.7	2.5
	30万円以上35万円未満	–	–	–	1.7	1.5	1.3	1.0	1.6
	35万円以上40万円未満	–	–	–	0.7	1.2	1.4	1.0	0.8
	40万円以上45万円未満	–	–	–	0.7	0.1	0.5	0.2	0.5
	45万円以上50万円未満	–	–	–	0.0	0.1	0.2	0.1	0.0
	50万円以上	–	–	–	0.3	0.3	0.2	0.1	0.3
	不詳	–	–	–	19.4	16.9	15.6	14.5	15.7
総数		–	–	–	289	729	1,162	1,621	2,002
				配偶者に収入のある仕事なし					
	受給していない	–	–	–	3.5	2.3	2.2	1.7	1.7
受給している	5万円未満	–	–	–	6.6	3.1	2.5	2.2	1.4
	5万円以上10万円未満	–	–	–	16.2	12.9	10.7	11.8	11.8
	10万円以上15万円未満	–	–	–	29.2	33.4	34.5	36.1	35.9
	15万円以上20万円未満	–	–	–	16.8	19.3	19.3	20.4	19.5
	20万円以上25万円未満	–	–	–	4.6	6.5	7.6	6.6	6.9
	25万円以上30万円未満	–	–	–	2.9	2.1	2.6	3.2	3.0
	30万円以上35万円未満	–	–	–	1.2	2.3	2.5	2.1	2.2
	35万円以上40万円未満	–	–	–	1.7	1.5	2.3	2.1	2.0
	40万円以上45万円未満	–	–	–	1.2	1.6	1.0	1.1	0.8
	45万円以上50万円未満	–	–	–	0.3	0.3	0.1	0.1	0.1
	50万円以上	–	–	–	0.0	0.2	0.0	0.0	0.0
	不詳	–	–	–	15.9	14.4	14.3	12.5	14.8
総数		–	–	–	346	912	1,510	2,091	2,551

注：配偶者の収入のある仕事の有無が不詳の者を除く。

表28　就業確率

（配偶者の仕事の有無別、公的年金の受給額（2か月分）別：65～69歳の女性）

(%)

		2008年	2009年	2010年	2011年	2012年	2013年	2014年	2015年
				配偶者に収入のある仕事あり					
	受給していない	–	–	–	86.7	88.2	86.0	89.1	87.3
受給している	5万円未満	–	–	–	50.0	61.3	58.8	59.5	54.5
	5万円以上10万円未満	–	–	–	47.7	62.3	52.9	51.2	57.9
	10万円以上15万円未満	–	–	–	57.5	51.8	52.1	51.1	53.2
	15万円以上20万円未満	–	–	–	54.3	50.8	49.1	52.1	51.6
	20万円以上25万円未満	–	–	–	73.7	57.1	65.1	61.1	61.1
	25万円以上30万円未満	–	–	–	75.0	57.9	45.0	45.5	44.0
	30万円以上35万円未満	–	–	–	60.0	63.6	46.7	70.6	53.1
	35万円以上40万円未満	–	–	–	0.0	33.3	25.0	37.5	18.8
	40万円以上45万円未満	–	–	–	0.0	0.0	16.7	75.0	60.0
	45万円以上50万円未満	–	–	–	–	100.0	100.0	0.0	0.0
	50万円以上	–	–	–	100.0	50.0	100.0	0.0	66.7
	不詳	–	–	–	17.9	13.0	18.2	17.9	16.6
				配偶者に収入のある仕事なし					
	受給していない	–	–	–	58.3	76.2	63.6	61.1	62.8
受給している	5万円未満	–	–	–	21.7	42.9	32.4	31.1	28.6
	5万円以上10万円未満	–	–	–	32.1	25.4	29.2	26.4	25.0
	10万円以上15万円未満	–	–	–	35.6	30.8	27.6	27.8	29.8
	15万円以上20万円未満	–	–	–	19.0	26.7	23.6	26.7	26.2
	20万円以上25万円未満	–	–	–	37.5	40.7	37.4	39.6	40.0
	25万円以上30万円未満	–	–	–	10.0	26.3	33.3	29.9	27.3
	30万円以上35万円未満	–	–	–	0.0	14.3	18.4	14.0	14.5
	35万円以上40万円未満	–	–	–	0.0	14.3	11.8	11.4	20.0
	40万円以上45万円未満	–	–	–	25.0	13.3	0.0	9.1	4.8
	45万円以上50万円未満	–	–	–	0.0	0.0	0.0	0.0	33.3
	50万円以上	–	–	–	–	50.0	12.5	0.0	0.0
	不詳	–	–	–	1.8	8.4	8.3	8.0	6.6

注：配偶者の収入のある仕事の有無が不詳の者を除く。

（6）男女別、年齢階級別、配偶者の公的年金受給の有無別、公的年金受給額別にみた就業確率

　前述したように配偶者がいる者の労働供給行動は、配偶者の就労状況や収入の影響を受けると考えられる。ここでは、対象を配偶者がいる者のみに限定して、配偶者の公的年金受給の有無別に 60〜64 歳及び 65〜69 歳の年齢階級における公的年金受給状況及び就業確率を確認する。

　配偶者がいる 60〜64 歳の男性のうち配偶者が公的年金を受給している者は、配偶者が公的年金を受給していない者と比べ、公的年金を受給していない割合が 20 ポイント程度低いが、公的年金受給額（2 か月分）の分布には大きな差は確認されない（表 29）。また、サンプルサイズの小さい公的年金受給額の階級を除くと、いずれの公的年金受給額の階級であっても配偶者が公的年金を受給している者としていない者との就業確率の差は大きくない（表 30）。

　配偶者がいる 65〜69 歳の男性のうち配偶者が公的年金を受給しているか否かによる違いの傾向は、60〜64 歳の男性と同様である（表 31、32）。

表 29　公的年金の受給割合
（配偶者の公的年金受給の有無別、公的年金の受給額（2 か月分）別：60〜64 歳の男性）

(%)

		2008年	2009年	2010年	2011年	2012年	2013年	2014年	2015年
配偶者が公的年金を受給している									
	受給していない	31.8	24.1	18.2	16.8	17.5	19.5	24.4	26.0
受給している	5万円未満	8.8	8.5	7.2	7.4	8.7	8.6	7.8	8.6
	5万円以上10万円未満	14.1	14.5	10.7	12.7	13.0	12.2	13.9	12.0
	10万円以上15万円未満	12.6	11.6	11.3	12.4	12.2	13.2	13.6	14.6
	15万円以上20万円未満	6.6	9.3	8.7	9.8	10.9	9.7	10.7	9.7
	20万円以上25万円未満	8.1	7.9	9.3	10.5	12.4	10.0	9.5	8.3
	25万円以上30万円未満	6.4	7.2	6.7	6.8	6.9	8.1	7.7	7.7
	30万円以上35万円未満	3.2	4.3	5.8	4.8	4.4	4.1	2.2	2.6
	35万円以上40万円未満	0.9	3.1	4.3	3.7	2.8	2.7	1.9	1.4
	40万円以上45万円未満	2.6	3.3	5.9	4.1	2.8	3.2	2.5	1.8
	45万円以上50万円未満	0.9	1.7	3.0	2.2	1.4	1.0	0.6	0.7
	50万円以上	0.6	0.5	2.1	1.2	0.5	0.4	0.3	0.3
	不詳	3.4	4.0	6.8	7.6	6.4	7.4	5.0	6.5
総数		532	933	1,311	1,504	1,489	1,440	1,263	1,167
配偶者が公的年金を受給していない									
	受給していない	44.8	41.1	39.1	34.7	36.9	39.7	47.0	49.4
受給している	5万円未満	7.1	6.4	6.2	7.5	8.3	7.2	7.5	6.8
	5万円以上10万円未満	12.3	12.1	9.9	10.8	10.0	10.5	9.0	10.9
	10万円以上15万円未満	8.6	9.6	9.9	11.3	12.0	10.8	9.6	8.4
	15万円以上20万円未満	6.4	6.8	7.6	7.7	6.8	7.2	7.3	5.3
	20万円以上25万円未満	6.9	7.9	7.1	7.6	7.9	6.8	5.8	6.8
	25万円以上30万円未満	4.3	5.2	4.6	5.2	5.1	4.5	4.9	3.9
	30万円以上35万円未満	3.0	2.5	2.9	3.4	2.9	2.7	1.6	1.0
	35万円以上40万円未満	1.1	1.5	2.3	1.8	1.3	1.5	0.6	0.6
	40万円以上45万円未満	1.8	2.1	2.9	2.3	1.7	1.8	0.7	0.7
	45万円以上50万円未満	0.8	1.1	1.0	0.6	0.9	0.5	0.5	0.3
	50万円以上	0.2	0.4	0.7	0.4	0.2	0.4	0.2	0.1
	不詳	2.6	3.4	5.6	6.6	6.0	6.5	5.3	5.9
総数		2,103	2,583	1,910	1,871	1,803	1,691	1,525	1,432

注：配偶者の公的年金受給の有無が不詳の者を除く。

表 30　就業確率
（配偶者の公的年金受給の有無別、公的年金の受給額（2か月分）別：60～64歳の男性）

(%)

		2008年	2009年	2010年	2011年	2012年	2013年	2014年	2015年
配偶者が公的年金を受給している									
	受給していない	93.5	90.2	90.8	93.7	96.2	97.2	95.1	96.7
受給している	5万円未満	95.7	84.8	91.6	91.9	93.8	92.7	96.0	97.0
	5万円以上10万円未満	88.0	81.5	90.0	93.2	89.2	90.3	87.4	87.1
	10万円以上15万円未満	85.1	75.9	76.4	81.3	84.1	77.9	82.6	82.4
	15万円以上20万円未満	74.3	78.2	73.7	72.1	72.8	80.6	74.8	74.3
	20万円以上25万円未満	65.1	60.8	61.5	65.8	64.1	61.8	55.8	62.9
	25万円以上30万円未満	52.9	61.2	58.0	56.3	51.5	52.6	54.6	60.0
	30万円以上35万円未満	29.4	52.5	52.6	65.3	45.5	55.9	60.7	50.0
	35万円以上40万円未満	40.0	55.2	45.6	57.1	61.9	48.7	37.5	31.3
	40万円以上45万円未満	71.4	51.6	46.8	43.5	26.2	43.5	51.6	57.1
	45万円以上50万円未満	80.0	56.3	46.2	45.5	57.1	42.9	14.3	62.5
	50万円以上	66.7	80.0	64.3	44.4	50.0	50.0	50.0	33.3
	不詳	94.1	67.6	37.1	40.4	38.5	50.0	39.7	31.6
配偶者が公的年金を受給していない									
	受給していない	91.8	89.5	95.2	96.3	96.4	96.9	96.9	96.6
受給している	5万円未満	94.6	96.4	97.5	93.6	90.6	94.3	92.1	96.9
	5万円以上10万円未満	86.9	83.7	94.2	89.6	90.0	93.2	94.9	92.9
	10万円以上15万円未満	85.1	84.7	86.8	86.7	86.2	85.2	85.6	80.0
	15万円以上20万円未満	71.1	75.4	77.2	82.1	76.4	85.1	77.7	73.7
	20万円以上25万円未満	68.3	64.0	77.9	73.2	71.3	73.9	63.6	80.6
	25万円以上30万円未満	65.6	60.4	72.7	67.0	63.0	63.2	56.0	58.9
	30万円以上35万円未満	68.8	66.2	69.1	58.7	63.5	65.2	75.0	71.4
	35万円以上40万円未満	45.8	59.0	63.6	51.5	66.7	52.0	66.7	37.5
	40万円以上45万円未満	55.3	51.9	55.4	53.5	64.5	67.7	45.5	40.0
	45万円以上50万円未満	50.0	60.7	80.0	36.4	50.0	50.0	42.9	75.0
	50万円以上	80.0	80.0	78.6	80.0	66.7	85.7	66.7	100.0
	不詳	78.2	81.8	29.9	37.4	33.3	35.5	32.1	31.8

注：配偶者の公的年金受給の有無が不詳の者を除く。

表 31　公的年金の受給割合
（配偶者の公的年金受給の有無別、公的年金の受給額（2か月分）別：65～69歳の男性）

(%)

		2008年	2009年	2010年	2011年	2012年	2013年	2014年	2015年
配偶者が公的年金を受給している									
	受給していない	-	-	-	5.7	2.5	2.8	2.5	2.6
受給している	5万円未満	-	-	-	1.4	2.5	1.2	0.9	0.6
	5万円以上10万円未満	-	-	-	3.4	4.4	4.7	5.0	4.7
	10万円以上15万円未満	-	-	-	11.3	10.1	11.9	10.7	11.0
	15万円以上20万円未満	-	-	-	9.1	9.7	9.2	8.6	8.8
	20万円以上25万円未満	-	-	-	10.2	11.6	11.8	11.1	10.8
	25万円以上30万円未満	-	-	-	7.6	9.0	9.1	11.0	11.5
	30万円以上35万円未満	-	-	-	11.3	13.0	13.3	15.0	15.2
	35万円以上40万円未満	-	-	-	11.9	12.7	12.3	13.1	13.8
	40万円以上45万円未満	-	-	-	13.6	10.2	10.1	10.3	9.5
	45万円以上50万円未満	-	-	-	5.4	4.6	3.5	3.4	3.2
	50万円以上	-	-	-	4.0	1.8	2.3	1.7	1.4
	不詳	-	-	-	5.1	8.1	7.7	6.7	7.0
	総数	-	-	-	353	1,002	1,696	2,512	3,126
配偶者が公的年金を受給していない									
	受給していない	-	-	-	12.1	15.5	13.0	12.9	11.2
受給している	5万円未満	-	-	-	0.7	2.5	1.5	1.9	1.4
	5万円以上10万円未満	-	-	-	6.4	7.3	6.8	5.8	7.6
	10万円以上15万円未満	-	-	-	10.0	11.7	12.8	10.4	11.1
	15万円以上20万円未満	-	-	-	10.7	8.5	10.4	6.0	7.7
	20万円以上25万円未満	-	-	-	7.9	9.5	8.8	8.1	6.9
	25万円以上30万円未満	-	-	-	5.7	6.6	6.6	8.1	6.5
	30万円以上35万円未満	-	-	-	9.3	9.2	9.3	10.4	8.9
	35万円以上40万円未満	-	-	-	9.3	6.6	7.5	11.1	10.6
	40万円以上45万円未満	-	-	-	11.4	9.8	8.8	12.1	9.7
	45万円以上50万円未満	-	-	-	6.4	3.5	3.1	3.3	5.5
	50万円以上	-	-	-	1.4	0.9	2.4	1.6	2.0
	不詳	-	-	-	8.6	8.2	8.8	8.3	10.8
	総数	-	-	-	140	316	453	568	649

注：配偶者の公的年金受給の有無が不詳の者を除く。

表32 就業確率
(配偶者の公的年金受給の有無別、公的年金の受給額（2か月分）別：65〜69歳の男性）

(%)

	2008年	2009年	2010年	2011年	2012年	2013年	2014年	2015年
配偶者が公的年金を受給している								
受給していない	–	–	–	95.0	96.0	93.8	93.7	91.4
5万円未満	–	–	–	100.0	84.0	75.0	90.9	90.0
5万円以上10万円未満	–	–	–	91.7	75.0	82.5	80.8	71.9
10万円以上15万円未満	–	–	–	72.5	87.1	81.7	80.7	82.2
15万円以上20万円未満	–	–	–	62.5	66.0	67.9	66.2	69.8
20万円以上25万円未満	–	–	–	63.9	62.9	67.5	68.5	63.2
25万円以上30万円未満	–	–	–	59.3	62.2	54.2	58.5	62.6
30万円以上35万円未満	–	–	–	57.5	53.1	55.8	50.5	50.0
35万円以上40万円未満	–	–	–	59.5	52.0	46.6	47.1	41.5
40万円以上45万円未満	–	–	–	41.7	39.2	39.2	48.1	51.5
45万円以上50万円未満	–	–	–	52.6	37.0	33.3	40.0	44.6
50万円以上	–	–	–	50.0	22.2	38.5	31.0	39.5
不詳	–	–	–	27.8	33.3	27.5	35.7	25.5
配偶者が公的年金を受給していない								
受給していない	–	–	–	100.0	100.0	96.6	94.5	94.5
5万円未満	–	–	–	100.0	100.0	57.1	90.9	88.9
5万円以上10万円未満	–	–	–	88.9	78.3	87.1	66.7	81.6
10万円以上15万円未満	–	–	–	85.7	86.5	82.8	81.4	84.7
15万円以上20万円未満	–	–	–	80.0	81.5	78.7	70.6	90.0
20万円以上25万円未満	–	–	–	81.8	70.0	60.0	73.9	75.6
25万円以上30万円未満	–	–	–	62.5	76.2	83.3	76.1	69.0
30万円以上35万円未満	–	–	–	53.8	65.5	59.5	69.5	74.1
35万円以上40万円未満	–	–	–	61.5	71.4	73.5	54.0	49.3
40万円以上45万円未満	–	–	–	62.5	25.8	42.5	60.9	52.4
45万円以上50万円未満	–	–	–	66.7	72.7	50.0	63.2	41.7
50万円以上	–	–	–	50.0	66.7	63.6	55.6	61.5
不詳	–	–	–	33.3	38.5	25.0	29.8	40.0

注：配偶者の公的年金受給の有無が不詳の者を除く。

　配偶者がいる60〜64歳の女性のうち配偶者が公的年金を受給している者は、配偶者が公的年金を受給していない者と比べ、公的年金を受給していない割合は低いが、公的年金受給額（2か月分）の分布には大きな差を確認できない（表33）。また、年金受給額がいくらであろうが配偶者が公的年金を受給している60〜64歳の女性の就業確率は、配偶者が公的年金を受給していない女性と比べて概して相対的に低い（表34）。なお、配偶者がいる65〜69歳の女性の傾向は、60〜64歳の女性と同様である（表35、36）。

表33　公的年金の受給割合

（配偶者の公的年金受給の有無別、公的年金の受給額（2か月分）別：60～64歳の女性）

(%)

		2008年	2009年	2010年	2011年	2012年	2013年	2014年	2015年
	配偶者が公的年金を受給している								
	受給していない	35.9	31.1	15.5	15.5	14.7	15.0	14.5	15.6
受給している	5万円未満	26.8	29.2	25.5	25.8	26.4	27.3	29.2	30.0
	5万円以上10万円未満	13.9	13.2	13.0	13.9	15.3	15.4	15.5	14.2
	10万円以上15万円未満	8.2	9.6	8.3	8.8	9.1	8.6	9.2	7.5
	15万円以上20万円未満	4.2	5.4	4.4	5.4	4.9	4.2	4.2	3.5
	20万円以上25万円未満	4.2	3.4	2.8	3.1	3.1	3.0	3.0	3.4
	25万円以上30万円未満	2.1	2.0	1.5	1.6	1.8	1.6	1.9	2.3
	30万円以上35万円未満	0.6	0.8	1.1	1.1	1.1	0.9	0.7	0.4
	35万円以上40万円未満	0.1	0.5	0.8	0.4	0.4	0.3	0.2	0.2
	40万円以上45万円未満	0.2	0.3	0.5	0.4	0.3	0.3	0.1	0.1
	45万円以上50万円未満	0.1	0.2	0.2	0.2	0.2	0.1	0.1	0.1
	50万円以上	0.1	0.2	0.5	0.2	0.1	0.2	0.1	0.1
	不詳	3.7	4.2	25.8	23.6	22.7	22.9	21.3	22.8
総数		1,991	2,359	3,724	3,946	3,858	3,573	3,261	3,018
	配偶者が公的年金を受給していない								
	受給していない	49.9	49.2	32.8	30.5	33.1	31.9	31.6	30.8
受給している	5万円未満	23.6	23.5	18.1	19.1	18.5	21.1	21.0	24.7
	5万円以上10万円未満	10.1	10.9	9.1	9.2	8.9	10.0	10.2	9.0
	10万円以上15万円未満	3.7	4.1	5.4	3.7	4.2	4.1	4.4	4.0
	15万円以上20万円未満	3.2	1.8	1.6	2.7	2.7	1.3	2.8	1.8
	20万円以上25万円未満	3.3	2.5	1.5	2.3	2.7	1.9	1.5	1.7
	25万円以上30万円未満	2.8	2.9	1.5	1.6	1.1	1.1	1.4	1.3
	30万円以上35万円未満	0.8	0.9	1.0	0.6	0.5	0.2	0.0	0.4
	35万円以上40万円未満	0.1	0.4	0.1	0.1	0.2	0.0	0.1	0.2
	40万円以上45万円未満	0.0	0.3	0.5	0.1	0.0	0.0	0.0	0.0
	45万円以上50万円未満	0.0	0.0	0.0	0.0	0.0	0.0	0.0	0.0
	50万円以上	0.1	0.1	0.0	0.0	0.0	0.0	0.0	0.0
	不詳	2.3	3.4	28.4	30.1	27.9	28.2	26.9	26.2
総数		724	788	930	874	852	838	849	826

注：配偶者の公的年金受給の有無が不詳の者を除く。

表34　就業確率

（配偶者の公的年金受給の有無別、公的年金の受給額（2か月分）別：60～64歳の女性）

(%)

		2008年	2009年	2010年	2011年	2012年	2013年	2014年	2015年
	配偶者が公的年金を受給している								
	受給していない	50.1	47.2	84.6	85.8	89.6	87.5	89.2	89.6
受給している	5万円未満	48.1	44.3	52.7	51.6	50.6	54.1	55.7	57.0
	5万円以上10万円未満	56.0	47.9	54.8	54.7	55.9	58.4	55.8	58.6
	10万円以上15万円未満	46.0	45.4	53.2	51.3	51.6	54.7	56.2	51.6
	15万円以上20万円未満	43.4	47.2	53.3	48.8	53.2	50.3	47.1	48.6
	20万円以上25万円未満	38.1	32.5	38.5	35.5	40.3	36.4	40.4	36.3
	25万円以上30万円未満	22.0	20.0	28.1	32.3	31.9	36.2	35.5	46.4
	30万円以上35万円未満	27.3	30.0	31.7	31.0	29.3	35.5	36.4	16.7
	35万円以上40万円未満	0.0	18.2	41.4	31.3	26.7	41.7	16.7	0.0
	40万円以上45万円未満	25.0	12.5	15.0	37.5	9.1	33.3	0.0	33.3
	45万円以上50万円未満	50.0	25.0	22.2	16.7	0.0	20.0	0.0	0.0
	50万円以上	50.0	75.0	41.2	37.5	66.7	42.9	0.0	100.0
	不詳	53.4	54.1	9.0	12.0	10.6	11.2	13.4	12.7
	配偶者が公的年金を受給していない								
	受給していない	59.6	60.6	92.5	94.0	96.5	91.4	95.1	93.7
受給している	5万円未満	51.5	53.0	63.7	59.3	69.0	66.1	66.3	68.1
	5万円以上10万円未満	53.4	57.0	62.4	67.5	53.9	59.5	69.0	68.9
	10万円以上15万円未満	70.4	46.9	62.0	53.1	47.2	44.1	56.8	66.7
	15万円以上20万円未満	43.5	50.0	46.7	54.2	39.1	45.5	58.3	40.0
	20万円以上25万円未満	41.7	40.0	28.6	35.0	52.2	62.5	53.8	50.0
	25万円以上30万円未満	25.0	43.5	50.0	28.6	11.1	22.2	25.0	54.5
	30万円以上35万円未満	33.3	28.6	44.4	80.0	75.0	0.0	–	66.7
	35万円以上40万円未満	0.0	0.0	100.0	0.0	0.0	–	0.0	50.0
	40万円以上45万円未満	–	0.0	20.0	0.0	–	–	–	–
	45万円以上50万円未満	–	–	–	–	–	–	–	–
	50万円以上	0.0	–	–	–	100.0	0.0	0.0	–
	不詳	47.1	48.1	12.9	10.6	10.9	8.9	11.0	7.9

注：配偶者の公的年金受給の有無が不詳の者を除く。

— 83 —

表 35　公的年金の受給割合

（配偶者の公的年金受給の有無別、公的年金の受給額（2か月分）別：65〜69歳の女性）

(%)

		2008年	2009年	2010年	2011年	2012年	2013年	2014年	2015年
	配偶者が公的年金を受給している								
	受給していない	–	–	–	3.3	2.2	2.0	1.7	1.8
受給している	5万円未満	–	–	–	7.2	3.6	2.7	2.3	1.6
	5万円以上10万円未満	–	–	–	15.5	13.7	12.5	12.2	12.6
	10万円以上15万円未満	–	–	–	29.1	33.5	34.4	37.2	36.6
	15万円以上20万円未満	–	–	–	15.9	19.0	19.8	20.8	20.3
	20万円以上25万円未満	–	–	–	5.5	6.0	6.8	6.5	6.9
	25万円以上30万円未満	–	–	–	3.1	2.2	2.9	3.0	2.9
	30万円以上35万円未満	–	–	–	1.2	2.0	2.1	1.7	2.0
	35万円以上40万円未満	–	–	–	1.4	1.3	1.9	1.7	1.5
	40万円以上45万円未満	–	–	–	0.9	1.0	0.8	0.7	0.7
	45万円以上50万円未満	–	–	–	0.2	0.3	0.1	0.1	0.1
	50万円以上	–	–	–	0.2	0.3	0.4	0.1	0.1
	不詳	–	–	–	16.6	14.9	13.7	12.1	13.0
総数		–	–	–	580	1,529	2,485	3,453	4,222
	配偶者が公的年金を受給していない								
	受給していない	–	–	–	13.2	21.2	17.3	20.5	15.9
受給している	5万円未満	–	–	–	5.7	4.0	3.3	3.1	4.3
	5万円以上10万円未満	–	–	–	18.9	14.1	12.0	10.3	7.8
	10万円以上15万円未満	–	–	–	22.6	19.2	24.0	25.1	22.4
	15万円以上20万円未満	–	–	–	1.9	6.1	6.0	7.2	6.9
	20万円以上25万円未満	–	–	–	5.7	7.1	5.3	4.6	4.3
	25万円以上30万円未満	–	–	–	0.0	5.1	3.3	2.6	1.3
	30万円以上35万円未満	–	–	–	3.8	2.0	1.3	0.5	0.9
	35万円以上40万円未満	–	–	–	0.0	3.0	2.0	1.0	1.7
	40万円以上45万円未満	–	–	–	1.9	0.0	0.0	0.0	0.9
	45万円以上50万円未満	–	–	–	0.0	0.0	0.0	0.5	0.4
	50万円以上	–	–	–	0.0	0.0	0.7	0.5	0.4
	不詳	–	–	–	26.4	18.2	24.7	24.1	32.8
総数		–	–	–	53	99	150	195	232

注：配偶者の公的年金受給の有無が不詳の者を除く。

表 36　就業確率

（配偶者の公的年金受給の有無別、公的年金の受給額（2か月分）別：65〜69歳の女性）

(%)

		2008年	2009年	2010年	2011年	2012年	2013年	2014年	2015年
	配偶者が公的年金を受給している								
	受給していない	–	–	–	68.4	79.4	79.6	76.3	73.0
受給している	5万円未満	–	–	–	31.0	54.5	47.0	42.5	43.5
	5万円以上10万円未満	–	–	–	40.0	41.9	40.0	37.3	39.0
	10万円以上15万円未満	–	–	–	45.0	39.3	37.7	37.8	39.2
	15万円以上20万円未満	–	–	–	32.6	36.4	34.1	37.1	36.8
	20万円以上25万円未満	–	–	–	56.3	46.7	47.3	48.2	50.7
	25万円以上30万円未満	–	–	–	38.9	39.4	36.1	35.3	33.9
	30万円以上35万円未満	–	–	–	14.3	33.3	27.5	30.5	28.9
	35万円以上40万円未満	–	–	–	0.0	15.0	12.8	17.5	19.4
	40万円以上45万円未満	–	–	–	20.0	12.5	4.8	20.0	25.0
	45万円以上50万円未満	–	–	–	0.0	25.0	66.7	0.0	33.3
	50万円以上	–	–	–	100.0	50.0	33.3	0.0	50.0
	不詳	–	–	–	9.4	10.5	10.6	12.0	10.0
	配偶者が公的年金を受給していない								
	受給していない	–	–	–	85.7	90.5	73.1	82.5	86.5
受給している	5万円未満	–	–	–	100.0	25.0	20.0	66.7	40.0
	5万円以上10万円未満	–	–	–	30.0	57.1	66.7	45.0	66.7
	10万円以上15万円未満	–	–	–	50.0	57.9	44.4	42.9	51.9
	15万円以上20万円未満	–	–	–	0.0	33.3	33.3	42.9	56.3
	20万円以上25万円未満	–	–	–	66.7	42.9	50.0	55.6	20.0
	25万円以上30万円未満	–	–	–	–	60.0	80.0	60.0	33.3
	30万円以上35万円未満	–	–	–	100.0	0.0	0.0	0.0	50.0
	35万円以上40万円未満	–	–	–	–	66.7	66.7	50.0	25.0
	40万円以上45万円未満	–	–	–	0.0	–	–	–	0.0
	45万円以上50万円未満	–	–	–	–	–	–	0.0	0.0
	50万円以上	–	–	–	–	–	0.0	0.0	100.0
	不詳	–	–	–	14.3	11.1	37.8	12.8	15.8

注：配偶者の公的年金受給の有無が不詳の者を除く。

4．まとめ

本集計では、対象とした「中高年者縦断調査」の第4回～第11回調査に連続して回答している者について、公的年金の受給額が低くなるに応じて就業確率が上昇する傾向が具体的な数値情報で確認された。この傾向は、対象を性別、配偶者の有無別にみても、特定の年齢階級（60～64歳及び65～69歳）に限っても変わらない。

しかし、公的年金の受給額別にみた就業確率の水準については、性別、配偶関係、年齢階級といった個人の属性によって異なる。これは、公的年金受給額や配偶関係に応じて高齢者の労働供給行動が異なる可能性があることを示唆している[4]。また、現在の「中高年者縦断調査」調査票では仕事による収入額のみを抽出することは難しいが、就業して一定の賃金を得ている場合に厚生年金の支給が停止される在職老齢年金制度の支給停止額との兼ね合いで、就業調整がどのようになされているかも興味深い点である。なお、在職老齢年金制度があることにより、就業していることで公的年金受給額が低く出ている場合があるほか、就業確率は社会・経済の影響もあることに留意されたい。

ここでは、シンプルなクロス集計による観察に留めたが、公的年金受給額をはじめとする収入額、借入金や預貯金の金額といった定量データが連続的に入手できる、あるいは適切な方法によるクリーニングで補完されるならば、公的年金受給額及び配偶関係を軸としてさらに高齢者の労働供給行動の規定要因を探る分析が可能になると考えられる。

高齢者の労働供給行動の規定要因を探る分析の重要性は今後も増すと思われるため、上記への対応については今後の課題としたい。

5．参考文献

Kondo, Ayako and Hitoshi Shigeoka (forthcoming) "The Effectiveness of Government Intervention to Promote Elderly Employment: Evidence from Elderly Employment Stabilization Law," Industrial and Labor Relations Review.

山田篤裕 (2017)「年金支給開始年齢引上げに伴う就業率上昇と所得の空白：厚生労働省「中高年縦断調査（2014年)」に基づく分析」労働政策研究・研修機構編『人口減少社会における高齢者雇用』JILPT 第3期プロジェクト研究シリーズ No.2、第5章、194～229頁。

6．付表A：その他の属性別公的年金受給状況及び就業確率

本節では、男女別、年齢階級別、世帯の借入金の有無、預貯金の有無、社会保障給付金以外の不労所得（私的年金、子供等からの仕送り、資産収入）の有無別に公的年金受給状況及び就業確率を集計している。

---

[4] 参考までに、2015年についてのみであるが、収入のある仕事がある者について、仕事のかたち、内容、労働時間、仕事をする仕事について集計を章末の付表Bで行っている。これらの傾向が時系列で変化するか否かの観察については、今後の課題としたい。

付表 A-1　公的年金の受給割合

（借入金の有無別、公的年金の受給額（2か月分）別：60～64歳の男性）

(%)

		2008年	2009年	2010年	2011年	2012年	2013年	2014年	2015年
					借入金あり				
	受給していない	48.6	43.5	39.1	34.4	35.7	40.1	45.4	47.1
受給している	5万円未満	8.6	8.6	8.1	8.6	8.0	8.2	8.3	7.4
	5万円以上10万円未満	13.2	13.5	11.7	12.6	11.9	11.5	11.2	11.3
	10万円以上15万円未満	9.6	11.4	9.8	12.3	12.7	11.7	11.4	9.7
	15万円以上20万円未満	6.1	6.1	7.2	8.2	8.2	7.7	6.7	5.2
	20万円以上25万円未満	4.5	5.5	5.3	6.0	7.7	5.7	5.0	5.9
	25万円以上30万円未満	2.4	2.9	3.8	4.1	3.8	3.8	2.9	4.0
	30万円以上35万円未満	2.1	2.2	2.8	3.1	2.4	2.1	1.2	1.1
	35万円以上40万円未満	1.0	1.1	2.2	1.7	1.5	1.4	0.9	0.6
	40万円以上45万円未満	0.7	1.4	2.9	2.0	1.2	1.0	1.0	0.7
	45万円以上50万円未満	0.6	0.8	0.7	0.7	0.6	0.2	0.3	0.1
	50万円以上	0.3	0.2	0.8	0.6	0.2	0.3	0.0	0.2
	不詳	2.3	2.8	5.8	5.7	6.2	6.3	5.7	6.6
	総数	1,006	1,380	1,669	1,737	1,608	1,458	1,323	1,235
					借入金なし				
	受給していない	38.1	32.8	26.4	23.4	25.5	27.3	33.3	35.7
受給している	5万円未満	7.0	6.1	5.7	6.1	7.2	6.8	6.5	6.4
	5万円以上10万円未満	12.9	12.9	8.3	10.6	10.9	10.4	10.2	10.4
	10万円以上15万円未満	9.8	10.0	10.1	11.5	11.3	11.7	10.8	11.1
	15万円以上20万円未満	6.5	8.2	8.0	8.8	8.8	8.6	9.5	8.2
	20万円以上25万円未満	8.6	9.0	9.3	9.8	10.7	9.6	8.9	8.0
	25万円以上30万円未満	5.9	6.9	6.6	7.0	6.8	7.0	7.4	6.4
	30万円以上35万円未満	3.3	3.5	4.3	4.2	3.6	3.4	2.4	2.0
	35万円以上40万円未満	1.2	2.4	3.4	3.0	2.3	2.0	1.4	1.2
	40万円以上45万円未満	2.3	2.6	4.7	3.6	2.4	2.5	1.5	1.4
	45万円以上50万円未満	0.8	1.2	2.5	1.7	1.3	1.1	0.6	0.5
	50万円以上	0.3	0.5	1.6	1.1	0.6	0.6	0.3	0.3
	不詳	3.4	3.8	9.1	9.0	8.7	8.9	7.2	8.4
	総数	2,046	2,883	3,592	3,725	3,593	3,424	3,062	2,887

注：借入金の有無が不詳の者を除く。

付表 A-2　就業確率

（借入金の有無別、公的年金の受給額（2か月分）別：60～64歳の男性）

(%)

		2008年	2009年	2010年	2011年	2012年	2013年	2014年	2015年
					借入金あり				
	受給していない	95.5	92.8	96.0	97.5	96.7	96.9	97.5	98.6
受給している	5万円未満	96.6	95.0	98.5	96.6	96.9	95.0	95.5	97.8
	5万円以上10万円未満	89.5	87.6	91.8	94.5	93.2	94.0	93.2	92.1
	10万円以上15万円未満	84.5	89.2	91.4	90.6	90.7	89.5	89.4	89.2
	15万円以上20万円未満	77.0	82.1	85.0	75.5	83.3	84.8	79.5	81.3
	20万円以上25万円未満	73.3	65.8	77.5	70.5	75.0	78.3	71.2	80.8
	25万円以上30万円未満	58.3	75.0	68.3	76.4	72.1	76.8	71.8	77.6
	30万円以上35万円未満	66.7	70.0	70.2	66.0	63.2	74.2	75.0	42.9
	35万円以上40万円未満	40.0	73.3	72.2	55.2	62.5	61.9	75.0	62.5
	40万円以上45万円未満	71.4	63.2	58.3	57.1	45.0	73.3	61.5	77.8
	45万円以上50万円未満	83.3	72.7	66.7	41.7	44.4	33.3	25.0	100.0
	50万円以上	66.7	100.0	61.5	81.8	100.0	100.0	–	100.0
	不詳	82.6	87.2	46.9	60.6	48.5	53.3	56.0	54.3
					借入金なし				
	受給していない	87.8	84.4	92.5	93.1	94.0	95.7	94.8	94.5
受給している	5万円未満	90.9	87.6	89.7	89.5	86.9	90.6	88.9	94.6
	5万円以上10万円未満	82.1	77.9	86.3	86.8	87.2	86.8	88.8	88.3
	10万円以上15万円未満	80.6	74.6	79.9	79.0	77.8	75.8	78.5	76.6
	15万円以上20万円未満	72.0	69.9	72.6	72.0	67.8	74.6	70.8	69.9
	20万円以上25万円未満	62.9	58.5	65.0	64.7	62.1	62.3	66.6	65.2
	25万円以上30万円未満	63.6	56.5	62.4	56.7	52.4	56.8	54.2	57.0
	30万円以上35万円未満	61.2	55.9	54.9	57.1	50.4	53.4	55.6	53.4
	35万円以上40万円未満	40.0	52.9	47.1	50.9	59.8	45.7	39.5	35.3
	40万円以上45万円未満	57.4	50.0	51.8	46.3	37.2	46.0	45.7	48.7
	45万円以上50万円未満	52.9	52.8	50.5	35.4	53.2	45.9	26.3	66.7
	50万円以上	57.1	66.7	64.4	45.0	55.0	52.6	50.0	40.0
	不詳	78.3	72.7	25.8	27.9	27.0	29.3	24.4	21.1

注：借入金の有無が不詳の者を除く。

付表 A-3　公的年金の受給割合

（借入金の有無別、公的年金の受給額（2か月分）別：65～69歳の男性）

(%)

		2008年	2009年	2010年	2011年	2012年	2013年	2014年	2015年
借入金あり									
	受給していない	－	－	－	9.3	9.5	7.5	8.2	7.4
受給している	5万円未満	－	－	－	1.6	3.2	1.8	1.5	1.4
	5万円以上10万円未満	－	－	－	4.4	6.8	7.2	7.2	7.3
	10万円以上15万円未満	－	－	－	15.3	12.4	16.2	15.2	13.5
	15万円以上20万円未満	－	－	－	9.8	11.2	8.9	9.7	10.4
	20万円以上25万円未満	－	－	－	9.3	10.3	12.3	11.3	11.1
	25万円以上30万円未満	－	－	－	7.1	8.4	8.0	10.6	10.5
	30万円以上35万円未満	－	－	－	13.1	12.0	10.9	10.1	12.6
	35万円以上40万円未満	－	－	－	8.7	7.2	9.3	7.8	8.1
	40万円以上45万円未満	－	－	－	6.6	7.4	5.8	7.6	6.4
	45万円以上50万円未満	－	－	－	5.5	2.7	2.1	1.9	1.9
	50万円以上	－	－	－	0.5	0.6	1.2	0.5	0.7
	不詳	－	－	－	8.7	8.2	8.9	8.5	8.7
	総数	－	－	－	183	474	764	1,033	1,196
借入金なし									
	受給していない	－	－	－	7.3	4.6	4.7	4.0	4.1
受給している	5万円未満	－	－	－	1.2	2.3	1.1	1.1	0.6
	5万円以上10万円未満	－	－	－	4.6	5.0	4.5	4.7	4.5
	10万円以上15万円未満	－	－	－	8.8	8.7	10.2	9.5	9.9
	15万円以上20万円未満	－	－	－	8.5	7.8	9.0	7.9	8.3
	20万円以上25万円未満	－	－	－	9.9	11.5	10.9	10.6	9.8
	25万円以上30万円未満	－	－	－	6.1	7.7	8.8	9.8	9.7
	30万円以上35万円未満	－	－	－	9.5	10.6	11.8	13.8	13.3
	35万円以上40万円未満	－	－	－	9.9	11.5	11.4	12.9	13.1
	40万円以上45万円未満	－	－	－	13.8	11.1	10.1	11.0	10.0
	45万円以上50万円未満	－	－	－	6.0	5.8	3.7	3.7	4.0
	50万円以上	－	－	－	4.8	2.8	3.0	2.1	1.6
	不詳	－	－	－	9.7	10.7	10.8	8.9	11.2
	総数	－	－	－	588	1,449	2,271	3,210	4,020

注：借入金の有無が不詳の者を除く。

付表 A-4　就業確率

（借入金の有無別、公的年金の受給額（2か月分）別：65～69歳の男性）

(%)

		2008年	2009年	2010年	2011年	2012年	2013年	2014年	2015年
借入金あり									
	受給していない	－	－	－	94.1	86.7	98.2	94.1	94.4
受給している	5万円未満	－	－	－	100.0	100.0	71.4	100.0	88.2
	5万円以上10万円未満	－	－	－	100.0	87.5	87.3	86.5	87.4
	10万円以上15万円未満	－	－	－	82.1	91.5	86.3	88.5	88.3
	15万円以上20万円未満	－	－	－	77.8	71.7	85.3	75.0	84.7
	20万円以上25万円未満	－	－	－	70.6	67.3	77.7	79.5	71.4
	25万円以上30万円未満	－	－	－	61.5	80.0	78.7	73.4	73.6
	30万円以上35万円未満	－	－	－	45.8	61.4	73.5	70.2	70.2
	35万円以上40万円未満	－	－	－	93.8	67.6	67.6	65.4	64.9
	40万円以上45万円未満	－	－	－	41.7	42.9	43.2	64.1	56.6
	45万円以上50万円未満	－	－	－	60.0	38.5	43.8	40.0	65.2
	50万円以上	－	－	－	100.0	66.7	66.7	40.0	62.5
	不詳	－	－	－	18.8	33.3	36.8	42.0	41.3
借入金なし									
	受給していない	－	－	－	93.0	94.0	90.7	93.0	91.5
受給している	5万円未満	－	－	－	71.4	76.5	66.7	88.2	80.0
	5万円以上10万円未満	－	－	－	85.2	68.1	78.4	69.3	68.5
	10万円以上15万円未満	－	－	－	75.0	77.8	77.2	73.5	78.8
	15万円以上20万円未満	－	－	－	68.0	69.0	64.2	62.5	63.6
	20万円以上25万円未満	－	－	－	62.1	60.2	57.3	60.4	58.2
	25万円以上30万円未満	－	－	－	69.4	58.6	53.0	55.0	57.7
	30万円以上35万円未満	－	－	－	55.4	55.2	52.1	48.3	49.3
	35万円以上40万円未満	－	－	－	46.6	48.8	45.9	44.9	41.5
	40万円以上45万円未満	－	－	－	48.1	35.4	38.4	44.9	47.3
	45万円以上50万円未満	－	－	－	54.3	45.2	36.5	41.2	37.1
	50万円以上	－	－	－	42.9	35.0	36.8	42.0	37.5
	不詳	－	－	－	22.8	23.2	19.5	21.1	18.6

注：借入金の有無が不詳の者を除く。

— 87 —

付表 A-5　公的年金の受給割合

（借入金の有無別、公的年金の受給額（2か月分）別：60〜64歳の女性）

(%)

		2008年	2009年	2010年	2011年	2012年	2013年	2014年	2015年
	借入金あり								
	受給していない	39.3	36.5	24.2	21.4	22.0	22.5	23.6	24.6
受給している	5万円未満	22.6	24.0	21.7	23.0	22.6	23.0	25.5	26.0
	5万円以上10万円未満	15.4	14.5	13.7	15.1	14.9	14.9	14.4	14.5
	10万円以上15万円未満	8.0	9.5	8.3	8.8	9.0	9.6	8.0	6.9
	15万円以上20万円未満	4.9	5.1	4.7	5.4	5.9	5.0	4.8	5.1
	20万円以上25万円未満	3.1	3.3	2.8	3.2	2.7	2.9	2.5	2.8
	25万円以上30万円未満	2.0	1.9	1.2	1.2	1.5	1.4	1.8	1.1
	30万円以上35万円未満	0.5	0.7	0.6	0.7	0.4	0.8	0.2	0.3
	35万円以上40万円未満	0.1	0.5	0.5	0.6	0.3	0.4	0.2	0.0
	40万円以上45万円未満	0.2	0.4	0.4	0.3	0.0	0.1	0.2	0.0
	45万円以上50万円未満	0.0	0.1	0.1	0.2	0.1	0.0	0.1	0.1
	50万円以上	0.3	0.2	0.3	0.2	0.1	0.2	0.1	0.1
	不詳	3.5	3.4	21.5	19.7	20.5	19.2	18.8	18.4
	総数	972	1,319	1,639	1,611	1,572	1,411	1,304	1,231
	借入金なし								
	受給していない	37.2	32.1	16.5	16.2	16.2	16.2	16.3	16.7
受給している	5万円未満	23.1	24.2	20.5	20.9	21.5	22.7	24.1	25.6
	5万円以上10万円未満	11.8	12.8	11.4	11.5	12.9	13.2	13.8	12.1
	10万円以上15万円未満	7.4	9.2	7.7	7.7	8.4	7.6	8.4	7.2
	15万円以上20万円未満	5.1	5.4	4.9	6.0	5.9	5.6	5.8	4.6
	20万円以上25万円未満	5.9	5.7	4.7	5.1	5.1	5.0	5.0	5.2
	25万円以上30万円未満	4.3	3.9	3.5	3.5	3.5	2.7	2.8	3.1
	30万円以上35万円未満	1.3	1.6	1.8	1.8	1.5	1.2	1.0	1.0
	35万円以上40万円未満	0.3	0.5	0.7	0.7	0.5	0.5	0.3	0.3
	40万円以上45万円未満	0.2	0.2	0.6	0.4	0.5	0.3	0.1	0.2
	45万円以上50万円未満	0.1	0.2	0.2	0.1	0.1	0.2	0.1	0.1
	50万円以上	0.2	0.2	0.6	0.3	0.2	0.2	0.1	0.1
	不詳	3.2	4.0	27.0	25.7	23.8	24.5	22.2	23.9
	総数	2,626	3,666	4,511	4,736	4,542	4,196	3,841	3,613

注：借入金の有無が不詳の者を除く。

付表 A-6　就業確率

（借入金の有無別、公的年金の受給額（2か月分）別：60〜64歳の女性）

(%)

		2008年	2009年	2010年	2011年	2012年	2013年	2014年	2015年
	借入金あり								
	受給していない	67.8	66.6	91.4	90.4	92.5	93.1	94.2	94.7
受給している	5万円未満	61.8	63.1	71.3	69.7	71.1	72.0	75.3	75.6
	5万円以上10万円未満	68.0	66.5	69.2	70.8	67.2	74.8	73.9	79.8
	10万円以上15万円未満	67.9	64.8	68.4	66.2	68.3	66.2	67.3	71.8
	15万円以上20万円未満	68.8	73.1	76.6	71.6	67.8	65.7	69.4	68.3
	20万円以上25万円未満	56.7	55.8	63.0	54.9	58.1	51.2	60.6	57.1
	25万円以上30万円未満	36.8	52.0	50.0	50.0	47.8	50.0	69.6	64.3
	30万円以上35万円未満	40.0	22.2	60.0	33.3	71.4	63.6	100.0	75.0
	35万円以上40万円未満	100.0	16.7	75.0	60.0	60.0	40.0	100.0	-
	40万円以上45万円未満	0.0	20.0	14.3	20.0	-	100.0	0.0	-
	45万円以上50万円未満	-	0.0	100.0	50.0	0.0	-	0.0	0.0
	50万円以上	33.3	100.0	80.0	66.7	100.0	66.7	0.0	100.0
	不詳	76.5	55.6	17.3	19.9	17.1	16.6	19.2	18.9
	借入金なし								
	受給していない	52.5	51.7	85.2	86.9	90.1	87.1	90.0	88.9
受給している	5万円未満	47.3	41.5	51.8	51.0	50.6	52.8	52.8	56.0
	5万円以上10万円未満	53.9	49.4	57.4	56.1	57.0	58.0	57.2	54.6
	10万円以上15万円未満	46.7	44.2	51.6	52.0	48.3	50.9	53.7	52.7
	15万円以上20万円未満	46.3	46.2	49.5	49.3	51.9	54.0	51.6	51.5
	20万円以上25万円未満	41.3	37.6	45.8	42.6	45.5	42.7	43.5	41.3
	25万円以上30万円未満	29.2	36.4	39.0	33.1	28.8	30.1	29.9	43.4
	30万円以上35万円未満	33.3	31.0	30.0	34.5	36.8	33.3	43.2	22.2
	35万円以上40万円未満	0.0	11.8	30.0	32.3	13.0	33.3	10.0	16.7
	40万円以上45万円未満	0.0	0.0	14.3	28.6	4.8	23.1	40.0	50.0
	45万円以上50万円未満	50.0	28.6	20.0	20.0	20.0	14.3	0.0	0.0
	50万円以上	0.0	0.0	28.0	30.8	62.5	33.3	0.0	66.7
	不詳	39.8	53.1	8.6	9.5	9.1	9.7	9.6	9.7

注：借入金の有無が不詳の者を除く。

付表 A-7　公的年金の受給割合

（借入金の有無別、公的年金の受給額（2か月分）別：65～69歳の女性）

(%)

		2008年	2009年	2010年	2011年	2012年	2013年	2014年	2015年
	借入金あり								
	受給していない	－	－	－	5.6	5.1	3.6	4.4	3.6
受給している	5万円未満	－	－	－	7.8	3.9	3.3	2.4	2.0
	5万円以上10万円未満	－	－	－	18.9	16.8	15.7	13.7	13.5
	10万円以上15万円未満	－	－	－	28.3	30.1	30.6	33.2	31.5
	15万円以上20万円未満	－	－	－	15.0	17.5	19.6	19.5	18.7
	20万円以上25万円未満	－	－	－	6.7	8.5	8.2	8.6	9.1
	25万円以上30万円未満	－	－	－	2.2	2.5	2.9	3.3	3.5
	30万円以上35万円未満	－	－	－	1.7	2.1	2.3	0.9	1.9
	35万円以上40万円未満	－	－	－	1.1	1.1	0.6	0.6	0.8
	40万円以上45万円未満	－	－	－	0.0	0.5	0.3	0.3	0.6
	45万円以上50万円未満	－	－	－	0.0	0.2	0.3	0.1	0.1
	50万円以上	－	－	－	0.0	0.0	0.3	0.1	0.1
	不詳	－	－	－	12.8	11.7	12.4	13.0	14.7
	総数	－	－	－	180	435	695	935	1,098
	借入金なし								
	受給していない	－	－	－	4.2	3.7	3.5	2.7	2.6
受給している	5万円未満	－	－	－	6.3	3.1	2.3	1.9	1.4
	5万円以上10万円未満	－	－	－	13.3	11.1	10.5	10.8	10.9
	10万円以上15万円未満	－	－	－	24.9	28.3	28.8	31.3	30.0
	15万円以上20万円未満	－	－	－	14.5	17.6	16.6	17.8	17.5
	20万円以上25万円未満	－	－	－	6.0	6.9	8.1	8.0	8.0
	25万円以上30万円未満	－	－	－	3.6	4.1	5.3	5.3	5.4
	30万円以上35万円未満	－	－	－	3.1	3.1	3.1	3.5	3.4
	35万円以上40万円未満	－	－	－	1.3	2.0	2.6	2.4	2.2
	40万円以上45万円未満	－	－	－	1.0	1.2	1.3	1.0	0.9
	45万円以上50万円未満	－	－	－	0.6	0.3	0.1	0.1	0.1
	50万円以上	－	－	－	0.4	0.2	0.6	0.2	0.3
	不詳	－	－	－	20.5	18.3	17.2	15.2	17.3
	総数	－	－	－	667	1,744	2,863	4,023	5,115

注：借入金の有無が不詳の者を除く。

付表 A-8　就業確率

（借入金の有無別、公的年金の受給額（2か月分）別：65～69歳の女性）

(%)

		2008年	2009年	2010年	2011年	2012年	2013年	2014年	2015年
	借入金あり								
	受給していない	－	－	－	80.0	86.4	84.0	87.8	89.7
受給している	5万円未満	－	－	－	57.1	58.8	56.5	50.0	68.2
	5万円以上10万円未満	－	－	－	55.9	60.3	59.6	52.3	54.1
	10万円以上15万円未満	－	－	－	62.7	58.8	54.9	57.4	58.7
	15万円以上20万円未満	－	－	－	51.9	53.9	50.7	58.2	54.1
	20万円以上25万円未満	－	－	－	66.7	54.1	57.9	63.8	63.0
	25万円以上30万円未満	－	－	－	50.0	63.6	55.0	54.8	39.5
	30万円以上35万円未満	－	－	－	33.3	55.6	62.5	50.0	57.1
	35万円以上40万円未満	－	－	－	0.0	60.0	50.0	66.7	22.2
	40万円以上45万円未満	－	－	－	－	0.0	50.0	66.7	42.9
	45万円以上50万円未満	－	－	－	－	100.0	50.0	0.0	0.0
	50万円以上	－	－	－	－	－	100.0	0.0	100.0
	不詳	－	－	－	17.4	15.7	24.4	18.0	19.9
	借入金なし								
	受給していない	－	－	－	71.4	78.5	72.3	70.1	73.3
受給している	5万円未満	－	－	－	33.3	51.9	47.7	41.3	39.1
	5万円以上10万円未満	－	－	－	39.3	40.9	42.0	41.9	41.9
	10万円以上15万円未満	－	－	－	39.2	37.7	36.8	36.7	38.8
	15万円以上20万円未満	－	－	－	33.0	36.8	33.9	34.7	38.1
	20万円以上25万円未満	－	－	－	55.0	46.7	42.9	43.4	42.7
	25万円以上30万円未満	－	－	－	29.2	33.8	35.3	33.5	32.5
	30万円以上35万円未満	－	－	－	19.0	20.4	25.6	28.1	27.1
	35万円以上40万円未満	－	－	－	22.2	14.3	12.2	13.7	18.5
	40万円以上45万円未満	－	－	－	14.3	19.0	8.3	14.3	21.3
	45万円以上50万円未満	－	－	－	0.0	20.0	50.0	20.0	25.0
	50万円以上	－	－	－	66.7	33.3	12.5	0.0	30.8
	不詳	－	－	－	11.7	6.9	9.7	8.0	8.1

注：借入金の有無が不詳の者を除く。

付表 A-9　公的年金の受給割合

（預貯金の有無別、公的年金の受給額（２か月分）別：60～64歳の男性）

(%)

		2008年	2009年	2010年	2011年	2012年	2013年	2014年	2015年
	預貯金あり								
	受給していない	41.2	35.6	29.5	25.8	27.7	29.6	36.0	38.4
受給している	5万円未満	6.9	6.6	6.0	6.5	7.4	7.3	6.6	6.7
	5万円以上10万円未満	13.2	12.5	9.0	10.4	11.1	10.2	10.0	9.8
	10万円以上15万円未満	8.8	9.7	9.9	11.6	11.3	11.6	10.7	10.3
	15万円以上20万円未満	6.6	8.0	8.1	9.0	9.1	8.7	9.2	7.7
	20万円以上25万円未満	7.8	8.4	8.8	9.7	10.8	9.3	8.5	8.2
	25万円以上30万円未満	5.6	6.4	6.5	7.1	6.9	7.3	7.4	6.9
	30万円以上35万円未満	3.1	3.3	4.1	4.3	3.5	3.3	2.2	2.0
	35万円以上40万円未満	1.2	2.2	3.2	2.9	2.3	2.0	1.5	1.3
	40万円以上45万円未満	2.1	2.4	4.7	3.5	2.4	2.3	1.5	1.3
	45万円以上50万円未満	1.0	1.3	2.3	1.7	1.3	0.9	0.6	0.5
	50万円以上	0.4	0.4	1.4	1.0	0.4	0.5	0.2	0.3
	不詳	2.2	3.1	6.8	6.6	5.8	6.9	5.4	6.7
	総数	2,380	3,338	4,150	4,253	4,053	3,842	3,432	3,261
	預貯金なし								
	受給していない	42.1	38.6	33.0	31.3	32.3	37.2	39.7	41.1
受給している	5万円未満	10.3	8.6	8.6	8.2	7.8	7.0	8.8	7.3
	5万円以上10万円未満	12.6	15.0	11.5	14.4	11.8	13.1	12.8	14.3
	10万円以上15万円未満	13.6	13.6	10.6	12.0	13.3	12.6	12.4	12.7
	15万円以上20万円未満	4.9	5.7	6.9	7.8	7.5	7.3	7.1	6.0
	20万円以上25万円未満	5.4	5.7	5.5	4.8	5.7	5.5	4.9	4.0
	25万円以上30万円未満	1.5	2.8	2.6	2.8	2.1	1.4	1.2	1.5
	30万円以上35万円未満	2.3	2.5	2.9	2.1	2.4	1.8	1.4	0.7
	35万円以上40万円未満	0.8	1.2	2.1	1.6	1.0	1.2	0.5	0.5
	40万円以上45万円未満	0.5	1.2	2.2	1.3	0.7	1.2	0.7	0.5
	45万円以上50万円未満	0.2	0.2	0.4	0.4	0.3	0.4	0.2	0.2
	50万円以上	0.2	0.4	1.4	0.9	0.5	0.3	0.0	0.1
	不詳	5.4	4.6	12.3	12.4	14.5	10.8	10.4	11.1
	総数	611	853	1,036	1,133	1,080	966	885	805

注：預貯金の有無が不詳の者を除く。

付表 A-10　就業確率

（預貯金の有無別、公的年金の受給額（２か月分）別：60～64歳の男性）

(%)

		2008年	2009年	2010年	2011年	2012年	2013年	2014年	2015年
	預貯金あり								
	受給していない	90.8	88.5	94.2	95.2	95.5	96.4	95.6	95.6
受給している	5万円未満	93.3	91.8	91.9	91.4	89.4	91.8	92.5	97.2
	5万円以上10万円未満	83.1	81.3	88.2	89.2	88.7	89.3	90.4	88.8
	10万円以上15万円未満	82.9	80.2	82.6	82.9	81.0	78.2	81.4	81.0
	15万円以上20万円未満	75.9	74.3	74.9	72.6	72.5	77.3	73.5	73.0
	20万円以上25万円未満	63.4	60.1	66.8	65.0	64.0	64.9	57.7	66.3
	25万円以上30万円未満	61.7	58.9	63.6	59.5	55.0	60.5	56.7	60.7
	30万円以上35万円未満	59.5	57.7	57.4	57.1	53.1	55.5	58.4	50.0
	35万円以上40万円未満	42.9	58.1	50.4	51.6	59.8	48.7	45.1	39.5
	40万円以上45万円未満	59.2	54.3	51.3	48.0	35.4	49.4	50.0	55.8
	45万円以上50万円未満	60.9	56.8	51.5	34.7	49.1	44.4	23.8	60.0
	50万円以上	55.6	73.3	62.1	51.2	61.1	55.0	50.0	45.5
	不詳	78.8	80.4	27.0	33.7	30.8	33.7	28.0	27.1
	預貯金なし								
	受給していない	90.3	84.5	93.3	93.8	93.7	95.8	96.6	97.0
受給している	5万円未満	92.1	86.3	95.5	94.6	92.9	94.1	87.2	89.8
	5万円以上10万円未満	92.2	80.5	90.8	89.6	90.6	89.0	89.4	91.3
	10万円以上15万円未満	78.3	78.4	85.5	84.6	86.8	86.1	83.6	77.5
	15万円以上20万円未満	60.0	65.3	83.3	76.1	72.8	78.9	68.3	68.8
	20万円以上25万円未満	75.8	57.1	73.7	72.2	72.6	73.6	74.4	93.8
	25万円以上30万円未満	66.7	62.5	70.4	75.0	69.6	64.3	54.5	75.0
	30万円以上35万円未満	78.6	66.7	63.3	79.2	53.8	76.5	66.7	66.7
	35万円以上40万円未満	40.0	40.0	63.6	55.6	72.7	58.3	75.0	50.0
	40万円以上45万円未満	33.3	50.0	65.2	60.0	87.5	58.3	50.0	50.0
	45万円以上50万円未満	0.0	50.0	75.0	60.0	100.0	50.0	50.0	100.0
	50万円以上	100.0	66.7	71.4	60.0	60.0	100.0	-	100.0
	不詳	88.6	83.2	78.3	78.0	75.1	81.4	84.7	83.6

注：預貯金の有無が不詳の者を除く。

付表 A-11　公的年金の受給割合

（預貯金の有無別、公的年金の受給額（２か月分）別：65～69 歳の男性）

(%)

		2008年	2009年	2010年	2011年	2012年	2013年	2014年	2015年
	預貯金あり								
	受給していない	−	−	−	7.6	4.2	4.1	4.0	3.7
受給している	5万円未満	−	−	−	1.5	2.6	1.2	1.1	0.8
	5万円以上10万円未満	−	−	−	4.7	5.3	4.5	4.9	4.6
	10万円以上15万円未満	−	−	−	9.1	9.3	11.2	9.6	9.7
	15万円以上20万円未満	−	−	−	8.6	8.8	9.0	8.0	8.6
	20万円以上25万円未満	−	−	−	8.9	11.4	11.4	11.0	9.7
	25万円以上30万円未満	−	−	−	6.7	8.0	9.0	10.2	9.8
	30万円以上35万円未満	−	−	−	10.1	11.1	11.7	13.6	13.8
	35万円以上40万円未満	−	−	−	10.2	11.6	12.0	13.2	13.6
	40万円以上45万円未満	−	−	−	14.0	11.6	10.2	11.9	10.7
	45万円以上50万円未満	−	−	−	6.7	6.0	4.0	3.9	4.2
	50万円以上	−	−	−	4.7	2.6	2.8	2.0	1.6
	不詳	−	−	−	7.3	7.6	8.7	6.8	9.0
	総数	−	−	−	616	1,515	2,423	3,348	4,124
	預貯金なし								
	受給していない	−	−	−	9.3	11.2	10.2	9.0	8.7
受給している	5万円未満	−	−	−	0.7	2.5	1.4	1.6	0.9
	5万円以上10万円未満	−	−	−	4.3	6.3	8.0	6.9	7.6
	10万円以上15万円未満	−	−	−	15.0	11.5	14.3	16.8	14.5
	15万円以上20万円未満	−	−	−	10.0	8.5	9.2	9.6	9.6
	20万円以上25万円未満	−	−	−	14.3	10.1	11.5	10.6	11.5
	25万円以上30万円未満	−	−	−	5.7	6.8	7.1	9.1	10.1
	30万円以上35万円未満	−	−	−	12.1	10.7	11.3	10.3	10.8
	35万円以上40万円未満	−	−	−	7.1	6.8	7.1	6.2	5.4
	40万円以上45万円未満	−	−	−	2.9	4.9	4.2	3.5	3.2
	45万円以上50万円未満	−	−	−	1.4	1.1	0.4	1.2	0.8
	50万円以上	−	−	−	0.0	1.1	1.2	1.0	0.3
	不詳	−	−	−	17.1	18.4	14.1	14.1	16.6
	総数	−	−	−	140	365	566	822	1,008

注：預貯金の有無が不詳の者を除く。

付表 A-12　就業確率

（預貯金の有無別、公的年金の受給額（２か月分）別：65～69 歳の男性）

(%)

		2008年	2009年	2010年	2011年	2012年	2013年	2014年	2015年
	預貯金あり								
	受給していない	−	−	−	97.9	95.3	96.0	92.5	91.4
受給している	5万円未満	−	−	−	77.8	82.5	63.3	91.7	84.8
	5万円以上10万円未満	−	−	−	89.7	73.8	79.1	74.8	71.1
	10万円以上15万円未満	−	−	−	85.7	83.7	82.3	79.8	82.0
	15万円以上20万円未満	−	−	−	67.9	68.4	70.2	65.8	69.6
	20万円以上25万円未満	−	−	−	65.5	61.8	62.5	65.3	60.2
	25万円以上30万円未満	−	−	−	68.3	66.1	56.4	58.5	62.6
	30万円以上35万円未満	−	−	−	56.5	56.5	57.6	51.9	51.0
	35万円以上40万円未満	−	−	−	58.7	52.0	51.0	46.4	44.6
	40万円以上45万円未満	−	−	−	44.2	36.6	38.3	47.6	48.4
	45万円以上50万円未満	−	−	−	58.5	45.1	37.8	41.1	41.6
	50万円以上	−	−	−	44.8	33.3	35.3	39.4	38.2
	不詳	−	−	−	20.0	30.4	25.0	24.3	20.4
	預貯金なし								
	受給していない	−	−	−	76.9	82.9	87.9	94.6	94.3
受給している	5万円未満	−	−	−	100.0	88.9	87.5	92.3	77.8
	5万円以上10万円未満	−	−	−	83.3	73.9	84.4	75.4	83.1
	10万円以上15万円未満	−	−	−	57.1	78.6	74.1	76.8	80.8
	15万円以上20万円未満	−	−	−	78.6	74.2	67.3	64.6	68.0
	20万円以上25万円未満	−	−	−	60.0	62.2	66.2	64.4	65.5
	25万円以上30万円未満	−	−	−	62.5	64.0	72.5	66.7	58.8
	30万円以上35万円未満	−	−	−	41.2	59.0	56.3	55.3	67.9
	35万円以上40万円未満	−	−	−	40.0	56.0	45.0	62.7	51.9
	40万円以上45万円未満	−	−	−	100.0	44.4	50.0	62.1	56.3
	45万円以上50万円未満	−	−	−	50.0	50.0	50.0	40.0	25.0
	50万円以上	−	−	−	−	75.0	71.4	62.5	66.7
	不詳	−	−	−	16.7	16.4	13.8	21.6	26.3

注：預貯金の有無が不詳の者を除く。

付表 A-13　公的年金の受給割合

（預貯金の有無別、公的年金の受給額（２か月分）別：60～64歳の女性）

(%)

		2008年	2009年	2010年	2011年	2012年	2013年	2014年	2015年
	預貯金あり								
	受給していない	36.8	32.4	17.1	16.5	16.7	16.7	16.9	17.7
受給している	5万円未満	23.9	24.8	21.9	22.4	22.2	23.7	25.5	26.4
	5万円以上10万円未満	12.3	13.1	11.7	12.3	13.8	13.9	14.2	12.4
	10万円以上15万円未満	7.8	8.9	8.0	8.0	8.3	8.1	8.6	7.1
	15万円以上20万円未満	4.8	5.2	4.9	6.3	6.1	5.6	5.8	5.0
	20万円以上25万円未満	5.8	5.6	4.5	5.0	5.1	4.8	4.9	5.3
	25万円以上30万円未満	4.3	4.0	3.4	3.4	3.6	2.7	3.0	3.1
	30万円以上35万円未満	1.3	1.7	1.7	1.8	1.5	1.3	0.9	1.0
	35万円以上40万円未満	0.3	0.5	0.7	0.6	0.5	0.4	0.2	0.2
	40万円以上45万円未満	0.1	0.2	0.6	0.5	0.4	0.3	0.1	0.2
	45万円以上50万円未満	0.0	0.1	0.2	0.1	0.1	0.1	0.1	0.1
	50万円以上	0.2	0.2	0.5	0.2	0.2	0.3	0.1	0.1
	不詳	2.3	3.1	24.6	22.9	21.3	22.1	19.8	21.5
総数		2,838	3,894	4,843	4,989	4,756	4,427	4,035	3,790
	預貯金なし								
	受給していない	41.2	36.9	23.7	21.8	20.6	21.7	23.8	21.9
受給している	5万円未満	20.2	20.8	17.1	18.7	20.9	20.5	20.9	24.0
	5万円以上10万円未満	15.6	14.7	13.6	12.8	12.7	13.3	13.6	14.1
	10万円以上15万円未満	7.8	10.9	7.7	8.2	9.5	8.8	8.1	7.2
	15万円以上20万円未満	5.3	5.7	4.8	5.2	5.0	5.4	4.6	4.1
	20万円以上25万円未満	3.3	3.3	3.0	3.4	2.4	3.2	2.3	2.3
	25万円以上30万円未満	0.8	1.2	1.0	1.3	1.0	0.9	0.9	0.8
	30万円以上35万円未満	0.3	0.2	0.4	0.6	0.3	0.6	0.4	0.2
	35万円以上40万円未満	0.0	0.2	0.2	0.3	0.2	0.6	0.3	0.3
	40万円以上45万円未満	0.3	0.4	0.5	0.2	0.2	0.1	0.1	0.0
	45万円以上50万円未満	0.2	0.3	0.1	0.2	0.0	0.1	0.2	0.1
	50万円以上	0.3	0.2	0.4	0.3	0.1	0.1	0.1	0.2
	不詳	4.8	5.1	27.4	27.0	27.0	24.8	24.8	24.7
総数		643	941	1,150	1,209	1,228	1,060	1,001	962

注：預貯金の有無が不詳の者を除く。

付表 A-14　就業確率

（預貯金の有無別、公的年金の受給額（２か月分）別：60～64歳の女性）

(%)

		2008年	2009年	2010年	2011年	2012年	2013年	2014年	2015年
	預貯金あり								
	受給していない	56.2	54.2	85.9	88.0	90.5	88.6	90.3	90.2
受給している	5万円未満	49.0	43.8	54.6	53.1	52.4	55.0	55.8	57.6
	5万円以上10万円未満	58.3	54.3	58.1	58.8	57.4	59.5	59.4	58.7
	10万円以上15万円未満	51.8	48.0	55.0	54.6	51.9	52.7	57.1	55.9
	15万円以上20万円未満	51.8	50.2	51.7	52.4	54.6	55.7	54.7	51.9
	20万円以上25万円未満	45.1	39.4	47.9	45.2	45.3	42.7	45.5	41.2
	25万円以上30万円未満	30.1	37.6	39.8	34.5	29.8	34.2	35.8	43.2
	30万円以上35万円未満	33.3	30.8	33.3	34.4	39.1	34.5	44.4	23.7
	35万円以上40万円未満	12.5	10.0	38.9	36.7	20.0	36.8	25.0	11.1
	40万円以上45万円未満	0.0	0.0	13.8	26.1	5.3	30.8	33.3	57.1
	45万円以上50万円未満	0.0	20.0	20.0	14.3	14.3	20.0	0.0	0.0
	50万円以上	0.0	22.2	40.0	33.3	62.5	33.3	0.0	50.0
	不詳	50.8	50.0	8.9	10.2	9.1	9.4	10.6	10.1
	預貯金なし								
	受給していない	61.5	64.0	90.5	89.4	91.3	90.9	94.5	92.9
受給している	5万円未満	60.0	63.3	71.6	71.7	72.0	70.5	72.7	77.1
	5万円以上10万円未満	60.0	56.5	73.1	70.3	70.5	75.2	72.8	74.3
	10万円以上15万円未満	60.0	56.3	64.8	62.6	61.5	67.7	56.8	63.8
	15万円以上20万円未満	52.9	64.8	78.2	66.7	62.9	63.2	56.5	74.4
	20万円以上25万円未満	38.1	48.4	51.4	43.9	63.3	50.0	43.5	59.1
	25万円以上30万円未満	40.0	54.5	50.0	43.8	50.0	20.0	55.6	75.0
	30万円以上35万円未満	50.0	0.0	20.0	42.9	75.0	66.7	75.0	100.0
	35万円以上40万円未満	–	50.0	50.0	50.0	50.0	33.3	33.3	33.3
	40万円以上45万円未満	0.0	25.0	16.7	33.3	0.0	100.0	0.0	–
	45万円以上50万円未満	100.0	33.3	100.0	100.0	–	0.0	0.0	0.0
	50万円以上	50.0	50.0	20.0	50.0	100.0	100.0	0.0	100.0
	不詳	41.9	72.9	17.1	15.3	15.7	16.3	12.9	16.8

注：預貯金の有無が不詳の者を除く。

付表 A-15　公的年金の受給割合

（預貯金の有無別、公的年金の受給額（2か月分）別：65～69歳の女性）

(%)

		2008年	2009年	2010年	2011年	2012年	2013年	2014年	2015年
	預貯金あり								
	受給していない	－	－	－	4.1	3.0	2.5	2.0	2.0
受給している	5万円未満	－	－	－	6.8	3.6	2.4	2.0	1.4
	5万円以上10万円未満	－	－	－	13.8	10.9	11.2	10.7	10.6
	10万円以上15万円未満	－	－	－	25.7	29.8	29.4	32.4	31.3
	15万円以上20万円未満	－	－	－	16.3	19.3	18.2	19.4	19.0
	20万円以上25万円未満	－	－	－	7.0	7.6	8.8	8.6	8.8
	25万円以上30万円未満	－	－	－	3.9	4.1	5.4	5.6	5.6
	30万円以上35万円未満	－	－	－	3.0	3.3	3.5	3.4	3.6
	35万円以上40万円未満	－	－	－	1.5	2.2	2.6	2.6	2.3
	40万円以上45万円未満	－	－	－	0.9	1.3	1.2	1.1	1.0
	45万円以上50万円未満	－	－	－	0.4	0.3	0.1	0.2	0.1
	50万円以上	－	－	－	0.3	0.3	0.6	0.2	0.2
	不詳	－	－	－	16.4	14.3	14.1	11.9	14.1
	総数	－	－	－	689	1,717	2,850	3,893	4,737
	預貯金なし								
	受給していない	－	－	－	6.0	7.9	7.1	6.1	5.6
受給している	5万円未満	－	－	－	6.0	3.1	2.9	1.9	2.1
	5万円以上10万円未満	－	－	－	15.7	18.5	14.4	15.0	14.9
	10万円以上15万円未満	－	－	－	29.9	24.9	29.4	29.4	27.4
	15万円以上20万円未満	－	－	－	8.2	10.3	13.4	13.9	13.5
	20万円以上25万円未満	－	－	－	3.0	6.2	5.8	6.6	5.8
	25万円以上30万円未満	－	－	－	0.7	1.5	2.6	2.4	3.2
	30万円以上35万円未満	－	－	－	1.5	1.3	1.0	1.3	1.7
	35万円以上40万円未満	－	－	－	0.0	0.5	0.3	0.2	0.5
	40万円以上45万円未満	－	－	－	0.7	0.3	0.6	0.2	0.3
	45万円以上50万円未満	－	－	－	0.7	0.3	0.2	0.0	0.0
	50万円以上	－	－	－	0.7	0.0	0.2	0.1	0.3
	不詳	－	－	－	26.9	25.4	22.3	22.8	24.8
	総数	－	－	－	134	390	620	925	1,170

注：預貯金の有無が不詳の者を除く。

付表 A-16　就業確率

（預貯金の有無別、公的年金の受給額（2か月分）別：65～69歳の女性）

(%)

		2008年	2009年	2010年	2011年	2012年	2013年	2014年	2015年
	預貯金あり								
	受給していない	－	－	－	75.0	73.1	75.7	70.1	71.6
受給している	5万円未満	－	－	－	38.3	54.1	53.6	46.2	42.4
	5万円以上10万円未満	－	－	－	44.2	43.6	43.6	39.8	41.6
	10万円以上15万円未満	－	－	－	42.4	39.7	39.4	39.2	40.6
	15万円以上20万円未満	－	－	－	38.4	38.6	36.6	37.9	39.4
	20万円以上25万円未満	－	－	－	58.3	49.6	45.6	48.1	47.1
	25万円以上30万円未満	－	－	－	33.3	36.6	38.1	36.7	32.1
	30万円以上35万円未満	－	－	－	23.8	26.3	29.3	26.9	27.6
	35万円以上40万円未満	－	－	－	20.0	16.2	13.3	15.0	18.2
	40万円以上45万円未満	－	－	－	16.7	18.2	11.8	19.0	24.5
	45万円以上50万円未満	－	－	－	0.0	40.0	33.3	16.7	20.0
	50万円以上	－	－	－	100.0	40.0	18.8	0.0	27.3
	不詳	－	－	－	8.8	6.9	9.9	8.0	8.2
	預貯金なし								
	受給していない	－	－	－	62.5	90.3	81.8	82.1	84.8
受給している	5万円未満	－	－	－	37.5	50.0	33.3	33.3	54.2
	5万円以上10万円未満	－	－	－	47.6	55.6	56.2	57.6	52.3
	10万円以上15万円未満	－	－	－	62.5	54.6	47.3	48.5	51.6
	15万円以上20万円未満	－	－	－	36.4	52.5	44.6	51.9	51.9
	20万円以上25万円未満	－	－	－	75.0	41.7	47.2	44.3	48.5
	25万円以上30万円未満	－	－	－	0.0	50.0	37.5	27.3	40.5
	30万円以上35万円未満	－	－	－	0.0	20.0	50.0	50.0	55.0
	35万円以上40万円未満	－	－	－	－	100.0	50.0	100.0	33.3
	40万円以上45万円未満	－	－	－	0.0	0.0	0.0	0.0	25.0
	45万円以上50万円未満	－	－	－	0.0	0.0	100.0	－	－
	50万円以上	－	－	－	0.0	－	0.0	0.0	66.7
	不詳	－	－	－	16.7	9.1	17.4	11.4	13.1

注：預貯金の有無が不詳の者を除く。

付表 A-17　公的年金の受給割合（社会保障給付金以外の不労所得の有無別、公的年金の受給額（2か月分）別：60〜64歳の男性）

(%)

		2008年	2009年	2010年	2011年	2012年	2013年	2014年	2015年
	社会保障給付金以外の不労所得あり								
	受給していない	23.7	23.3	18.8	17.7	19.7	19.5	24.1	28.8
受給している	5万円未満	6.4	5.4	6.3	5.9	6.6	6.9	7.1	5.9
	5万円以上10万円未満	17.1	13.5	10.6	13.3	10.3	11.0	12.3	11.1
	10万円以上15万円未満	9.5	12.3	11.7	12.3	12.7	13.1	10.8	10.8
	15万円以上20万円未満	6.6	6.4	8.0	9.9	10.3	11.0	14.1	10.6
	20万円以上25万円未満	12.1	11.4	10.6	11.5	12.5	12.5	12.1	12.3
	25万円以上30万円未満	11.8	10.6	9.4	10.0	11.6	11.7	11.5	11.3
	30万円以上35万円未満	3.5	4.8	4.8	4.9	4.5	5.4	2.7	2.5
	35万円以上40万円未満	1.4	2.3	4.2	2.4	3.1	2.4	1.5	1.5
	40万円以上45万円未満	3.8	5.6	7.5	5.1	3.4	2.6	1.7	2.4
	45万円以上50万円未満	0.6	2.3	3.9	3.0	1.9	1.0	0.6	0.2
	50万円以上	0.3	0.2	1.9	2.1	1.2	0.5	0.2	0.0
	不詳	3.2	1.9	2.3	1.9	2.1	2.4	1.4	2.5
	総数	346	481	883	860	773	837	660	593
	社会保障給付金以外の不労所得なし								
	受給していない	48.8	43.9	35.5	30.9	32.6	36.1	42.3	44.3
受給している	5万円未満	8.1	7.8	7.0	7.6	8.1	7.8	7.4	7.4
	5万円以上10万円未満	12.1	12.8	9.9	11.6	12.1	11.4	10.9	11.4
	10万円以上15万円未満	9.8	9.8	10.4	12.5	12.3	12.3	11.7	11.6
	15万円以上20万円未満	5.5	6.6	8.3	9.0	8.9	8.3	8.2	7.3
	20万円以上25万円未満	5.3	5.9	8.1	8.6	9.8	8.1	7.4	7.0
	25万円以上30万円未満	2.8	3.7	5.4	5.8	5.2	5.3	5.4	5.1
	30万円以上35万円未満	2.1	2.2	3.9	3.9	3.3	2.7	2.0	1.8
	35万円以上40万円未満	0.5	1.5	3.0	2.8	2.0	1.9	1.3	1.0
	40万円以上45万円未満	1.1	1.2	3.7	2.9	1.9	2.1	1.4	1.0
	45万円以上50万円未満	0.7	0.8	1.7	1.2	1.0	0.8	0.5	0.5
	50万円以上	0.3	0.4	1.3	0.8	0.3	0.5	0.2	0.4
	不詳	2.8	3.4	1.9	2.5	2.5	2.6	1.3	1.3
	総数	2,240	3,023	4,092	4,327	4,174	3,783	3,536	3,319

注：不労所得には、私的年金、子供等からの仕送り、資産収入が含まれる。

付表 A-18　就業確率（社会保障給付金以外の不労所得の有無別、公的年金の受給額（2か月分）別：60〜64歳の男性）

(%)

		2008年	2009年	2010年	2011年	2012年	2013年	2014年	2015年
	社会保障給付金以外の不労所得あり								
	受給していない	82.9	84.8	87.3	86.2	87.5	89.0	86.2	87.1
受給している	5万円未満	77.3	84.6	82.1	74.5	78.4	89.7	83.0	94.3
	5万円以上10万円未満	74.6	61.5	85.1	80.7	72.5	78.3	82.7	89.4
	10万円以上15万円未満	60.6	72.9	82.5	73.6	72.4	73.6	70.4	76.6
	15万円以上20万円未満	65.2	77.4	66.2	65.9	70.0	69.6	65.6	71.4
	20万円以上25万円未満	52.4	49.1	52.1	52.5	49.5	54.3	53.8	56.2
	25万円以上30万円未満	63.4	43.1	61.4	55.8	51.1	49.0	44.7	53.7
	30万円以上35万円未満	33.3	60.9	59.5	59.5	54.3	44.4	50.0	46.7
	35万円以上40万円未満	0.0	36.4	67.6	52.4	50.0	45.0	60.0	22.2
	40万円以上45万円未満	53.8	37.0	56.1	45.5	34.6	59.1	72.7	71.4
	45万円以上50万円未満	50.0	45.5	47.1	26.9	46.7	37.5	0.0	100.0
	50万円以上	0.0	100.0	64.7	50.0	55.6	25.0	0.0	–
	不詳	63.6	88.9	55.0	75.0	62.5	60.0	55.6	73.3
	社会保障給付金以外の不労所得なし								
	受給していない	96.9	93.5	94.7	95.9	95.8	97.1	96.9	96.9
受給している	5万円未満	98.9	97.0	95.1	95.1	92.0	92.6	92.8	95.1
	5万円以上10万円未満	97.4	96.9	89.1	91.3	91.9	91.4	91.7	89.7
	10万円以上15万円未満	97.7	98.0	83.3	84.7	83.9	81.5	84.1	80.5
	15万円以上20万円未満	96.0	97.0	78.4	74.6	72.8	79.7	75.3	72.2
	20万円以上25万円未満	95.8	91.6	72.2	69.6	68.9	69.4	61.2	73.2
	25万円以上30万円未満	90.3	97.3	64.8	62.7	58.7	66.3	61.8	64.7
	30万円以上35万円未満	100.0	98.5	58.8	59.5	54.0	63.7	62.0	54.2
	35万円以上40万円未満	91.7	93.2	47.9	51.7	63.4	50.7	44.4	47.1
	40万円以上45万円未満	100.0	97.1	52.0	49.6	39.5	47.5	43.8	47.1
	45万円以上50万円未満	86.7	91.7	55.1	41.2	53.7	46.9	31.6	62.5
	50万円以上	100.0	100.0	63.6	55.9	64.3	70.0	57.1	50.0
	不詳	96.8	96.1	73.1	76.9	67.0	69.7	70.2	76.2

注：不労所得には、私的年金、子供等からの仕送り、資産収入が含まれる。

付表 A-19　公的年金の受給割合（社会保障給付金以外の不労所得の有無別、公的年金の受給額（2か月分）別：65〜69歳の男性）

(%)

		2008年	2009年	2010年	2011年	2012年	2013年	2014年	2015年
	社会保障給付金以外の不労所得あり								
	受給していない	–	–	–	4.4	5.4	3.5	3.7	3.3
受給している	5万円未満	–	–	–	2.9	2.0	1.2	1.5	0.9
	5万円以上10万円未満	–	–	–	3.6	6.0	5.2	5.6	5.7
	10万円以上15万円未満	–	–	–	11.7	10.2	11.5	9.7	10.2
	15万円以上20万円未満	–	–	–	8.8	8.8	8.9	8.9	9.5
	20万円以上25万円未満	–	–	–	3.6	12.2	13.5	11.2	10.4
	25万円以上30万円未満	–	–	–	7.3	6.3	8.1	9.1	7.3
	30万円以上35万円未満	–	–	–	10.9	7.7	9.4	10.5	12.8
	35万円以上40万円未満	–	–	–	10.9	12.5	12.8	13.0	15.8
	40万円以上45万円未満	–	–	–	15.3	14.8	13.3	15.0	12.6
	45万円以上50万円未満	–	–	–	11.7	7.4	5.6	6.0	6.3
	50万円以上	–	–	–	4.4	3.1	4.2	2.5	2.1
	不詳	–	–	–	4.4	3.7	2.7	3.3	3.1
	総数	–	–	–	134	352	593	806	933
	社会保障給付金以外の不労所得なし								
	受給していない	–	–	–	9.2	6.9	6.8	6.1	5.8
受給している	5万円未満	–	–	–	1.2	2.9	1.4	1.1	0.9
	5万円以上10万円未満	–	–	–	5.1	5.8	5.7	5.6	5.6
	10万円以上15万円未満	–	–	–	10.9	10.3	12.8	12.0	12.0
	15万円以上20万円未満	–	–	–	9.6	9.5	9.7	8.7	9.4
	20万円以上25万円未満	–	–	–	12.1	12.0	11.6	11.6	11.1
	25万円以上30万円未満	–	–	–	6.8	8.9	9.4	11.0	11.5
	30万円以上35万円未満	–	–	–	11.1	12.9	13.0	14.3	14.5
	35万円以上40万円未満	–	–	–	10.2	10.9	11.3	12.2	12.2
	40万円以上45万円未満	–	–	–	12.3	10.0	8.6	9.7	9.2
	45万円以上50万円未満	–	–	–	4.9	4.9	3.1	2.8	3.2
	50万円以上	–	–	–	3.9	2.2	2.3	1.7	1.3
	不詳	–	–	–	2.6	2.8	4.2	3.2	3.4
	総数	–	–	–	586	1,445	2,259	3,240	3,949

注：不労所得には、私的年金、子供等からの仕送り、資産収入が含まれる。

付表 A-20　就業確率（社会保障給付金以外の不労所得の有無別、公的年金の受給額（2か月分）別：65〜69歳の男性）

(%)

		2008年	2009年	2010年	2011年	2012年	2013年	2014年	2015年
	社会保障給付金以外の不労所得あり								
	受給していない	–	–	–	100.0	78.9	81.0	100.0	74.2
受給している	5万円未満	–	–	–	50.0	57.1	57.1	91.7	87.5
	5万円以上10万円未満	–	–	–	80.0	57.1	51.6	55.6	64.2
	10万円以上15万円未満	–	–	–	87.5	69.4	67.6	64.1	72.6
	15万円以上20万円未満	–	–	–	58.3	54.8	58.5	51.4	61.8
	20万円以上25万円未満	–	–	–	40.0	48.8	52.5	51.1	54.6
	25万円以上30万円未満	–	–	–	40.0	59.1	54.2	50.7	57.4
	30万円以上35万円未満	–	–	–	46.7	37.0	55.4	42.4	34.5
	35万円以上40万円未満	–	–	–	40.0	43.2	51.3	45.7	32.7
	40万円以上45万円未満	–	–	–	61.9	21.2	38.0	43.8	39.8
	45万円以上50万円未満	–	–	–	31.3	42.3	48.5	35.4	35.6
	50万円以上	–	–	–	50.0	54.5	44.0	35.0	30.0
	不詳	–	–	–	66.7	69.2	68.8	63.0	62.1
	社会保障給付金以外の不労所得なし								
	受給していない	–	–	–	92.6	94.0	94.1	91.9	94.8
受給している	5万円未満	–	–	–	100.0	88.1	71.0	91.9	82.9
	5万円以上10万円未満	–	–	–	90.0	77.4	88.3	80.2	77.7
	10万円以上15万円未満	–	–	–	75.0	85.2	83.0	81.2	83.3
	15万円以上20万円未満	–	–	–	73.2	73.0	72.3	70.0	71.4
	20万円以上25万円未満	–	–	–	66.2	64.9	66.2	68.9	63.0
	25万円以上30万円未満	–	–	–	72.5	65.1	60.1	61.9	62.0
	30万円以上35万円未満	–	–	–	53.8	59.7	57.5	54.2	58.0
	35万円以上40万円未満	–	–	–	61.7	54.8	50.4	48.7	48.8
	40万円以上45万円未満	–	–	–	43.1	42.4	39.5	50.2	52.1
	45万円以上50万円未満	–	–	–	69.0	45.1	31.9	44.0	44.0
	50万円以上	–	–	–	43.5	31.3	38.5	44.4	45.3
	不詳	–	–	–	66.7	62.5	51.0	52.4	49.6

注：不労所得には、私的年金、子供等からの仕送り、資産収入が含まれる。

付表 A-21 公的年金の受給割合（社会保障給付金以外の不労所得の有無別、公的年金の受給額（2か月分）別：60〜64歳の女性）

(%)

		2008年	2009年	2010年	2011年	2012年	2013年	2014年	2015年
		社会保障給付金以外の不労所得あり							
	受給していない	27.8	27.4	20.0	19.0	17.2	19.9	19.2	17.8
受給している	5万円未満	22.8	21.0	23.9	25.1	23.5	21.9	26.3	24.2
	5万円以上10万円未満	12.6	14.7	14.7	12.2	14.9	17.0	16.2	16.6
	10万円以上15万円未満	9.1	9.8	9.8	9.3	11.4	10.6	12.4	9.2
	15万円以上20万円未満	5.8	4.8	7.1	9.3	8.9	8.0	7.9	9.2
	20万円以上25万円未満	8.5	7.1	7.3	8.7	7.8	7.8	6.5	8.8
	25万円以上30万円未満	6.7	6.8	7.2	6.9	8.2	5.8	7.0	7.8
	30万円以上35万円未満	1.8	3.3	3.5	3.7	3.5	3.0	1.7	2.3
	35万円以上40万円未満	0.9	1.0	1.4	1.5	0.6	1.4	0.5	1.2
	40万円以上45万円未満	0.3	0.2	0.9	0.6	1.0	0.3	0.0	0.0
	45万円以上50万円未満	0.3	0.4	0.4	0.1	0.3	0.3	0.0	0.2
	50万円以上	0.6	0.2	1.0	0.8	0.1	0.1	0.2	0.0
	不詳	2.9	3.3	2.8	2.8	2.8	3.9	2.2	2.7
	総数	342	482	794	785	720	772	631	·512
		社会保障給付金以外の不労所得なし							
	受給していない	42.2	38.3	25.2	23.2	23.5	22.9	23.2	24.6
受給している	5万円未満	20.4	21.4	27.7	27.8	28.2	29.8	30.7	33.1
	5万円以上10万円未満	14.1	13.8	15.9	16.6	17.4	17.1	17.3	15.7
	10万円以上15万円未満	7.5	8.9	10.5	10.5	10.7	10.0	9.9	8.9
	15万円以上20万円未満	5.0	5.8	6.2	7.4	7.2	6.6	6.6	5.4
	20万円以上25万円未満	4.2	4.0	5.2	5.4	5.3	5.1	5.2	5.3
	25万円以上30万円未満	2.1	2.6	3.2	3.2	3.1	2.4	2.5	2.5
	30万円以上35万円未満	0.7	0.7	1.6	1.7	1.2	1.1	0.8	0.9
	35万円以上40万円未満	0.1	0.2	0.7	0.6	0.6	0.4	0.3	0.2
	40万円以上45万円未満	0.1	0.1	0.7	0.5	0.3	0.3	0.2	0.2
	45万円以上50万円未満	0.1	0.1	0.2	0.2	0.1	0.1	0.1	0.1
	50万円以上	0.1	0.1	0.6	0.3	0.2	0.3	0.1	0.1
	不詳	3.5	4.0	2.4	2.8	2.3	3.8	3.1	3.0
	総数	1,690	2,303	3,951	4,232	4,155	3,740	3,598	3,417

注：不労所得には、私的年金、子供等からの仕送り、資産収入が含まれる。

付表 A-22 就業確率（社会保障給付金以外の不労所得の有無別、公的年金の受給額（2か月分）別：60〜64歳の女性）

(%)

		2008年	2009年	2010年	2011年	2012年	2013年	2014年	2015年
		社会保障給付金以外の不労所得あり							
	受給していない	45.3	52.3	58.5	56.4	58.9	62.3	70.2	64.8
受給している	5万円未満	61.5	48.5	52.6	53.8	52.7	50.3	53.0	54.8
	5万円以上10万円未満	51.2	46.5	47.9	42.7	51.4	48.1	53.9	45.9
	10万円以上15万円未満	48.4	44.7	50.0	49.3	46.3	43.9	53.8	44.7
	15万円以上20万円未満	45.0	39.1	48.2	42.5	46.9	43.5	44.0	46.8
	20万円以上25万円未満	44.8	41.2	43.1	36.8	48.2	38.3	36.6	31.1
	25万円以上30万円未満	30.4	18.2	33.3	29.6	25.4	35.6	36.4	42.5
	30万円以上35万円未満	33.3	37.5	25.0	31.0	24.0	30.4	36.4	16.7
	35万円以上40万円未満	0.0	0.0	27.3	41.7	0.0	18.2	33.3	16.7
	40万円以上45万円未満	0.0	0.0	0.0	20.0	0.0	0.0	–	–
	45万円以上50万円未満	0.0	0.0	33.3	0.0	0.0	0.0	–	0.0
	50万円以上	0.0	0.0	37.5	33.3	0.0	0.0	0.0	–
	不詳	40.0	62.5	45.5	54.5	60.0	43.3	64.3	64.3
		社会保障給付金以外の不労所得なし							
	受給していない	94.2	93.3	91.9	92.8	94.6	93.6	94.3	93.5
受給している	5万円未満	96.8	94.3	58.0	56.6	56.6	59.0	59.8	61.8
	5万円以上10万円未満	94.6	94.3	63.4	63.1	61.2	65.7	62.5	64.6
	10万円以上15万円未満	96.1	92.2	57.6	56.7	55.1	57.9	57.6	59.5
	15万円以上20万円未満	95.3	94.7	59.0	57.5	58.1	59.8	58.2	59.1
	20万円以上25万円未満	94.4	92.5	49.8	47.1	47.3	45.8	48.4	47.3
	25万円以上30万円未満	83.3	93.4	42.4	37.3	33.1	31.8	36.0	47.1
	30万円以上35万円未満	100.0	76.5	38.1	35.7	48.0	41.5	51.7	33.3
	35万円以上40万円未満	100.0	75.0	44.4	33.3	25.0	43.8	22.2	16.7
	40万円以上45万円未満	50.0	50.0	17.9	31.8	7.1	38.5	28.6	50.0
	45万円以上50万円未満	100.0	100.0	25.0	37.5	0.0	20.0	0.0	0.0
	50万円以上	100.0	100.0	41.7	45.5	75.0	41.7	0.0	75.0
	不詳	91.5	89.0	44.1	55.6	58.3	45.8	58.4	50.5

注：不労所得には、私的年金、子供等からの仕送り、資産収入が含まれる。

付表 A-23　公的年金の受給割合（社会保障給付金以外の不労所得の有無別、公的年金の受給額（2か月分）別：65～69歳の女性）

(%)

	2008年	2009年	2010年	2011年	2012年	2013年	2014年	2015年
社会保障給付金以外の不労所得あり								
受給していない	–	–	–	11.0	5.0	4.4	4.1	3.5
5万円未満	–	–	–	1.7	3.4	3.2	2.6	2.2
5万円以上10万円未満	–	–	–	15.3	12.4	11.0	13.3	11.4
10万円以上15万円未満	–	–	–	28.0	34.5	32.3	30.9	32.0
15万円以上20万円未満	–	–	–	20.3	18.9	19.1	16.2	19.3
20万円以上25万円未満	–	–	–	9.3	8.4	10.3	10.8	9.8
25万円以上30万円未満	–	–	–	3.4	5.6	7.7	9.4	7.4
30万円以上35万円未満	–	–	–	5.9	4.7	4.0	5.1	5.9
35万円以上40万円未満	–	–	–	2.5	3.4	2.1	3.0	3.1
40万円以上45万円未満	–	–	–	0.8	0.9	1.5	1.7	2.0
45万円以上50万円未満	–	–	–	0.0	0.6	0.3	0.4	0.3
50万円以上	–	–	–	0.0	0.6	0.5	0.1	0.3
不詳	–	–	–	1.7	1.6	3.5	2.5	2.7
総数	–	–	–	118	322	653	809	910
社会保障給付金以外の不労所得なし								
受給していない	–	–	–	4.3	4.6	4.0	3.2	3.3
5万円未満	–	–	–	8.9	4.0	2.7	2.2	1.7
5万円以上10万円未満	–	–	–	17.9	14.7	13.8	12.9	13.5
10万円以上15万円未満	–	–	–	31.1	33.4	33.5	37.2	35.9
15万円以上20万円未満	–	–	–	16.9	21.0	19.7	21.7	20.7
20万円以上25万円未満	–	–	–	7.1	8.4	9.0	8.8	9.5
25万円以上30万円未満	–	–	–	4.1	4.1	4.9	4.7	5.5
30万円以上35万円未満	–	–	–	2.8	3.2	3.2	3.0	3.2
35万円以上40万円未満	–	–	–	1.5	1.9	2.6	2.2	2.0
40万円以上45万円未満	–	–	–	1.0	1.3	1.1	0.9	0.8
45万円以上50万円未満	–	–	–	0.7	0.3	0.1	0.1	0.0
50万円以上	–	–	–	0.5	0.3	0.6	0.3	0.2
不詳	–	–	–	3.3	3.0	4.7	2.9	3.6
総数	–	–	–	605	1,556	2,494	3,595	4,421

注：不労所得には、私的年金、子供等からの仕送り、資産収入が含まれる。

付表 A-24　就業確率（社会保障給付金以外の不労所得の有無別、公的年金の受給額（2か月分）別：65～69歳の女性）

(%)

	2008年	2009年	2010年	2011年	2012年	2013年	2014年	2015年
社会保障給付金以外の不労所得あり								
受給していない	–	–	–	38.5	50.0	31.0	24.2	43.8
5万円未満	–	–	–	50.0	81.8	66.7	42.9	50.0
5万円以上10万円未満	–	–	–	38.9	52.5	41.7	46.3	43.3
10万円以上15万円未満	–	–	–	48.5	44.1	39.8	44.8	45.4
15万円以上20万円未満	–	–	–	33.3	39.3	36.0	36.6	40.3
20万円以上25万円未満	–	–	–	45.5	59.3	52.2	47.1	50.6
25万円以上30万円未満	–	–	–	75.0	22.2	26.0	35.5	22.4
30万円以上35万円未満	–	–	–	28.6	20.0	26.9	24.4	25.9
35万円以上40万円未満	–	–	–	0.0	27.3	7.1	12.5	25.0
40万円以上45万円未満	–	–	–	0.0	0.0	10.0	14.3	27.8
45万円以上50万円未満	–	–	–		100.0	50.0	33.3	33.3
50万円以上	–	–	–		50.0	33.3	0.0	0.0
不詳	–	–	–	100.0	60.0	34.8	45.0	44.0
社会保障給付金以外の不労所得なし								
受給していない	–	–	–	92.3	86.1	87.1	89.7	82.1
5万円未満	–	–	–	38.9	49.2	44.8	43.6	44.6
5万円以上10万円未満	–	–	–	44.4	45.6	47.7	44.4	44.7
10万円以上15万円未満	–	–	–	45.2	41.9	41.0	40.2	42.2
15万円以上20万円未満	–	–	–	39.2	40.5	37.9	40.1	41.4
20万円以上25万円未満	–	–	–	60.5	46.2	43.6	47.3	46.5
25万円以上30万円未満	–	–	–	24.0	42.2	42.3	35.9	36.4
30万円以上35万円未満	–	–	–	17.6	26.0	32.5	31.8	32.1
35万円以上40万円未満	–	–	–	22.2	17.2	15.6	17.9	16.7
40万円以上45万円未満	–	–	–	16.7	20.0	10.7	21.2	22.2
45万円以上50万円未満	–	–	–	0.0	0.0	50.0	0.0	0.0
50万円以上	–	–	–	66.7	25.0	20.0	0.0	45.5
不詳	–	–	–	40.0	34.8	29.7	29.5	29.1

注：不労所得には、私的年金、子供等からの仕送り、資産収入が含まれる。

7．付表 B：公的年金受給額別の仕事の内容及び仕事をする理由

　本節では、2015 年について、男女別、公的年金受給額別に収入のある仕事の内容及び仕事をする理由を集計している。付表 B-1 は、2015 年における男女別、公的年金の受給額（2か月分）別に見た仕事のかたち（就業形態）である。男性は、概して公的年金受給額が高くなるほど自営業主及び正規の職員・従業員の構成比が低下し、パート・アルバイトの構成比が上昇する。女性も男性同様の傾向であるが、そもそも全体的に正規の職員・従業員の構成比が低く、パート・アルバイトの構成比が高いため、男性ほど顕著な差は見られない。

　付表 B-2 は、2015 年における男女別、公的年金の受給額（2か月分）別に見た仕事の内容（職種）である。仕事の内容については、公的年金受給額の階級の大小による構成比の傾向をつかみ難い。男性では、概して公的年金受給額が高くなるほど専門的・技術的な仕事及び生産工程・労務作業の仕事の構成比が低下し、サービスの仕事及び農林漁業の仕事の構成比が上昇する。女性では、概して公的年金受給額が高くなるほどサービスの仕事及び生産工程・労務作業の仕事の構成比が低下し、事務の仕事の構成比が上昇する。

付表 B-1　仕事のかたち
（男女別、受給額（2か月分）別、2015年）

(%)

	自営業主	家族従事者	会社・団体等の役員	正規の職員・従業員	パート・アルバイト	労働者派遣事業所の派遣社員
男性						
受給していない	25.2	0.7	15.2	30.2	6.3	0.6
受給している 5万円未満	30.0	1.0	5.9	29.0	6.3	1.3
5万円以上10万円未満	31.2	1.3	4.6	17.7	14.0	1.5
10万円以上15万円未満	35.7	1.7	8.9	13.5	17.1	0.9
15万円以上20万円未満	29.9	2.0	8.0	11.7	24.7	0.9
20万円以上25万円未満	22.6	0.7	8.5	11.1	26.2	1.7
25万円以上30万円未満	17.4	1.7	6.2	16.1	27.9	0.9
30万円以上35万円未満	16.3	1.0	5.8	8.8	38.7	1.2
35万円以上40万円未満	21.3	1.0	5.0	8.3	36.2	2.0
40万円以上45万円未満	17.1	0.0	8.0	9.9	30.8	1.9
45万円以上50万円未満	16.1	0.0	10.3	2.3	31.0	2.3
50万円以上	22.2	2.8	13.9	5.6	25.0	2.8
不詳	46.2	1.2	6.0	10.4	17.1	0.4
女性						
受給していない	10.0	12.4	3.6	15.9	45.5	0.1
受給している 5万円未満	6.1	12.9	2.2	8.2	59.1	0.5
5万円以上10万円未満	9.7	15.9	3.3	10.4	45.1	1.0
10万円以上15万円未満	11.0	19.3	2.1	5.6	47.9	0.7
15万円以上20万円未満	7.4	10.5	4.3	8.1	53.0	0.3
20万円以上25万円未満	6.8	8.5	5.6	10.0	52.4	0.9
25万円以上30万円未満	6.2	3.1	5.0	11.2	50.3	1.2
30万円以上35万円未満	14.1	4.2	7.0	2.8	56.3	1.4
35万円以上40万円未満	4.2	12.5	0.0	4.2	62.5	0.0
40万円以上45万円未満	5.9	0.0	0.0	5.9	58.8	0.0
45万円以上50万円未満	0.0	0.0	0.0	100.0	0.0	0.0
50万円以上	12.5	25.0	0.0	0.0	50.0	0.0
不詳	14.2	33.3	2.3	4.2	33.3	0.0

	契約社員・嘱託	家庭での内職など	その他	不詳	総数
男性					
受給していない	19.8	0.2	1.9	0.0	1,815
受給している 5万円未満	24.1	0.0	2.3	0.0	303
5万円以上10万円未満	26.3	0.0	3.3	0.0	605
10万円以上15万円未満	19.6	0.0	2.7	0.0	821
15万円以上20万円未満	18.4	0.2	4.1	0.2	539
20万円以上25万円未満	23.7	0.4	4.8	0.2	539
25万円以上30万円未満	24.0	0.6	4.7	0.4	466
30万円以上35万円未満	23.8	0.2	4.1	0.0	411
35万円以上40万円未満	22.6	0.0	3.3	0.3	301
40万円以上45万円未満	27.0	0.4	4.6	0.4	263
45万円以上50万円未満	33.3	0.0	4.6	0.0	87
50万円以上	25.0	0.0	2.8	0.0	36
不詳	11.6	0.4	5.2	1.6	251
女性					
受給していない	8.1	1.6	2.8	0.0	977
受給している 5万円未満	6.8	1.9	2.3	0.1	809
5万円以上10万円未満	9.2	2.0	2.9	0.6	699
10万円以上15万円未満	5.2	3.0	5.1	0.2	1,004
15万円以上20万円未満	8.2	3.1	4.8	0.3	583
20万円以上25万円未満	9.7	1.5	4.4	0.3	340
25万円以上30万円未満	15.5	1.2	6.2	0.0	161
30万円以上35万円未満	5.6	1.4	7.0	0.0	71
35万円以上40万円未満	12.5	0.0	0.0	4.2	24
40万円以上45万円未満	29.4	0.0	0.0	0.0	17
45万円以上50万円未満	0.0	0.0	0.0	0.0	1
50万円以上	12.5	0.0	0.0	0.0	8
不詳	3.1	3.4	4.6	1.5	261

付表 B-2　仕事の内容

（男女別、受給額（2か月分）別、2015年）

(%)

	専門的・技術的な仕事	管理的な仕事	事務の仕事	販売の仕事	サービスの仕事	保安の仕事	農林漁業の仕事	運輸・通信の仕事	生産工程・労務作業の仕事	その他の仕事	不詳	総数
男性												
受給していない	31.2	17.9	6.1	6.0	9.0	2.0	4.6	5.1	10.4	6.3	1.3	1,815
5万円未満	29.0	10.6	5.3	9.6	8.3	1.3	8.6	6.3	14.5	5.9	0.7	303
5万円以上10万円未満	25.0	8.1	4.6	7.8	12.2	1.3	8.1	6.8	14.4	10.7	1.0	605
10万円以上15万円未満	22.4	9.6	4.6	8.6	11.3	2.7	9.9	7.8	12.5	8.9	1.6	821
15万円以上20万円未満	20.6	9.8	3.5	5.9	10.6	3.5	11.3	5.8	14.5	13.0	1.5	539
20万円以上25万円未満	19.9	12.2	6.1	5.9	10.4	3.7	11.9	9.6	9.1	10.2	0.9	539
25万円以上30万円未満	20.6	8.6	10.1	6.0	9.9	4.1	10.3	7.5	10.5	10.9	1.5	466
30万円以上35万円未満	19.7	8.3	5.8	5.6	10.7	3.6	10.0	8.0	12.9	13.9	1.5	411
35万円以上40万円未満	17.9	11.0	5.0	6.0	11.3	6.6	12.0	6.0	9.3	14.0	1.0	301
40万円以上45万円未満	21.7	15.2	11.4	4.6	9.5	5.3	9.5	4.2	8.0	9.9	0.8	263
45万円以上50万円未満	31.0	16.1	9.2	1.1	14.9	3.4	10.3	3.4	1.1	9.2	0.0	87
50万円以上	33.3	11.1	11.1	2.8	8.3	5.6	11.1	11.1	2.8	0.0	2.8	36
不詳	19.9	5.6	2.0	4.4	12.0	0.8	24.3	7.2	11.6	7.6	4.8	251
女性												
受給していない	18.4	2.6	16.5	8.1	26.4	0.1	4.6	0.6	9.1	11.8	1.8	977
5万円未満	11.9	1.5	15.1	10.3	26.5	0.2	5.3	0.5	12.0	14.7	2.1	809
5万円以上10万円未満	10.9	2.0	15.7	10.3	26.5	0.1	7.4	0.3	12.2	12.9	1.7	699
10万円以上15万円未満	11.9	2.6	14.3	10.4	23.5	0.0	8.3	0.2	10.9	16.3	1.7	1,004
15万円以上20万円未満	11.1	2.1	16.3	9.6	24.7	0.2	6.3	0.5	13.2	14.4	1.5	583
20万円以上25万円未満	17.1	3.2	20.6	7.1	23.5	0.0	6.2	0.6	7.9	12.9	0.9	340
25万円以上30万円未満	25.5	6.2	20.5	6.8	16.1	0.0	6.2	0.0	2.5	14.9	1.2	161
30万円以上35万円未満	26.8	9.9	16.9	8.5	11.3	0.0	7.0	0.0	5.6	12.7	1.4	71
35万円以上40万円未満	41.7	0.0	20.8	0.0	16.7	0.0	4.2	0.0	4.2	4.2	8.3	24
40万円以上45万円未満	52.9	5.9	11.8	11.8	11.8	0.0	0.0	0.0	0.0	5.9	0.0	17
45万円以上50万円未満	100.0	0.0	0.0	0.0	0.0	0.0	0.0	0.0	0.0	0.0	0.0	1
50万円以上	25.0	12.5	0.0	25.0	12.5	0.0	0.0	0.0	12.5	12.5	0.0	8
不詳	10.3	0.4	9.2	6.5	21.8	0.0	25.3	0.4	7.3	10.0	8.8	261

付表 B-3 は、2015 年における男女別、公的年金の受給額（2か月分）別に見た1週間の就業日数（収入のある仕事）である。男女ともに、公的年金受給額が高くなるほど1週間に5日以上就業する構成比が低く、4日以下就業する構成比が高くなっている。

付表 B-3　1週間の就業日数
（男女別、受給額（2か月分）別、2015 年）

(%)

		0日	1日	2日	3日	4日
	男性					
	受給していない	0.1	0.6	1.0	3.3	4.2
受給している	5万円未満	0.7	0.7	1.7	2.3	6.6
	5万円以上10万円未満	0.5	2.1	2.5	6.0	9.3
	10万円以上15万円未満	0.4	1.5	4.1	7.9	9.3
	15万円以上20万円未満	0.4	2.8	5.0	9.3	11.7
	20万円以上25万円未満	0.7	3.3	4.6	13.0	16.3
	25万円以上30万円未満	0.9	4.1	5.6	11.8	14.6
	30万円以上35万円未満	0.5	3.2	5.8	16.8	19.5
	35万円以上40万円未満	0.7	2.7	8.6	17.9	19.6
	40万円以上45万円未満	0.4	6.1	12.2	19.4	19.8
	45万円以上50万円未満	1.1	1.1	9.2	25.3	26.4
	50万円以上	0.0	5.6	13.9	8.3	25.0
	不詳	3.6	1.6	4.8	8.8	9.6
	女性					
	受給していない	0.0	1.6	4.6	10.0	12.0
受給している	5万円未満	0.4	3.2	7.5	11.1	13.1
	5万円以上10万円未満	0.6	1.4	5.7	9.9	12.9
	10万円以上15万円未満	0.4	4.0	7.0	12.7	11.4
	15万円以上20万円未満	0.5	3.4	5.1	13.2	13.9
	20万円以上25万円未満	0.0	2.4	7.9	13.2	15.6
	25万円以上30万円未満	0.0	5.6	7.5	15.5	17.4
	30万円以上35万円未満	0.0	5.6	16.9	12.7	14.1
	35万円以上40万円未満	0.0	4.2	20.8	16.7	12.5
	40万円以上45万円未満	0.0	0.0	5.9	23.5	35.3
	45万円以上50万円未満	0.0	0.0	0.0	0.0	0.0
	50万円以上	0.0	0.0	12.5	12.5	12.5
	不詳	1.1	2.7	5.4	8.8	8.4

		5日	6日	7日	不詳	総数
	男性					
	受給していない	54.3	30.7	4.8	1.0	1,815
受給している	5万円未満	49.2	33.0	5.0	1.0	303
	5万円以上10万円未満	47.1	25.5	6.0	1.2	605
	10万円以上15万円未満	44.0	23.9	7.9	1.1	821
	15万円以上20万円未満	40.6	21.9	7.1	1.3	539
	20万円以上25万円未満	40.4	15.0	4.5	2.0	539
	25万円以上30万円未満	40.3	17.4	3.9	1.5	466
	30万円以上35万円未満	35.5	14.8	3.2	0.7	411
	35万円以上40万円未満	35.5	10.0	3.7	1.3	301
	40万円以上45万円未満	31.9	5.3	3.0	1.9	263
	45万円以上50万円未満	29.9	5.7	1.1	0.0	87
	50万円以上	36.1	8.3	2.8	0.0	36
	不詳	26.3	27.5	10.8	7.2	251
	女性					
	受給していない	45.5	20.5	4.1	1.6	977
受給している	5万円未満	42.9	14.6	4.7	2.5	809
	5万円以上10万円未満	41.9	20.5	4.1	3.0	699
	10万円以上15万円未満	36.4	18.8	6.0	3.4	1,004
	15万円以上20万円未満	42.9	15.6	2.9	2.4	583
	20万円以上25万円未満	42.6	14.7	1.5	2.1	340
	25万円以上30万円未満	36.0	13.0	2.5	2.5	161
	30万円以上35万円未満	38.0	8.5	0.0	4.2	71
	35万円以上40万円未満	33.3	8.3	0.0	4.2	24
	40万円以上45万円未満	35.3	0.0	0.0	0.0	17
	45万円以上50万円未満	100.0	0.0	0.0	0.0	1
	50万円以上	37.5	25.0	0.0	0.0	8
	不詳	29.5	15.3	10.7	18.0	261

なお、1週間の就業時間を1週間の就業日数で除して求められる1日あたりの就業時間については、男性では、概して公的年金受給額が高くなるほ7時間超10時間以下就業する構成比が低下し、2時間超7時間以下就業する構成比が高くなる。女性については、男性のような公的年金受給額の違いによる顕著な変化は確認できない。

　付表 B-4 は、2015 年における男女別、公的年金の受給額（2か月分）別に見た収入のある仕事をする理由である。男性では、概して公的年金受給額が高くなるほど、「現在の生活のため」、「借金の返済のため」、「将来の生活資金のため」に仕事をする構成比が低下する。一方、「現在の生活費を補うため」、「自分のお小遣いのため」、「健康を維持するため」、「社会とのつながりを維持したい」、「社会に役立ちたいから」、「家にずっといるのは嫌だから」、「時間に余裕があるから」仕事をする構成比が上昇する。女性の傾向も概ね同様である。

　付表 B-5 は、付表 B-4 で挙げた収入のある仕事をする理由のうち主な理由を集計したものである。男女ともに、公的年金受給額が高くなるほど、収入のある仕事をする主な理由が「現在の生活費のため」である構成比が低下し、「現在の生活費を補うため」、「健康を維持するため」である構成比が上昇する傾向がある。

付表 B-4　収入のある仕事をする理由
（男女別、受給額（2か月分）別、2015 年、複数回答可）

(%)

	現在の生活費のため	現在の生活費を補うため	生活水準を上げるため	自分のお小遣いのため	借金の返済のため	親族等への仕送りのため	将来の生活資金のため	子や孫の将来のため	健康を維持するため
男性									
受給していない	88.6	19.8	14.5	18.2	18.5	2.9	34.0	15.7	25.7
5万円未満	87.8	22.8	14.5	19.5	17.5	3.0	38.0	13.9	31.7
5万円以上10万円未満	80.0	31.4	14.4	23.1	20.0	1.8	27.1	11.4	35.5
10万円以上15万円未満	77.6	33.5	15.0	21.7	14.7	2.3	27.6	14.4	37.1
15万円以上20万円未満	61.0	42.7	14.3	28.0	16.1	3.0	25.0	13.4	43.0
20万円以上25万円未満	51.6	46.9	17.6	29.1	14.3	2.2	23.4	12.2	44.3
25万円以上30万円未満	51.7	49.8	16.3	30.0	11.2	1.1	23.6	13.1	53.0
30万円以上35万円未満	41.6	44.3	16.3	37.5	12.4	2.9	18.0	10.5	49.6
35万円以上40万円未満	37.5	46.2	15.3	39.2	7.3	1.7	21.6	11.3	59.1
40万円以上45万円未満	28.5	44.1	20.9	37.6	8.7	0.0	14.1	9.9	53.6
45万円以上50万円未満	36.8	37.9	17.2	46.0	5.7	2.3	17.2	10.3	46.0
50万円以上	33.3	41.7	19.4	25.0	8.3	0.0	8.3	5.6	44.4
不詳	68.5	27.5	10.4	20.3	17.9	1.6	19.5	11.2	34.3
女性									
受給していない	56.0	36.5	13.6	31.1	9.4	3.5	27.5	12.9	36.3
5万円未満	48.6	41.7	12.4	36.8	8.5	1.5	29.0	11.4	40.3
5万円以上10万円未満	51.6	38.8	9.4	32.9	9.9	1.9	24.5	12.6	40.2
10万円以上15万円未満	45.7	42.1	13.1	29.6	6.9	2.9	24.4	13.1	45.2
15万円以上20万円未満	42.9	45.1	14.6	28.5	9.6	2.4	27.6	12.7	47.0
20万円以上25万円未満	33.2	45.6	16.2	28.8	7.9	2.4	22.9	14.1	52.9
25万円以上30万円未満	33.5	46.0	13.0	26.7	3.7	2.5	16.1	15.5	58.4
30万円以上35万円未満	32.4	40.8	12.7	23.9	12.7	5.6	9.9	14.1	47.9
35万円以上40万円未満	16.7	33.3	4.2	16.7	4.2	0.0	20.8	8.3	62.5
40万円以上45万円未満	35.3	41.2	17.6	11.8	0.0	0.0	11.8	5.9	41.2
45万円以上50万円未満	100.0	0.0	100.0	0.0	0.0	0.0	100.0	0.0	100.0
50万円以上	50.0	75.0	12.5	37.5	12.5	0.0	25.0	12.5	25.0
不詳	53.3	28.4	9.2	22.6	12.6	2.3	21.8	16.5	29.9

	社会とのつながりを維持したい	社会に役立ちたいから	視野を広げたいから	今の仕事が好きだから	家にずっといるのは嫌だから	時間に余裕があるから	その他の理由	総数
男性								
受給していない	24.4	15.9	6.3	21.5	13.6	4.6	1.4	1,815
5万円未満	27.7	13.5	7.9	23.4	18.2	7.6	2.0	303
5万円以上10万円未満	29.3	15.2	8.4	20.2	18.2	10.9	1.5	605
10万円以上15万円未満	25.9	13.8	6.1	22.5	19.9	11.1	1.9	821
15万円以上20万円未満	31.2	16.1	7.8	23.6	26.0	17.6	1.7	539
20万円以上25万円未満	31.9	17.1	5.9	18.4	29.7	21.2	2.6	539
25万円以上30万円未満	34.1	20.8	10.9	21.5	31.1	20.4	2.4	466
30万円以上35万円未満	34.3	13.9	7.5	22.9	36.0	27.3	4.9	411
35万円以上40万円未満	38.2	20.9	9.0	22.9	36.9	28.2	1.3	301
40万円以上45万円未満	39.9	25.1	9.9	20.9	30.0	35.0	1.9	263
45万円以上50万円未満	46.0	24.1	10.3	26.4	23.0	34.5	5.7	87
50万円以上	47.2	25.0	5.6	30.6	36.1	30.6	5.6	36
不詳	22.3	13.1	6.0	19.9	19.1	10.8	2.4	251
女性								
受給していない	30.4	12.7	9.3	27.1	29.8	13.0	3.6	977
5万円未満	35.0	13.3	9.8	22.7	35.2	19.4	3.3	809
5万円以上10万円未満	29.9	10.6	10.4	24.6	33.3	18.7	2.6	699
10万円以上15万円未満	34.2	11.2	10.4	27.5	33.2	18.4	4.7	1,004
15万円以上20万円未満	34.3	13.2	10.8	24.5	39.1	22.3	4.5	583
20万円以上25万円未満	39.4	14.1	11.8	30.6	38.5	23.2	6.5	340
25万円以上30万円未満	52.8	23.0	17.4	30.4	44.1	24.8	4.3	161
30万円以上35万円未満	33.8	23.9	14.1	23.9	28.2	25.4	5.6	71
35万円以上40万円未満	58.3	33.3	20.8	20.8	37.5	41.7	12.5	24
40万円以上45万円未満	58.8	5.9	5.9	35.3	35.3	35.3	5.9	17
45万円以上50万円未満	100.0	0.0	0.0	100.0	100.0	0.0	0.0	1
50万円以上	37.5	25.0	12.5	50.0	37.5	50.0	0.0	8
不詳	20.3	10.3	8.4	20.3	27.2	13.4	6.5	261

付表 B-5　収入のある仕事をする主な理由
（男女別、受給額（2か月分）別、2015 年）

(%)

	現在の生活費のため	現在の生活費を補うため	生活水準を上げるため	自分のお小遣いのため	借金の返済のため	親族等への仕送りのため	将来の生活資金のため	子や孫の将来のため	健康を維持するため
男性									
受給していない	67.1	3.5	1.0	0.4	2.1	0.0	4.1	0.8	1.2
5万円未満	67.3	3.6	1.7	0.0	3.3	0.0	1.7	0.7	1.0
5万円以上10万円未満	53.6	9.3	1.2	1.8	2.6	0.0	3.8	0.3	1.7
10万円以上15万円未満	54.0	12.1	1.0	1.8	2.6	0.1	3.5	0.7	2.2
15万円以上20万円未満	36.5	16.3	0.9	4.1	4.8	0.0	3.7	0.9	5.9
20万円以上25万円未満	33.0	18.9	3.3	4.8	3.7	0.4	3.2	0.7	5.9
25万円以上30万円未満	26.8	21.9	3.0	4.9	2.8	0.0	3.6	1.5	8.8
30万円以上35万円未満	21.4	19.2	4.4	5.1	3.9	0.2	3.2	0.2	8.5
35万円以上40万円未満	15.9	18.9	2.0	7.6	1.7	0.0	3.0	1.7	10.0
40万円以上45万円未満	10.6	20.2	4.2	8.7	2.7	0.0	3.4	0.8	12.2
45万円以上50万円未満	20.7	17.2	2.3	6.9	0.0	0.0	3.4	0.0	3.4
50万円以上	13.9	16.7	2.8	0.0	0.0	0.0	2.8	0.0	13.9
不詳	46.2	6.8	1.6	3.6	2.4	0.0	3.6	0.0	4.8
女性									
受給していない	37.1	13.7	1.5	4.4	1.6	0.1	5.1	1.1	3.4
5万円未満	30.8	19.8	1.2	6.6	1.4	0.0	7.4	0.7	3.5
5万円以上10万円未満	34.8	16.0	1.7	5.0	2.1	0.4	5.3	1.1	4.3
10万円以上15万円未満	25.5	16.7	2.2	4.0	1.1	0.3	5.2	1.2	5.4
15万円以上20万円未満	24.5	17.7	1.4	3.3	3.1	0.3	6.9	0.7	7.4
20万円以上25万円未満	17.1	20.3	0.9	3.2	1.5	0.9	5.3	1.8	10.9
25万円以上30万円未満	18.6	18.6	3.1	4.3	0.0	0.0	1.2	0.0	13.0
30万円以上35万円未満	12.7	21.1	0.0	1.4	1.4	0.0	1.4	0.0	11.3
35万円以上40万円未満	4.2	12.5	0.0	4.2	0.0	0.0	4.2	0.0	12.5
40万円以上45万円未満	17.6	17.6	0.0	5.9	0.0	0.0	0.0	0.0	11.8
45万円以上50万円未満	0.0	0.0	0.0	0.0	0.0	0.0	100.0	0.0	0.0
50万円以上	25.0	12.5	0.0	0.0	0.0	0.0	0.0	0.0	0.0
不詳	33.7	11.1	0.8	3.4	1.5	0.0	5.4	1.5	4.6

	社会とのつながりを維持したい	社会に役立ちたいから	視野を広げたいから	今の仕事が好きだから	家にずっといるのは嫌だから	時間に余裕があるから	その他の理由	不詳	総数
男性									
受給していない	2.1	1.4	0.0	3.0	0.4	0.2	0.8	11.9	1,815
5万円未満	2.0	2.3	0.0	2.6	0.3	1.7	0.7	11.2	303
5万円以上10万円未満	2.8	1.7	0.3	3.3	0.7	0.3	1.0	15.7	605
10万円以上15万円未満	1.3	1.6	0.0	4.5	0.7	0.6	1.3	11.9	821
15万円以上20万円未満	3.7	1.7	0.2	4.6	1.7	0.7	1.1	13.0	539
20万円以上25万円未満	5.0	2.8	0.4	3.0	1.3	0.9	1.1	11.5	539
25万円以上30万円未満	4.9	3.9	0.0	1.5	1.7	1.5	0.9	12.2	466
30万円以上35万円未満	4.6	2.2	0.5	5.8	3.2	3.2	3.6	10.7	411
35万円以上40万円未満	7.0	6.3	0.3	6.3	4.0	1.7	1.3	12.3	301
40万円以上45万円未満	6.8	7.6	0.4	3.8	3.0	1.9	1.1	12.5	263
45万円以上50万円未満	5.7	3.4	0.0	9.2	8.0	2.3	1.1	16.1	87
50万円以上	16.7	2.8	0.0	5.6	8.3	2.8	5.6	8.3	36
不詳	4.8	0.4	0.0	4.4	2.0	0.8	1.2	17.5	251
女性									
受給していない	4.1	1.9	0.2	5.2	2.8	0.8	2.5	14.4	977
5万円未満	4.8	1.7	0.1	4.3	2.7	1.1	2.1	11.7	809
5万円以上10万円未満	3.3	0.7	0.4	5.0	4.1	1.4	1.9	12.3	699
10万円以上15万円未満	5.2	1.9	0.2	7.0	3.4	1.4	3.5	15.9	1,004
15万円以上20万円未満	4.8	2.1	0.3	3.4	4.1	2.2	3.6	14.2	583
20万円以上25万円未満	5.9	2.4	0.0	5.9	2.6	2.6	4.7	13.8	340
25万円以上30万円未満	7.5	3.1	0.0	8.7	6.2	2.5	3.1	9.9	161
30万円以上35万円未満	5.6	8.5	0.0	8.5	7.0	5.6	5.6	9.9	71
35万円以上40万円未満	4.2	8.3	0.0	4.2	4.2	4.2	12.5	25.0	24
40万円以上45万円未満	17.6	0.0	0.0	23.5	0.0	0.0	0.0	5.9	17
45万円以上50万円未満	0.0	0.0	0.0	0.0	0.0	0.0	0.0	0.0	1
50万円以上	25.0	12.5	0.0	12.5	0.0	0.0	0.0	12.5	8
不詳	3.1	0.8	0.4	4.6	1.5	1.5	5.4	20.7	261

付表 B-6〜B-10 は、付表 B-1〜B-5 と同様の集計を 65〜69 歳の者に限って行ったものである。集計対象全体の場合と比べ、仕事のかたちで正規の職員・従業員の構成比が低くなるなどの違いはあるが、概して傾向は似ている。

付表 B-6　仕事のかたち

（男女別、受給額（2か月分）別、2015年、65〜69歳）

(%)

		自営業主	家族従事者	会社・団体等の役員	正規の職員・従業員	パート・アルバイト	労働者派遣事業所の派遣社員
	男性						
	受給していない	42.3	1.2	18.3	15.4	10.0	0.4
受給している	5万円未満	38.9	0.0	25.0	16.7	5.6	2.8
	5万円以上10万円未満	53.2	2.0	5.9	7.8	17.6	2.4
	10万円以上15万円未満	51.6	3.0	10.6	8.9	14.7	0.4
	15万円以上20万円未満	38.4	2.8	8.1	9.4	23.8	0.9
	20万円以上25万円未満	24.9	0.9	9.7	11.9	28.3	2.1
	25万円以上30万円未満	21.3	1.6	7.2	14.4	30.0	0.9
	30万円以上35万円未満	16.4	1.1	6.2	9.4	39.0	1.3
	35万円以上40万円未満	21.6	1.1	5.3	8.8	36.4	1.4
	40万円以上45万円未満	18.1	0.0	8.0	11.0	31.2	2.1
	45万円以上50万円未満	15.8	0.0	11.8	2.6	30.3	2.6
	50万円以上	23.3	3.3	16.7	3.3	30.0	0.0
	不詳	45.6	2.0	7.4	8.1	22.1	0.0
	女性						
	受給していない	20.3	14.3	2.3	6.0	42.9	0.0
受給している	5万円未満	20.9	18.6	4.7	0.0	41.9	0.0
	5万円以上10万円未満	14.7	21.7	4.8	5.1	43.1	0.6
	10万円以上15万円未満	12.3	22.4	2.0	2.9	47.5	0.6
	15万円以上20万円未満	8.0	12.2	4.9	6.4	52.5	0.4
	20万円以上25万円未満	7.9	10.4	6.3	10.0	49.6	0.8
	25万円以上30万円未満	6.8	3.9	6.8	11.7	52.4	1.9
	30万円以上35万円未満	16.9	5.1	6.8	1.7	55.9	0.0
	35万円以上40万円未満	4.5	13.6	0.0	4.5	59.1	0.0
	40万円以上45万円未満	7.7	0.0	0.0	7.7	53.8	0.0
	45万円以上50万円未満	0.0	0.0	0.0	100.0	0.0	0.0
	50万円以上	20.0	40.0	0.0	0.0	40.0	0.0
	不詳	18.5	31.1	1.7	1.7	33.6	0.0

		契約社員・嘱託	家庭での内職など	その他	不詳	総数
	男性					
	受給していない	8.3	0.8	3.3	0.0	241
受給している	5万円未満	8.3	0.0	2.8	0.0	36
	5万円以上10万円未満	7.3	0.0	3.9	0.0	205
	10万円以上15万円未満	7.6	0.0	3.2	0.0	463
	15万円以上20万円未満	11.3	0.3	4.7	0.3	320
	20万円以上25万円未満	16.1	0.6	5.2	0.3	329
	25万円以上30万円未満	18.8	0.9	4.4	0.6	320
	30万円以上35万円未満	22.3	0.0	4.3	0.0	372
	35万円以上40万円未満	21.9	0.0	3.2	0.4	283
	40万円以上45万円未満	24.5	0.4	4.2	0.4	237
	45万円以上50万円未満	32.9	0.0	3.9	0.0	76
	50万円以上	20.0	0.0	3.3	0.0	30
	不詳	6.7	0.7	6.0	1.3	149
	女性					
	受給していない	6.8	4.5	3.0	0.0	133
受給している	5万円未満	7.0	2.3	4.7	0.0	43
	5万円以上10万円未満	1.9	3.5	3.8	0.6	313
	10万円以上15万円未満	2.9	3.5	5.6	0.2	802
	15万円以上20万円未満	6.7	2.9	5.5	0.4	451
	20万円以上25万円未満	8.8	1.3	5.0	0.0	240
	25万円以上30万円未満	8.7	1.9	5.8	0.0	103
	30万円以上35万円未満	3.4	1.7	8.5	0.0	59
	35万円以上40万円未満	13.6	0.0	0.0	4.5	22
	40万円以上45万円未満	30.8	0.0	0.0	0.0	13
	45万円以上50万円未満	0.0	0.0	0.0	0.0	1
	50万円以上	0.0	0.0	0.0	0.0	5
	不詳	0.8	5.0	5.0	2.5	119

— 105 —

付表 B-7　仕事の内容

（男女別、受給額（2か月分）別、2015 年、65〜69 歳）

(%)

	専門的・技術的な仕事	管理的な仕事	事務の仕事	販売の仕事	サービスの仕事	保安の仕事
男性						
受給していない	31.1	15.8	0.4	6.2	12.0	2.1
5万円未満	27.8	19.4	0.0	5.6	5.6	0.0
5万円以上10万円未満	29.3	6.8	1.0	9.8	12.7	0.5
10万円以上15万円未満	27.0	9.9	1.7	9.3	9.3	2.6
15万円以上20万円未満	24.4	9.7	0.6	6.3	10.9	1.9
20万円以上25万円未満	19.1	12.5	3.0	5.5	10.3	3.6
25万円以上30万円未満	20.3	7.8	2.5	8.1	10.9	4.1
30万円以上35万円未満	18.3	8.3	5.4	6.2	11.6	2.7
35万円以上40万円未満	18.0	11.3	4.9	6.4	10.6	6.0
40万円以上45万円未満	20.7	16.0	10.5	4.2	10.5	5.1
45万円以上50万円未満	31.6	17.1	9.2	1.3	14.5	2.6
50万円以上	33.3	13.3	13.3	0.0	3.3	6.7
不詳	24.2	6.0	1.3	2.7	12.1	0.7
女性						
受給していない	14.3	3.0	12.0	6.8	31.6	0.0
5万円未満	18.6	2.3	9.3	7.0	32.6	0.0
5万円以上10万円未満	11.8	3.2	15.3	7.7	25.9	0.0
10万円以上15万円未満	11.2	2.6	12.5	10.7	23.6	0.0
15万円以上20万円未満	10.4	2.0	15.5	10.0	24.2	0.2
20万円以上25万円未満	15.4	3.8	22.9	7.5	22.9	0.0
25万円以上30万円未満	17.5	4.9	26.2	5.8	17.5	0.0
30万円以上35万円未満	28.8	8.5	15.3	8.5	10.2	0.0
35万円以上40万円未満	40.9	0.0	22.7	0.0	18.2	0.0
40万円以上45万円未満	69.2	0.0	15.4	0.0	7.7	0.0
45万円以上50万円未満	100.0	0.0	0.0	0.0	0.0	0.0
50万円以上	20.0	20.0	0.0	40.0	20.0	0.0
不詳	8.4	0.0	9.2	9.2	24.4	0.0

	農林漁業の仕事	運輸・通信の仕事	生産工程・労務作業の仕事	その他の仕事	不詳	総数
男性						
受給していない	6.2	5.4	8.7	9.5	2.5	241
5万円未満	19.4	0.0	13.9	5.6	2.8	36
5万円以上10万円未満	12.2	3.9	10.2	11.7	2.0	205
10万円以上15万円未満	14.3	5.0	11.0	7.1	2.8	463
15万円以上20万円未満	12.8	4.7	13.4	13.8	1.6	320
20万円以上25万円未満	12.2	11.2	11.6	10.0	0.9	329
25万円以上30万円未満	11.6	10.3	12.8	10.3	1.3	320
30万円以上35万円未満	9.7	8.9	13.2	14.2	1.6	372
35万円以上40万円未満	11.7	6.0	9.9	14.1	1.1	283
40万円以上45万円未満	10.1	3.8	8.9	9.3	0.8	237
45万円以上50万円未満	11.8	2.6	1.3	7.9	0.0	76
50万円以上	13.3	10.0	3.3	0.0	3.3	30
不詳	21.5	4.7	12.1	9.4	5.4	149
女性						
受給していない	3.8	0.8	9.8	16.5	1.5	133
5万円未満	7.0	0.0	9.3	11.6	2.3	43
5万円以上10万円未満	9.9	0.0	8.6	15.0	2.6	313
10万円以上15万円未満	9.1	0.2	10.2	17.7	2.1	802
15万円以上20万円未満	7.1	0.2	13.5	15.1	1.8	451
20万円以上25万円未満	6.3	0.4	8.3	12.5	0.0	240
25万円以上30万円未満	6.8	0.0	2.9	17.5	1.0	103
30万円以上35万円未満	8.5	0.0	5.1	13.6	1.7	59
35万円以上40万円未満	4.5	0.0	4.5	0.0	9.1	22
40万円以上45万円未満	0.0	0.0	0.0	7.7	0.0	13
45万円以上50万円未満	0.0	0.0	0.0	0.0	0.0	1
50万円以上	0.0	0.0	0.0	0.0	0.0	5
不詳	18.5	0.0	5.9	12.6	11.8	119

付表 B-8　1週間の就業日数
（男女別、受給額（2か月分）別、2015年、65～69歳）

(%)

		0日	1日	2日	3日	4日	5日	6日	7日	不詳	総数
男性											
	受給していない	0.0	0.8	0.8	6.6	6.6	36.5	35.7	9.5	3.3	241
受給している	5万円未満	0.0	2.8	2.8	0.0	16.7	38.9	33.3	5.6	0.0	36
	5万円以上10万円未満	1.0	3.9	3.9	7.3	8.3	29.3	33.7	10.2	2.4	205
	10万円以上15万円未満	0.6	1.3	4.5	8.4	8.2	33.5	30.7	10.8	1.9	463
	15万円以上20万円未満	0.3	2.8	6.3	10.0	11.6	31.9	25.6	9.7	1.9	320
	20万円以上25万円未満	0.6	4.6	5.5	14.6	14.0	38.0	16.4	4.3	2.1	329
	25万円以上30万円未満	0.6	4.1	6.3	9.4	11.6	38.1	23.4	4.7	1.9	320
	30万円以上35万円未満	0.5	3.5	5.4	16.9	18.8	35.2	16.1	2.7	0.8	372
	35万円以上40万円未満	0.7	2.8	8.8	16.6	19.4	36.7	9.9	3.5	1.4	283
	40万円以上45万円未満	0.4	6.8	12.7	18.1	18.1	33.3	5.5	3.0	2.1	237
	45万円以上50万円未満	0.0	1.3	9.2	26.3	25.0	30.3	6.6	1.3	0.0	76
	50万円以上	0.0	6.7	16.7	10.0	26.7	30.0	10.0	0.0	0.0	30
	不詳	3.4	2.0	4.7	12.1	8.7	24.2	26.8	10.1	8.1	149
女性											
	受給していない	0.0	0.8	5.3	8.3	12.0	39.1	21.8	10.5	2.3	133
受給している	5万円未満	2.3	2.3	7.0	18.6	11.6	25.6	20.9	7.0	4.7	43
	5万円以上10万円未満	0.3	1.9	8.0	11.8	12.5	32.6	23.3	5.1	4.5	313
	10万円以上15万円未満	0.2	4.0	7.6	12.7	12.1	33.3	19.3	6.7	4.0	802
	15万円以上20万円未満	0.7	4.0	5.8	13.7	14.2	39.7	16.4	2.7	2.9	451
	20万円以上25万円未満	0.0	2.1	6.3	13.8	15.0	42.9	16.3	1.7	2.1	240
	25万円以上30万円未満	0.0	5.8	6.8	13.6	15.5	35.0	17.5	3.9	1.9	103
	30万円以上35万円未満	0.0	6.8	20.3	11.9	10.2	40.7	6.8	0.0	3.4	59
	35万円以上40万円未満	0.0	4.5	18.2	18.2	13.6	31.8	9.1	0.0	4.5	22
	40万円以上45万円未満	0.0	0.0	7.7	23.1	38.5	30.8	0.0	0.0	0.0	13
	45万円以上50万円未満	0.0	0.0	0.0	0.0	0.0	100.0	0.0	0.0	0.0	1
	50万円以上	0.0	0.0	20.0	20.0	0.0	20.0	40.0	0.0	0.0	5
	不詳	1.7	4.2	6.7	6.7	8.4	21.8	16.8	10.1	23.5	119

付表B-9　収入のある仕事をする理由

（男女別、受給額（2か月分）別、2015年、65〜69歳、複数回答可）

(%)

	現在の生活費のため	現在の生活費を補うため	生活水準を上げるため	自分のお小遣いのため	借金の返済のため	親族等への仕送りのため	将来の生活資金のため	子や孫の将来のため	健康を維持するため
男性									
受給していない	79.7	21.2	17.8	14.5	15.8	2.1	33.2	16.2	27.0
受給している 5万円未満	77.8	25.0	13.9	27.8	11.1	0.0	44.4	27.8	33.3
5万円以上10万円未満	72.7	36.1	14.1	23.4	19.0	2.0	28.3	11.7	36.1
10万円以上15万円未満	76.9	33.7	17.1	21.8	13.8	2.6	29.4	13.6	38.0
15万円以上20万円未満	56.9	44.1	15.9	32.5	18.1	2.8	25.6	12.2	47.5
20万円以上25万円未満	50.8	49.8	16.4	29.8	14.3	1.5	25.2	13.4	43.2
25万円以上30万円未満	53.4	49.4	16.6	30.9	13.1	1.3	25.9	13.4	53.8
30万円以上35万円未満	41.4	42.2	16.1	38.7	12.9	2.7	17.5	10.5	50.0
35万円以上40万円未満	37.5	45.6	14.8	38.9	7.1	1.8	22.3	11.3	58.7
40万円以上45万円未満	27.0	43.0	20.3	37.1	8.0	0.0	14.3	10.1	54.9
45万円以上50万円未満	38.2	36.8	18.4	46.1	5.3	2.6	15.8	10.5	48.7
50万円以上	23.3	43.3	23.3	23.3	3.3	0.0	6.7	6.7	46.7
不詳	61.1	29.5	10.7	16.8	12.8	2.0	18.8	9.4	37.6
女性									
受給していない	61.7	33.8	10.5	27.1	6.8	2.3	20.3	11.3	39.8
受給している 5万円未満	55.8	34.9	9.3	34.9	14.0	2.3	20.9	20.9	25.6
5万円以上10万円未満	47.3	32.9	8.6	29.7	7.7	1.6	21.1	8.9	40.6
10万円以上15万円未満	43.5	41.8	12.2	30.4	6.5	2.6	23.6	13.3	46.0
15万円以上20万円未満	37.9	44.8	15.1	29.3	8.6	2.2	27.7	12.9	49.4
20万円以上25万円未満	32.5	45.8	17.1	27.5	8.3	2.5	25.0	15.0	54.6
25万円以上30万円未満	32.0	47.6	14.6	25.2	2.9	1.9	18.4	10.7	58.3
30万円以上35万円未満	27.1	44.1	13.6	23.7	11.9	3.4	8.5	13.6	45.8
35万円以上40万円未満	13.6	36.4	4.5	18.2	4.5	0.0	18.2	9.1	59.1
40万円以上45万円未満	30.8	38.5	23.1	7.7	0.0	0.0	15.4	7.7	38.5
45万円以上50万円未満	100.0	0.0	100.0	0.0	0.0	0.0	100.0	0.0	100.0
50万円以上	60.0	100.0	20.0	40.0	20.0	0.0	40.0	20.0	40.0
不詳	47.1	25.2	7.6	24.4	12.6	2.5	20.2	16.0	31.1

	社会とのつながりを維持したい	社会に役立ちたいから	視野を広げたいから	今の仕事が好きだから	家にずっといるのは嫌だから	時間に余裕があるから	その他の理由	総数
男性								
受給していない	22.4	17.4	8.7	25.7	14.5	5.8	2.5	241
受給している 5万円未満	33.3	13.9	8.3	25.0	16.7	11.1	5.6	36
5万円以上10万円未満	29.8	18.0	9.8	28.8	18.5	10.7	0.5	205
10万円以上15万円未満	24.6	13.4	7.1	28.3	20.1	9.3	2.4	463
15万円以上20万円未満	32.8	17.2	10.0	28.4	26.6	18.1	2.2	320
20万円以上25万円未満	31.0	14.3	5.8	19.5	30.1	18.5	3.0	329
25万円以上30万円未満	32.8	19.1	12.5	24.7	34.1	20.3	2.5	320
30万円以上35万円未満	34.4	13.2	7.5	23.4	36.0	27.7	4.8	372
35万円以上40万円未満	38.2	20.1	8.5	23.3	37.1	27.6	1.1	283
40万円以上45万円未満	40.5	24.9	10.1	22.8	31.2	35.0	2.1	237
45万円以上50万円未満	48.7	25.0	10.5	23.7	22.4	38.2	6.6	76
50万円以上	56.7	30.0	6.7	33.3	43.3	30.0	6.7	30
不詳	26.2	12.1	4.7	22.1	20.8	12.1	3.4	149
女性								
受給していない	18.0	11.3	6.8	27.1	24.8	10.5	5.3	133
受給している 5万円未満	34.9	14.0	14.0	27.9	34.9	20.9	9.3	43
5万円以上10万円未満	28.8	10.9	9.9	26.2	33.2	18.8	5.1	313
10万円以上15万円未満	33.5	11.0	11.0	28.6	31.3	18.7	5.1	802
15万円以上20万円未満	35.9	12.9	10.9	25.1	40.4	23.1	4.9	451
20万円以上25万円未満	38.3	13.8	12.5	32.1	37.1	23.8	6.3	240
25万円以上30万円未満	47.6	19.4	13.6	30.1	40.8	21.4	4.9	103
30万円以上35万円未満	37.3	25.4	16.9	27.1	23.7	28.8	6.8	59
35万円以上40万円未満	59.1	36.4	22.7	18.2	36.4	40.9	13.6	22
40万円以上45万円未満	53.8	7.7	7.7	38.5	38.5	30.8	7.7	13
45万円以上50万円未満	100.0	0.0	0.0	100.0	100.0	0.0	0.0	1
50万円以上	60.0	40.0	20.0	60.0	60.0	40.0	0.0	5
不詳	19.3	8.4	8.4	21.0	25.2	10.9	9.2	119

付表 B-10　収入のある仕事をする主な理由
（男女別、受給額（2か月分）別、2015年、65〜69歳）

(%)

	現在の生活費のため	現在の生活費を補うため	生活水準を上げるため	自分のお小遣いのため	借金の返済のため	親族等への仕送りのため	将来の生活資金のため	子や孫の将来のため	健康を維持するため
男性									
受給していない	56.0	4.1	1.7	0.4	2.5	0.0	5.0	0.4	3.3
5万円未満	47.2	5.6	5.6	0.0	2.8	0.0	0.0	2.8	2.8
5万円以上10万円未満	43.4	10.7	1.5	2.9	3.4	0.0	4.4	0.5	2.0
10万円以上15万円未満	49.5	11.4	1.5	1.7	2.8	0.2	3.9	0.9	1.9
15万円以上20万円未満	28.1	15.0	0.6	6.3	6.9	0.0	3.4	1.3	6.9
20万円以上25万円未満	30.4	19.5	3.3	6.4	4.3	0.3	4.3	1.2	6.1
25万円以上30万円未満	26.3	21.3	3.1	5.3	3.4	0.0	3.8	1.6	9.1
30万円以上35万円未満	21.8	17.5	4.6	5.1	4.3	0.3	2.7	0.3	8.9
35万円以上40万円未満	15.5	19.4	2.1	7.4	1.4	0.0	3.2	1.8	10.2
40万円以上45万円未満	8.9	21.1	4.2	8.0	2.5	0.0	3.4	0.8	13.1
45万円以上50万円未満	21.1	17.1	2.6	7.9	0.0	0.0	3.9	0.0	2.6
50万円以上	6.7	16.7	3.3	0.0	0.0	0.0	3.3	0.0	13.3
不詳	40.3	7.4	0.7	4.7	3.4	0.0	4.0	0.0	5.4
女性									
受給していない	42.9	15.0	1.5	2.3	0.0	0.0	3.0	0.8	4.5
5万円未満	27.9	11.6	0.0	4.7	2.3	0.0	2.3	0.0	2.3
5万円以上10万円未満	30.4	13.1	1.3	6.7	2.6	0.3	5.8	1.6	3.5
10万円以上15万円未満	23.3	16.5	2.2	4.7	1.1	0.2	5.2	1.4	6.0
15万円以上20万円未満	21.3	17.1	1.6	4.0	3.3	0.4	6.7	0.4	8.4
20万円以上25万円未満	17.1	21.7	0.8	3.8	2.1	0.4	5.8	2.1	12.1
25万円以上30万円未満	16.5	22.3	3.9	4.9	0.0	0.0	1.0	0.0	14.6
30万円以上35万円未満	8.5	22.0	0.0	1.7	0.0	0.0	1.7	0.0	10.2
35万円以上40万円未満	0.0	13.6	0.0	4.5	0.0	0.0	4.5	0.0	9.1
40万円以上45万円未満	7.7	23.1	0.0	7.7	0.0	0.0	0.0	0.0	7.7
45万円以上50万円未満	0.0	0.0	0.0	0.0	0.0	0.0	100.0	0.0	0.0
50万円以上	20.0	20.0	0.0	0.0	0.0	0.0	0.0	0.0	0.0
不詳	25.2	9.2	0.8	4.2	1.7	0.0	4.2	1.7	4.2

	社会とのつながりを維持したい	社会に役立ちたいから	視野を広げたいから	今の仕事が好きだから	家にずっといるのは嫌だから	時間に余裕があるから	その他の理由	不詳	総数
男性									
受給していない	2.5	2.5	0.0	6.2	0.4	0.8	2.1	12.0	241
5万円未満	2.8	5.6	0.0	8.3	0.0	2.8	2.8	11.1	36
5万円以上10万円未満	3.4	2.0	0.5	5.4	0.0	0.5	0.5	19.0	205
10万円以上15万円未満	1.5	2.4	0.0	6.7	0.6	0.2	1.5	13.2	463
15万円以上20万円未満	3.8	1.3	0.3	7.5	1.3	0.9	1.3	15.3	320
20万円以上25万円未満	3.6	2.7	0.3	2.7	1.2	0.3	1.2	12.2	329
25万円以上30万円未満	5.0	3.4	0.0	1.6	2.5	1.3	0.9	11.6	320
30万円以上35万円未満	4.6	2.2	0.5	5.9	3.2	3.5	3.8	11.0	372
35万円以上40万円未満	6.7	6.4	0.4	6.4	3.9	1.8	1.1	12.4	283
40万円以上45万円未満	6.3	8.4	0.4	3.8	3.4	1.3	1.3	13.1	237
45万円以上50万円未満	3.9	3.9	0.0	6.6	9.2	2.6	1.3	17.1	76
50万円以上	20.0	3.3	0.0	6.7	10.0	3.3	6.7	6.7	30
不詳	6.0	0.7	0.0	5.4	2.7	0.0	2.0	17.4	149
女性									
受給していない	0.8	3.0	0.0	6.0	2.3	0.0	3.8	14.3	133
5万円未満	4.7	2.3	0.0	9.3	2.3	0.0	9.3	20.9	43
5万円以上10万円未満	4.2	1.0	0.3	5.1	4.5	1.9	3.8	14.1	313
10万円以上15万円未満	4.9	1.7	0.2	7.6	3.6	1.5	3.9	15.8	802
15万円以上20万円未満	5.3	2.0	0.4	4.2	4.2	2.4	4.0	14.2	451
20万円以上25万円未満	4.6	2.1	0.0	5.8	1.7	2.9	4.2	12.9	240
25万円以上30万円未満	6.8	1.0	0.0	7.8	4.9	1.9	3.9	10.7	103
30万円以上35万円未満	6.8	10.2	0.0	8.5	5.1	6.8	6.8	11.9	59
35万円以上40万円未満	4.5	9.1	0.0	4.5	4.5	4.5	13.6	27.3	22
40万円以上45万円未満	15.4	0.0	0.0	30.8	0.0	0.0	0.0	7.7	13
45万円以上50万円未満	0.0	0.0	0.0	0.0	0.0	0.0	0.0	0.0	1
50万円以上	40.0	20.0	0.0	0.0	0.0	0.0	0.0	0.0	5
不詳	2.5	0.8	0.8	6.7	2.5	1.7	7.6	26.1	119

第4章　住宅と中高年期の労働供給

1．分析の目的

　本章では、住宅の所有が中高年期の労働供給行動に与える影響について、厚生労働省「中高年者縦断調査」のパネルデータを用いて検証する。

　住宅借入金等特別控除や低金利政策などの消費刺激策、住宅支援策は、若年層、壮年層の住宅の所有を後押ししている可能性がある。実際、総務省「家計調査」によれば、図1に示すように、両政策が開始された2000年代以降、30代の持家率は緩やかに上昇しており、特に「35～39歳」の持家率は、2000年の55.6%から2016年の67.3%へと10ポイント以上高くなっている。このような壮年期における持家率の上昇は、短期的な需要拡大を通じて日本経済に何らかの影響を与えると考えられるが、本章の関心は、住宅所有者の増加が高齢期の労働供給量の減少を招くのではないかという長期的かつ供給側の視点に基づいている。

図1　世帯主の年齢別持家率

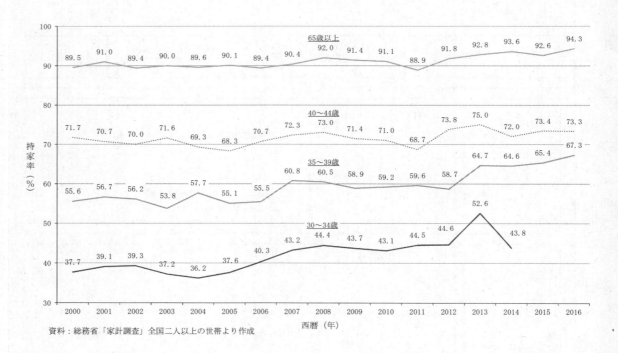

資料：総務省「家計調査」全国二人以上の世帯より作成

　教科書的な経済理論に従えば、資産の増加は人々の労働供給を減少させる。同様に、住宅資産の取得によって、人々の労働意欲は低下すると予想される。人口減少の進む日本において、高齢者の労働参加に期待するところは大きく、住宅資産の所有が労働供給に与える影響の有無とその大きさを把握することは重要である。このような高齢期の労働供給に焦点をあて資産効果を検証した実証分析は、少なくとも日本において見当たら

ず、検証の価値があるだろう。

　ただし、住宅を所有するか否かは、個人の稼得能力や嗜好、性格等に大きく依存すると考えられ、また、それらの個別要因は住宅の所有のみならず、労働供給行動にも影響を与える可能性がある。そこで、本章の分析ではこれら観測不能な要因によるバイアスを 11 年分のパネルデータを用いてコントロールし、住宅の所有と中高年期の労働供給行動の関係を検証する。結論を先取りすれば、住宅所有の労働供給への負の効果は、男性にのみ、観測不能な個人属性をコントロールしてもなお確認された。

　本論文の構成は以下の通りである。2 では先行研究を概観し、3 では推定方法、4 でデータの概要、要約統計量等、5 では推定結果を説明し、6 では結論をまとめる。

2．先行研究

　労働供給についての先行研究には膨大な数の文献があるが、資産と労働供給の関係についての研究は必ずしも多くない。ここでは、外生的な資産の増加、例えば高額の宝くじの当選や予期しない遺産の継承などと労働供給の関係を分析した以下の 2 つの研究を紹介しよう。Imbens, Rubin, Sacerdote（2001）は、宝くじ当選者は労働収入を減少させるが、そのマイナスの効果は高齢の当選者ほど大きいことを示した。
Brown, Coile, Weisbenner（2010）は、1992 年から 2002 年の Health and Retirement Study の個票データを用いて、8 年間で 19.3％の労働者が遺産を継承し、その遺産は多くの場合、予期せぬものであったことを示した上で、遺産の継承によって退職確率が高まることを示した。また、退職確率は継承する遺産額に従って高くなることも確認されている。

　このように外生的な資産の増加は労働供給を減少させることが実証分析によって示されているが、住宅の所有は宝くじや予期しない遺産の継承とは異なり、労働供給と同時に決定される内生変数であることから因果関係の検証が難しい。このような資産と労働供給の内生性を考慮した先行研究として、Fortin（1995）、Del Boca and Lusardi（2003）を挙げることが出来る[1]。両研究とも住宅の所有そのものではなく住宅ローンつまり負の資産と労働供給、特に既婚女性の労働供給の関係について検証を行っている[2]。

　Fortin（1995）は、1986 年のカナダ家計調査（FAMEX）を利用し、住宅ローン契約が既婚女性の労働市場への参加、労働時間に正の影響を与え、その大きさは、幼い子どもを持つことによる労働供給への負の効果を上回るほどに大きいことを確認した。併せてその世帯が住宅ローンを組むことができるかが、妻の所得水準に依存していることも示し

---

1 他にも Worswick（1999）、Aldershof（1999）などがある。Worswick（1999）は、移民家族が非移民家族よりも、借り入れに対する信用制約がある状況を利用し、1981 年と 1991 年の Canadian Census のデータを用いて、移民および非移民家族の労働時間を比較した。移民の妻は、信用制約のため、移住後の 1 年間に、非移民の妻よりも労働時間が長いことが示されている。

2 住宅ローン市場には不完全性があり、金融機関は住宅ローンの貸出基準として、世帯の就労状況、給与水準を見ていると考えている。その結果、家を購入したい世帯は借り入れ制約の緩和のために、夫婦ともに労働市場に参加する。ただし、男性の多くはフルタイムで働き、労働時間の選択が難しいため、既婚女性の労働供給に焦点を絞った実証分析が行われている。

ている。

　イタリアでは欧州連合発足に向け 1992 年に金融が自由化され、それに伴う法改正により住宅ローンの所有率が 13％から 28％に増加した。Del Boca and Lusardi（2003）は、この外生的な変化を利用し、イタリア銀行が行った Household Income and Wealth（SHIW）調査 1989 年、1993 年の 2 年分のデータを用い、住宅ローンを組むと女性の労働供給が増えるという正の関係の存在を示している。

　上記のような 2000 年代前半までの住宅負債と女性の労働供給の実証研究は、クロスセクションデータによる分析が多い。しかし、これらの分析の問題点は、家計の負債に関連する観察されない個人特性、余暇選好や時間割引率などが個人の労働意欲に関係している可能性を考慮できないことである。例えば、時間割引率の高い人ほど、現在の消費が重要であり、住宅は所有せず、一方で労働時間も短いことが考えられる。したがって、クロスセクションデータによる分析では、住宅ローンが労働供給に与える効果を過大評価する可能性がある。

　このような過大評価を回避するためにはパネルデータを利用することが望ましい。パネルデータは同一個人を繰り返し観察するため、観察できない異質性を制御することが可能である。パネルデータを用いて負債と労働供給の関係を検証した研究に Bottazzi（2004）、Belkar et al.（2007）がある。Belkar らは、オーストラリアの The Household, Income and Labour Dynamics in Australia Survey を用いて、壮年男女の就業選択における負債の役割を検証した。彼らは、就業選択における負債の内生性を評価し、負債があるから働くという正の関係は確認できるが、その逆の影響、つまり就業によって借り入れが可能になるということは確認できないとし、それまでのクロスセクションデータを用いた研究とは異なる情報を示した。 その他、女性の方が男性よりも負債による就業増の効果が大きく、幼い子どもを持つ女性の方が、持たない女性よりも効果が大きいことを示した。

3．推定方法

　多くの先行研究では、住宅ローンの返済と既婚女性の労働供給の関係に焦点をあてたが、本章は住宅の所有と個人の高齢期の労働供給の関係をを検証する。

　労働供給を就業選択と労働時間に分けて、それぞれロジット推定、OLS 推定を行う。

$$y_i = a + \beta_1 ownhouse_i + \beta_2 X_i + u_i \quad (1)$$

　ここで i は個人を示すインデックスである。y_i は就業選択ダミー、もしくは労働時間の対数値である。$ownhouse_i$ は調査時点の住宅所有ダミーである。住宅所有ダミーは、調査時の住まいの形態について質問し、持ち家、賃貸住宅、社宅、その他の 4 つの選択肢のうち、持ち家を選択した人を 1、賃貸住宅を選択した人を 0 とし、社宅やその他を選択

— 112 —

した人は分析から除外した[3]。住宅の所有が労働供給を減らすのであればβ_1の符号は負である。X_iはその他の説明変数（世帯所得や定年ダミー等）、u_iは誤差項である。

就業選択の推定式は、ロジットモデルであり、以下の誘導型モデルを推定する。

$$\Pr[y_i = 1] = \Pr[y_i > 0] = \Pr[u_i > -a - \beta_1 ownhouse_i - \beta_2 X_i]$$
$$= F(a + \beta_1 ownhouse_i + \beta_2 X_i) \quad (2)$$

ここで、y_iは個人が労働市場に参加するか否かの意思決定であり、参加していれば1、参加していなければ0となるダミー変数である。

先述の通り、能力や嗜好、性格などのデータでは観測できない個人の異質性が労働供給行動に影響を与えると考えられる。例えば、時間割引率の高い人ほど住宅を購入せず、労働供給量が少ないと考えられる場合、住宅所有の係数β_1に下方バイアスがかかるため、住宅の所有が労働供給に与える影響を過大に推定してしまう。

このような omitted variable bias に対処するために、本章ではパネルデータを用い、就業選択について固定効果ロジット推定、労働時間について固定効果推定を行う。

$$y_{it} = a + \beta_1 ownhouse_{it} + \beta_2 X_{it} + \alpha_i + year_t + u_{it} \quad (3)$$

α_iは時間を通じて一定の個人特性であり、上述した時間割引率等が含まれる。$year_t$は年ダミー、tは年を示している。(3)式の各項の年平均値を差し引き、観察できない個人特性α_iを除去する固定効果推定を行う。

また、就業選択の固定効果ロジット推定は以下のモデルを考える。

$$Pr[y_{it} = 1] = Pr[y_{it} > 0]$$
$$= Pr[u_{it} > -a - \beta_1 ownhouse_{it} - \alpha_i - year_t] = F(a + \beta_1 ownhouse_{it} + \alpha_i + year_t)$$

ここで、y_{it}は、個人が無業から就業した場合に1、無業のままの場合0をとるダミー変数である。Chamberlain(1980)に従い、次のような条件付き尤度関数を最大にして、α_iを除去し、β_1のロジット推定を得る。

$$L = \prod_{i=1}^{N} \Pr\left(y_{i1}, \cdots y_{iT} \mid \sum_{t=1}^{T} y_{it} \right)$$

---

3 住宅所有ダミーは3種類用意した。1つ目は住宅所有者を1、賃貸住宅居住者を0とするダミー変数である。2つ目は、住宅所有者（住宅ローンあり）を1、賃貸住宅居住者を0としている。住宅所有者（住宅ローンなし）はこのダミー変数に含まれない。3つ目に、住宅所有者（住宅ローンなし）を1、賃貸住宅居住者を0とする。住宅所有者（住宅ローンあり）はこのダミー変数に含まれない。3つのダミー変数のリファレンスはすべて賃貸住宅居住者に揃えている。

４．データ

（１）データの概要

本章の分析には、厚生労働省「中高年者縦断調査」の 2005 年から 2015 年の間に収集された 11 ウェーブを使用する。

この調査には、個人所得、配偶関係、子どもの有無、学歴、性別、年齢等の個人属性の情報が豊富にあり、分析に必要な住宅所有の有無、住宅ローンの返済状況、借入金額などが含まれる。

ただし、このデータの利用に際しては２つの留意点がある。１つは回答者の居住地を示す情報がないため、地域の労働需要、例えば、失業率や賃金水準等をコントロールすることができないことである。

もう１つは、「中高年者縦断調査」の対象者は日本全体よりも高い割合で住宅を所有しており、そして 11 年分全ての調査に回答した人の住宅所有率は更に高いという点である。「中高年者縦断調査」の対象者である 50 代、60 代の、総務省の「家計調査」の持家率は、80％台半ばで推移しているが、「中高年者縦断調査」の持家率は 50 歳時点では 88％と「家計調査」より若干高い。11 年分の全調査回答者のデータに限ると、50 歳時点から 90％を超えている。これは、本調査が訪問調査・郵送調査であるために、住宅所有者の方が住居の移転が少なく、継続して調査に回答しやすいためであろう。

「中高年者縦断調査」は、34,505 人のアンバランスドパネルで、全 11 ウェーブを通じて合計 299,234 人分の観測数がある。観測数全体の平均年齢は 59.4 歳、男性が 52.5％を占める。学歴は、中学校卒が 18.9％、高校卒が 48.8％、大卒が 15.0％である。85％が結婚しており、同居の子どものいる人は 50％、別居の子どもがいる人は 34.9％である。年金受給額を含めた平均個人月収は 24 万円、中央値 10 万（男性 37 万 9 千円（中央値 21 万）、女性 11 万 5 千円（中央値 4 万））、配偶者の月収を合わせると夫婦の所得は 50 万 3 千円（中央値 37 万円）、男性 54 万 3 千円（中央値 38 万円）、女性 46 万 6 千円（中央値 35 万円）である。

回答者の７割が働いており（男性 83.5％、女性 58.6％）、週平均 38.6 時間（男性 43.2 時間、女性 32.6 時間）働いている。

住宅所有の有無に目を向けると、回答者の９割が家を所有しており、うち住宅ローンを完済したのは 71.8％、28.2％が調査時点で住宅ローンを支払っている。

（２）要約統計量

推定に利用するのは 11 年分の調査全てに回答した者のデータである。全調査回答者は 20,101 人である。表 1 は、推定に利用する全調査回答者データの要約統計量を、性別、住宅所有別に示したものである。男女ともに住宅所有者の方が婚姻率が高く、男性の住宅所有者で 91％、賃貸住宅居住者で 73％である。女性の婚姻率は、住宅所有者で 86％、賃貸住宅居住者で 63％である。子どものいる比率も住宅所有者の方が高い。借入金の額

は住宅所有者で高いが、これは借入金の多くが住宅ローンであるためと考えられる。男女ともに、賃貸住宅居住者のパート就業率が高く、男性では住宅所有者が8％であるところ、賃貸住宅居住者が15％、女性では住宅所有者が44％のところ、賃貸住宅居住者は55％である。要約統計量から、住宅所有者、賃貸住宅居住者の個人属性が異なることがわかり、データから観測できる属性のコントロールが不可欠である。

表1　要約統計量

	男性（住宅所有者）			男性（賃貸居住者）		
	観測数	平均	標準誤差	観測数	平均	標準誤差
借入金（対数）	31,693	6.29	1.29	2,306	5.06	1.26
月額個人収入（対数）	70,250	3.39	0.89	6,256	3.18	0.83
年齢	90,594	60.04	4.17	8,364	59.85	4.17
結婚ダミー	90,534	0.91	0.29	8,357	0.73	0.44
同居の子どもダミー	90,594	0.53	0.50	8,364	0.35	0.48
別居の子どもダミー	90,594	0.30	0.46	8,364	0.25	0.43
介護ダミー	90,594	0.10	0.30	8,364	0.06	0.24
就業ダミー	90,540	0.83	0.38	8,356	0.82	0.39
労働時間	73,647	42.46	13.54	6,683	44.01	14.41
自営業	74,897	0.23	0.42	6,812	0.20	0.40
家族従業者	74,897	0.01	0.08	6,812	0.00	0.06
会社団体役員	74,897	0.09	0.29	6,812	0.05	0.22
正規職員	74,897	0.43	0.49	6,812	0.41	0.49
パート	74,897	0.08	0.27	6,812	0.15	0.35
派遣社員	74,897	0.01	0.09	6,812	0.01	0.12
契約社員・嘱託	74,897	0.13	0.34	6,812	0.15	0.36
内職	74,897	0.00	0.03	6,812	0.00	0.02
その他	74,897	0.02	0.15	6,812	0.02	0.15

	女性（住宅所有者）			女性（賃貸居住者）		
	観測数	平均	標準誤差	観測数	平均	標準誤差
借入金（対数）	28,955	6.22	1.34	2,106	4.82	1.33
月額個人収入（対数）	58,155	2.46	0.91	6,114	2.44	0.77
年齢	106,969	59.97	4.18	9,799	59.78	4.15
結婚ダミー	106,802	0.86	0.34	9,779	0.63	0.48
同居の子どもダミー	106,969	0.50	0.50	9,799	0.40	0.49
別居の子どもダミー	106,969	0.34	0.48	9,799	0.31	0.46
介護ダミー	106,969	0.15	0.35	9,799	0.10	0.30
就業ダミー	106,805	0.57	0.50	9,775	0.68	0.47
労働時間	58,402	32.06	15.18	6,424	32.79	13.83
自営業	60,254	0.08	0.28	6,583	0.05	0.21
家族従業者	60,254	0.14	0.35	6,583	0.04	0.20
会社団体役員	60,254	0.03	0.17	6,583	0.02	0.13
正規職員	60,254	0.20	0.40	6,583	0.20	0.40
パート	60,254	0.44	0.50	6,583	0.55	0.50
派遣社員	60,254	0.00	0.07	6,583	0.01	0.11
契約社員・嘱託	60,254	0.06	0.24	6,583	0.09	0.28
内職	60,254	0.02	0.14	6,583	0.02	0.15
その他	60,254	0.03	0.17	6,583	0.02	0.14

図2-1　住宅所有の有無別にみた就業率：男性

注：年齢には、調査実施年の年末時点の年齢を用いている。

図2-2　住宅所有の有無別にみた就業率：女性

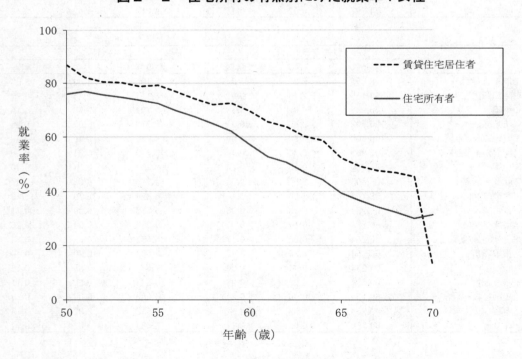

注：年齢には、調査実施年の年末時点の年齢を用いている。

図3-1　住宅所有の有無別にみた1週間の平均労働時間：男性

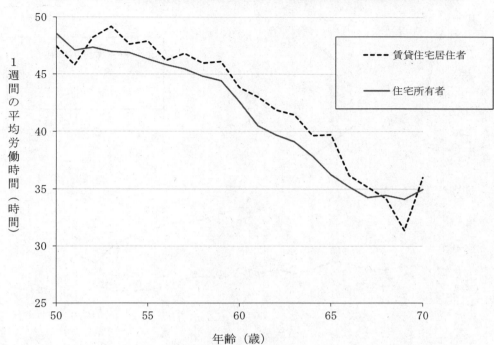

注：年齢には、調査実施年の年末時点の年齢を用いている。

図3-2　住宅所有の有無別にみた1週間の平均労働時間：女性

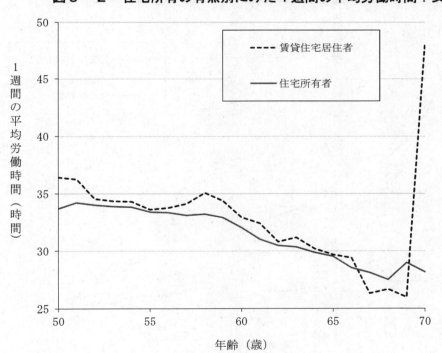

注：年齢には、調査実施年の年末時点の年齢を用いている。

図4-1　住宅所有の有無別にみた借入金額：男性

注：年齢には、調査実施年の年末時点の年齢を用いている。

図4-2　住宅所有の有無別にみた借入金額：女性

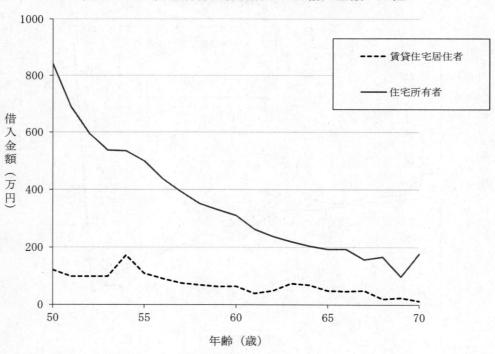

注：年齢には、調査実施年の年末時点の年齢を用いている。

（3）年齢別就業率、労働時間、借入金の推移

　　図2は男女別に住宅所有者と賃貸住宅居住者の年齢別就業率を比較したものである。男性については、60歳頃までは、住宅所有者の就業率が賃貸住宅居住者よりも高く、60歳以降は差がなくなる。女性の場合、年齢に依らず、就業率は住宅所有者の方が低い。図3は、住宅所有別の1週間の平均労働時間を男女別に示しているが、男性の場合、年齢に関わらず、住宅所有者の方が労働時間は短い。61歳を過ぎたあたりで住居所有者の平均労働時間は、週40時間を下回るが、賃貸住宅居住者は65歳を超えたあたりから下回る。女性の場合、住宅所有の有無による労働時間の差は小さいが、年齢に関わらず、賃貸住宅居住者の方が僅かに平均労働時間が長い。図4は、借入金額を示しており、男女ともに住宅所有者の借入金額が高い。また、年齢とともに借入金額は低下している。

（4）遷移行列

　　表2は、男女の住宅所有の遷移行列(transition matrix)である。固定効果推定を行うためには、観察期間中に住宅所有行動の変化が必要となる。賃貸住宅居住（住宅の非所有）から住宅所有への移行確率は僅か3.2%であり、逆に住宅所有から賃貸住宅居住への移行確率は0.2%である。つまり、住宅の購入は主に若年・壮年期に発生するイベントであり、中高年期に住宅を購入したり、賃貸住宅に移り住む人は僅かであることがわかった。このように住宅所有行動に関する変化が非常に小さいため、固定効果推定は可能ではあるものの、十分な変動があるとは言えない。固定効果推定の結果は、中高年期に家を購入（もしくは相続）したり、持ち家から賃貸住宅に変わるようなレアケースを利用している可能性があることに留意する必要がある。

表2　住宅所有と賃貸住宅居住の遷移行列

		2015年	
		賃貸住宅居住	住宅所有
	賃貸住宅居住	96.8%	3.2%
	住宅所有	0.2%	99.8%
		賃貸住宅居住	住宅所有（ローン返済中）
2005年	賃貸住宅居住	98.7%	1.3%
	住宅所有（ローン返済中）	0.3%	99.7%
		賃貸住宅居住	住宅所有（ローン返済済）
	賃貸住宅居住	98.1%	1.9%
	住宅所有（ローン返済済）	0.2%	99.8%

５．推定結果
（１）就業率

　　表３は男性、表４は女性の就業率の推定結果である。それぞれ(1)～ (4) がロジット推定、(5)～ (8) が固定効果ロジット推定の結果を示している[4]。

　　男性の結果をみると、(1)の住宅所有ダミーに関する係数の符号は有意にマイナスであり、また限界効果は‐0.014、つまり住宅所有者は賃貸住宅居住者よりも 1.4%就業率が低い。(2)は住宅所有者のうち住宅ローン返済中の人と、賃貸住宅居住者を比較した推定である。住宅所有（住宅ローンなし）の係数の符号は有意にプラスであり、住宅所有者で住宅ローンがある場合には賃貸住宅居住者よりも 4.3%就業率が高い。(3) では住宅所有（住宅ローン返済済）の人と、賃貸住宅居住者を比較したが、住宅ローンが無い場合、賃貸住宅居住者よりも 35.3%就業率が低くなる。(4) では、住宅の所有と、借入金額のどちらが就業率に影響しているのか知るために、住宅所有（住宅ローン返済中）ダミーと借入金額（対数値）の両変数を推定式に加えている。その結果、住宅所有（住宅ローンなし）の係数は有意ではなく、借入金額が高い程就業率が高くなる関係が確認された。

　　表３の (6)～ (8) は、固定効果ロジット推定の結果であるが、住宅所有ダミーの符号はマイナスであり、観察できない個人間の異質性をコントロールしても、住宅所有者の就業率は賃貸住宅居住者より低いことがわかる。

　　表４の女性の推定は、ロジット推定の結果は男性と同様に住宅所有者の就業率の方が低い。しかし、固定効果ロジット推定の結果では、両者に有意な差はなく、住宅の所有による就業率の差はないことがわかった。つまり、女性については、観察できない個人の異質性が就業率の差を生じさせている。

---

4 就労形態ダミーのリファレンスは正規の職員、年ダミーのリファレンスは 2005 年である。

表3 就業率の推定結果：男性

logit 就業ダミー

	(1) 係数	(1) 限界効果	(2) 係数	(2) 限界効果	(3) 係数	(3) 限界効果	(4) 係数	(4) 限界効果
住居所有ダミー	-0.113 *** [0.033]	-0.014						
住居所有（住宅ローンあり）			0.543 *** [0.043]	0.043			-0.096 [0.089]	-0.006
住居所有（住宅ローンなし）					-0.246 *** [0.033]	-0.353		
借入金額（対数）							0.127 *** [0.023]	0.008
年齢	-0.237 *** [0.003]	-0.029	-0.223 *** [0.006]	-0.018	-0.220 *** [0.004]	-0.032	-0.250 *** [0.009]	-0.015
既婚ダミー	0.885 *** [0.027]	0.109	0.754 *** [0.052]	0.060	0.860 *** [0.028]	0.124	0.367 *** [0.090]	0.022
同居の子どもの有無	0.275 *** [0.019]	0.034	0.300 *** [0.042]	0.024	0.241 *** [0.021]	0.035	0.223 *** [0.054]	0.014
別居の子どもの有無	0.298 *** [0.035]	0.037	0.258 *** [0.066]	0.021	0.285 *** [0.039]	0.041	0.135 [0.093]	0.008
介護の有無ダミー	-0.333 *** [0.029]	-0.041	-0.257 *** [0.067]	-0.020	-0.330 *** [0.031]	-0.047	-0.270 *** [0.086]	-0.016
定数項	15.425 *** [0.210]		14.616 *** [0.414]		14.361 *** [0.229]		16.664 *** [0.594]	
年固定効果	Yes		Yes		Yes		Yes	
サンプルサイズ	98,386		33,907		72,828		24,315	
推定に使用した対象者数								

注：1）表中[　　]は、標準誤差である。
　　2）統計的有意水準：*** 1 %，** 5 %，* 10%

固定効果ロジット推定 就業ダミー

	(5) 係数	(5) 限界効果	(6) 係数	(6) 限界効果	(7) 係数	(7) 限界効果	(8) 係数	(8) 限界効果
住居所有ダミー	-0.550 *** [0.195]	-7.57E-14						
住居所有（住宅ローンあり）			-0.589 * [0.326]	-1.22E-10			-2.103 *** [0.513]	-2.91E-10
住居所有（住宅ローンなし）					-0.460 ** [0.217]	-1.94E-13		
借入金額（対数）							0.172 *** [0.065]	8.8E-12
年齢	-0.481 *** [0.010]	-5.18E-14	-0.367 *** [0.019]	-6.93E-11	-0.459 *** [0.011]	-1.60E-13	-0.377 *** [0.028]	-1.94E-11
既婚ダミー	-0.098 [0.168]	-1.10E-14	0.155 [0.318]	2.78E-11	-0.296 [0.187]	-1.15E-13	0.030 [0.472]	1.52E-12
同居の子どもの有無	0.136 ** [0.057]	1.47E-14	-0.058 [0.121]	-1.10E-11	0.166 ** [0.065]	5.85E-14	-0.032 [0.155]	-1.65E-12
別居の子どもの有無	0.092 [0.069]	1.01E-14	0.239 * [0.130]	4.75E-11	0.132 * [0.079]	4.74E-14	-0.141 [0.179]	-7.06E-12
介護の有無ダミー	-0.238 *** [0.060]	-2.34E-14	-0.120 [0.134]	-2.16E-11	-0.217 *** [0.067]	-6.94E-14	-0.198 [0.165]	-9.39E-12
定数項								
年固定効果	Yes		Yes		Yes		Yes	
サンプルサイズ	42,673		8,454		32,232		4,778	
推定に使用した対象者数	3,961		933		3,314		598	

注：1）表中[　　]は、標準誤差である。
　　2）統計的有意水準：*** 1 %，** 5 %，* 10%

表4　就業率の推定結果：女性

	logit 就業ダミー							
	（1）		（2）		（3）		（4）	
	係数	限界効果	係数	限界効果	係数	限界効果	係数	限界効果
住居所有ダミー	-0.379 *** [0.024]	-0.086						
住居所有（住宅ローンあり）			0.110 *** [0.028]	0.023			-0.367 *** [0.061]	-0.073
住居所有（住宅ローンなし）					-0.484 *** [0.024]	-0.111		
借入金額（対数）							0.066 *** [0.013]	0.013
年齢	-0.129 *** [0.002]	-0.029	-0.103 *** [0.004]	-0.021	-0.129 *** [0.002]	-0.030	-0.090 *** [0.005]	-0.018
既婚ダミー	-0.441 *** [0.018]	-0.100	-0.710 *** [0.036]	-0.145	-0.433 *** [0.019]	-0.099	-0.899 *** [0.058]	-0.178
同居の子どもの有無	0.096 *** [0.013]	0.022	0.021 [0.025]	0.004	0.087 *** [0.014]	0.020	0.022 [0.031]	0.004
別居の子どもの有無	0.193 *** [0.020]	0.044	0.178 *** [0.035]	0.036	0.202 *** [0.023]	0.046	0.141 *** [0.045]	0.028
介護の有無ダミー	-0.327 *** [0.017]	-0.074	-0.346 *** [0.035]	-0.071	-0.307 *** [0.020]	-0.070	-0.425 *** [0.043]	-0.084
定数項	8.726 *** [0.124]		7.287 *** [0.226]		8.732 *** [0.141]		6.833 *** [0.303]	
年固定効果	Yes		Yes		Yes		Yes	
サンプルサイズ	115,809		34,518		91,046		21,850	
推定に使用した対象者数								

注：1）表中[　　]は、標準誤差である。
　　2）統計的有意水準：*** 1 %，** 5 %，* 10%

	固定効果ロジット推定 就業ダミー							
	（5）		（6）		（7）		（8）	
	係数	限界効果	係数	限界効果	係数	限界効果	係数	限界効果
住居所有ダミー	-0.076 [0.157]	-5.51E-11						
住居所有（住宅ローンあり）			0.274 [0.253]	1.59E-08			0.375 [0.467]	1.07E-07
住居所有（住宅ローンなし）					-0.275 [0.188]	-7.05E-11		
借入金額（対数）							0.077 [0.050]	2.52E-08
年齢	-0.351 *** [0.007]	-2.45E-10	-0.280 *** [0.014]	-1.70E-08	-0.365 *** [0.009]	-8.34E-11	-0.262 *** [0.020]	-8.64E-08
既婚ダミー	0.113 [0.095]	7.61E-11	-0.078 [0.215]	-4.83E-09	0.128 [0.110]	2.81E-11	-0.191 [0.420]	-6.79E-08
同居の子どもの有無	0.024 [0.043]	1.70E-11	-0.137 [0.084]	-8.34E-09	0.050 [0.052]	1.15E-11	-0.116 [0.109]	-3.88E-08
別居の子どもの有無	-0.004 [0.055]	-2.80E-12	-0.105 [0.100]	-6.30E-09	0.001 [0.065]	3.09E-13	0.124 [0.133]	4.14E-08
介護の有無ダミー	-0.514 *** [0.043]	-3.04E-10	-0.498 *** [0.094]	-2.54E-08	-0.509 *** [0.050]	-9.87E-11	-0.716 *** [0.121]	-1.85E-07
定数項								
年固定効果	Yes		Yes		Yes		Yes	
サンプルサイズ	54,479		12,456		40,816		6,843	
推定に使用した対象者数			1,453		4,094		928	

注：1）表中[　　]は、標準誤差である。
　　2）統計的有意水準：*** 1 %，** 5 %，* 10%

表5　労働時間の推定結果：男性

	OLS 労働時間（対数）				固定効果推定 労働時間（対数）			
	(1)	(2)	(3)	(4)	(5)	(6)	(7)	(8)
住居所有ダミー	-0.082 ***				-0.025 *			
	[0.005]				[0.014]			
住居所有（住宅ローンあり）		-0.036 ***		-0.071 ***		-0.006		-0.012
		[0.005]		[0.008]		[0.018]		[0.027]
住居所有（住宅ローンなし）			-0.093 ***				-0.036 *	
			[0.006]				[0.019]	
借入金額（対数）				0.003				0.005
				[0.002]				[0.003]
本人の収入（対数）	0.078 ***	0.054 ***	0.089 ***	0.036 ***	0.088 ***	0.060 ***	0.095 ***	0.048 ***
	[0.002]	[0.003]	[0.002]	[0.003]	[0.002]	[0.003]	[0.002]	[0.003]
年齢	-0.015 ***	-0.012 ***	-0.016 ***	-0.011 ***	-0.015 ***	-0.012 ***	-0.017 ***	-0.009 ***
	[0.000]	[0.001]	[0.001]	[0.001]	[0.001]	[0.001]	[0.001]	[0.001]
既婚ダミー	0.041 ***	0.035 ***	0.045 ***	0.020 **	0.016	0.022	0.021	0.016
	[0.005]	[0.007]	[0.006]	[0.009]	[0.013]	[0.020]	[0.016]	[0.026]
同居の子どもの有無	0.010 ***	0.000	0.010 ***	0.000	0.000	-0.009	0.005	-0.002
	[0.003]	[0.004]	[0.004]	[0.005]	[0.004]	[0.006]	[0.005]	[0.007]
別居の子どもの有無	0.007 *	0.008	0.005	0.006	0.013 ***	0.019 ***	0.009 *	0.026 ***
	[0.004]	[0.005]	[0.005]	[0.006]	[0.004]	[0.006]	[0.005]	[0.007]
介護の有無ダミー	-0.020 ***	-0.014 *	-0.023 ***	-0.012	0.007	0.001	0.014 **	-0.001
	[0.005]	[0.008]	[0.006]	[0.008]	[0.005]	[0.006]	[0.006]	[0.009]
定数項	4.414 ***	4.259 ***	4.424 ***	4.345 ***	4.385 ***	4.245 ***	4.443 ***	4.141 ***
	[0.029]	[0.041]	[0.036]	[0.047]	[0.042]	[0.062]	[0.053]	[0.083]
就労形態ダミー	Yes	Yes	Yes	Yes	Yes	Yes	Yes	Yes
年固定効果	Yes	Yes	Yes	Yes	Yes	Yes	Yes	Yes
サンプルサイズ	70,203	26,305	49,710	20,174	70,203	26,305	49,710	20,174
決定係数R²	0.199	0.148	0.209	0.112	0.203	0.126	0.204	0.104
推定に使用した対象者数					8,795	4,747	7,560	4,015

注：1）表中［　　］は、標準誤差である。
　　2）統計的有意水準：*** 1％，** 5％，* 10％

表6　労働時間の推定結果：女性

	OLS 労働時間（対数）				固定効果推定 労働時間（対数）			
	(1)	(2)	(3)	(4)	(5)	(6)	(7)	(8)
住居所有ダミー	-0.082 ***				-0.026			
	[0.007]				[0.019]			
住居所有（住宅ローンあり）		-0.050 ***		-0.062 ***		-0.016		-0.008
		[0.008]		[0.015]		[0.024]		[0.043]
住居所有（住宅ローンなし）			-0.090 ***				-0.033	
			[0.007]				[0.025]	
借入金額（対数）				-0.024 ***				-0.006
				[0.004]				[0.005]
本人の収入（対数）	0.220 ***	0.220	0.225 ***	0.212 ***	0.143 ***	0.123 ***	0.141 ***	0.119 ***
	[0.003]	[0.005]	[0.003]	[0.006]	[0.003]	[0.005]	[0.003]	[0.006]
年齢	-0.008 ***	-0.003 ***	-0.009 ***	-0.003 **	-0.012 ***	-0.010 ***	-0.013 ***	-0.009 ***
	[0.001]	[0.001]	[0.001]	[0.001]	[0.001]	[0.001]	[0.001]	[0.002]
既婚ダミー	-0.025 ***	-0.050 ***	-0.020 ***	-0.048 ***	0.028 **	-0.010	0.043	-0.009
	[0.006]	[0.009]	[0.007]	[0.013]	[0.012]	[0.022]	[0.014]	[0.032]
同居の子どもの有無	-0.007	-0.012 *	-0.009 *	-0.002	-0.015 ***	-0.014	-0.017 ***	-0.006
	[0.004]	[0.007]	[0.005]	[0.009]	[0.005]	[0.009]	[0.006]	[0.011]
別居の子どもの有無	0.006	0.011	0.007	0.008	0.011 *	0.009	0.011	0.021 *
	[0.006]	[0.009]	[0.008]	[0.012]	[0.006]	[0.010]	[0.007]	[0.012]
介護の有無ダミー	-0.054 ***	-0.073 ***	-0.052 ***	-0.078 ***	-0.018 ***	-0.034 ***	-0.014 **	-0.041 ***
	[0.006]	[0.011]	[0.007]	[0.013]	[0.006]	[0.010]	[0.007]	[0.012]
定数項	3.562 ***	3.282 ***	3.632 ***	3.454 ***	3.893 ***	3.801 ***	3.905 ***	3.783 ***
	[0.042]	[0.065]	[0.049]	[0.084]	[0.055]	[0.086]	[0.067]	[0.128]
就労形態ダミー	Yes	Yes	Yes	Yes	Yes	Yes	Yes	Yes
年固定効果	Yes	Yes	Yes	Yes	Yes	Yes	Yes	Yes
サンプルサイズ	55,826	20,031	41,403	13,471	55,826	20,031	41,403	13,471
決定係数R²	0.295	0.301	0.297	0.293	0.163	0.111	0.168	0.097
推定に使用した対象者数					8,074	3,934	6,861	3,105

注：1）表中［　　］は、標準誤差である。
　　2）統計的有意水準：*** 1％，** 5％，* 10％

（2）労働時間

　表5は男性、表6は女性の労働時間（対数値）の推定結果である。(1)〜(4)がOLS推定、(5)〜(8)が固定効果推定の結果を示している。

　表5の男性の推定結果のうちOLS推定の結果をみると、住宅所有者の方が労働時間が短い。(1)より住宅所有者の方が賃貸住宅居住者に対して労働時間は8.2％短く、(3)より住宅ローンが無い場合は9.3％と更に短いことがわかる。しかし、固定効果推定によると、(5)のように住宅所有者の方が賃貸住宅居住者に対して労働時間は2.5％短く、住宅ローンが無い場合は3.6％短い。つまり、観測不能な個人属性によってOLS推定には下方バイアスがかかり、住宅所有の効果を過大に推定していたことになる。

　女性のOLS推定の結果をみると、(1)より住宅所有者の方が賃貸住宅居住者に対して労働時間が8.2％短く、(3)より住宅ローンが完済していると9.0％短いことがわかる。(4)では、借入金に関するパラメータの符号は有意に負であり男性の推定結果とは異なる。

　しかし、固定効果推定によれば、(5)のように住宅所有者の労働時間は2.6％短いものの統計的に有意ではない。(6)〜(8)のどの推定においても住宅所有ダミーは有意でなく、つまり、女性に関しては、住宅所有の有無による労働時間の有意な差は観察されなかった。

6．まとめ

　本章では、「中高年者縦断調査」のパネルデータを用いて、壮年期・中年期の住宅所有が時間を通じて高齢期の労働供給を減らす可能性について検証した。その結果、男性については、観察不能な個人の異質性を制御してもなお、住宅所有が就業率、労働時間を有意に減少させることが確認された。住宅所有を後押しする政策が、高齢者の労働供給に負の効果を持つ可能性を念頭に置き、このような問題意識に基づいた実証分析を蓄積させる必要があるだろう。

　女性については、観測不能な個人の異質性を制御すると、住宅所有の有無が就業率、労働時間に与える影響は観察されなかった。「中高年者縦断調査」の調査対象となっている女性は、専業主婦を長く経験し、就業率の低い世代を捉えており、これが住宅所有の労働供給への効果が性別によって異なる原因と考えられる。より若い世代の女性では、住宅の所有が男性と同様の効果を持つことが予想される。

　また、男性の推定結果から、住宅ローンの返済や借入金額は、就業率、労働時間にプラスの影響を与えていることがわかった。これより、住宅の所有を後押しする政策は、住宅ローンの返済期間の只中にあると考えられる壮年期・中年期における男性の労働供給を増加させると考えられる。ただし、これは「中高年者縦断調査」による高齢期のデータによる推定に基づく推測であり、ライフサイクルにおいて住宅の所有が労働供給に与える影響がどのように変わるのかより正確に測るためには、壮年期や中年期のデータも用いて検証されるべきだろう。

7．参考文献

Chamberlain, G. (1980) Analysis of Covariance with Qualitative Data, Review of Economic Studies, 47, 225-238.

Aldershof, T., Alessie, R. and A. Kapteyn (1999), Female Labour Supply and the Demand for Housing. Centre for Economic Research, Tilburg University, No. 9746.

Belkar, R., Cockerell, L. and R. Edwards (2007), Labour Force Participation and Household Debt, Reserve Bank of Australia, RDP 2007-05.

Bottazzi, R. (2004), Labour Market Participation and Mortgage Related Borrowing Constraints, The Institute for Fiscal Studies Working Paper 04/09.

Brown, Jeffrey R., Courtney C. Coile, and Scott J. Weisbenner (2010), The Effects of Inheritance Receipt on Retirement, The Review of Economics and Statistics 92(2), 425-434.

Del Boca, D. and A. Lusardi (2003), Credit Market Constraints and Labour Market Decisions', Labour Economics, 10, 6, 681-703.

Fortin, N., J. (1995), Allocation Inexibilities, Female Labour Supply, and Housing Assets Accumulation: Are Women Working to Pay the Mortgage? Journal of Labour Economics, 13, 3, 524-557.

Imbens GW, Rubin DB, Sacerdote BI (2001), Estimating the effect of unearned income on labor earnings, savings, and consumption: Evidence from a survey of lottery players, American Economic Review 91(4), 778-794.

Worswick, C. (1999), "Credit Constraints and the Labour Supply of Immigrant Families
in Canada", The Canadian Journal of Economics, 32, 1, 152-170.

参考 「団塊の世代」に焦点を当てた 60 代における就業の変遷
—「団塊の世代」の段階的引退過程—

1．本章のねらい

　「中高年者縦断調査」の調査目的には、「団塊の世代を含む全国の中高年者世代の男女を追跡して、その健康・就業・社会活動について、意識面・事実面の変化の過程を継続的に調査し、行動の変化や事象間の関連性等を把握」することとあり、「団塊の世代」が対象に含まれていることが特記されている。「団塊の世代」（以下「団塊世代」と略す。）は、一般には、昭和 22〜24 年（西暦では 1947〜49 年）生まれの大きな人口の「コブ」を指すが、この世代が平成 19 年から 60 代入りとなることから、その前後以降、高年齢者の雇用を中心とした動向においては、政策面を含めて、この世代が大きな動因の一つであったといえる。そこで、この章では、「団塊世代」に焦点を当てて「中高年者縦断調査」のデータを整理・分析することを通じて、高年齢者の職業生活からの段階的な引退過程やその変化について、可能な限りその契機や要因を明らかにしつつ、描出することをめざした。

　こうした問題意識とねらいの下で本章では、「中高年者縦断調査」データから、高年齢者の引退過程を特徴づけるポイントを示すカナメとなる変数（以下「カナメ変数」という。）を編集・作成し、調査回別データを年齢別データに変換したうえで「団塊世代」及びその前後の「世代」別に集計して比較する。さらに、簡単な回帰分析を行い、「世代」間の違いを含めてカナメ変数に影響を与える要因等を析出して、それらが示唆するものについて若干の考察を行う。以下の構成を述べれば、次節（2.）で「世代」区分やカナメ変数の定義と作成方法を述べた後、第 3 節（3.）でカナメ変数に関する集計結果を紹介し、主に「世代」間で比較する。次いで第 4 節（4.）ではカナメ変数に関して行った回帰分析の結果を示す。そのうえで、第 5 節（5.）で若干の考察を行う。なお、章末には、今回実施した集計の結果のうち主なもの及び本文中のグラフのバックデータの表を掲載した。

　分析意図としては、「団塊世代」のような大きな人口の世代が高年齢期を通過していることに加え、「高年齢者雇用安定法」の 2 度にわたる改正（平成 18 年及び 25 年施行）により 65 歳までの希望者全員の雇用確保システムが確立されたこともあって、この間に、高年齢者の雇用が大きく進展し、その引退過程にある種の「相転換（phase transition）」があったのではないかとも予想したが、結果としては、それほど単純ではなく、やや複雑な様相が示された。

2．分析のキーとして作成した変数（カナメ変数）の定義等

　集計や分析に先だって、この第 2 節では主要な分析対象となる変数について、その定義と「中高年者縦断調査」のデータからどのように作成したものか紹介しておきたい[1]。

（1）世代区分

　この章では「団塊世代」に焦点を当てているが、その「団塊世代」及びその前後の世代を次のように区分した。

　　①「プリ団塊世代」・・・昭和 20〜21 年生まれ
　　②「団塊世代」　　・・・昭和 22〜24 年生まれ
　　③「ポスト団塊Ⅰ世代」・・・昭和 25〜27 年生まれ
　　④「ポスト団塊Ⅱ世代」・・・昭和 28〜30 年生まれ

　これらは、第 1 回調査で得られている回答者の誕生年データから直接的に区分した。各回答者はいずれかの世代に区分される。これに関連して、この章における「年齢」の意義について解説しておきたい。通常、調査における「年齢」といえば調査の回答時点現在における年齢を指すが、以下の分析では操作

---

[1] この節は、技術的な事項を説明しているので、こうした点に関心がなく集計結果等をみたいと思われる場合は、スキップされて第 3 節へ回られてもよいと思われる。なお、その場合にあっても、定義等において通常とやや異なる取扱いをしている部分があることは念頭におかれたい。

— 126 —

の容易さの視点から、各回調査が実施された年の誕生日が到来したときになる年齢を「年齢」として扱うこととした。「中高年者縦断調査」は各年11月上旬に実施されていることから、両者は一致している場合が多いものの、11月から12月までに誕生日がある回答者については、調査時点での年齢よりも1歳上の年齢となっている[2]。

この年齢でみて、平成17年から27年まで各年実施された11回の調査において、「プリ団塊世代」は最も若いときで59歳（昭和21年生まれ）、最も高齢で70歳（昭和20年生まれ）となっており、59〜70歳に回答者が属している。同様に、「団塊世代」は56〜68歳、「ポスト団塊I世代」は53〜65歳、「ポスト団塊II世代」は50〜62歳の回答者がそれぞれ属していることとなっている。「ポスト団塊I世代」は60歳台半ばに達したばかりであり、「ポスト団塊II世代」にあっては60歳台に入ってそれほど年を経ていないことには、留意する必要がある。

（2）雇用就業形態

60代の高年齢期においては、仕事をするかどうか、どのような形態で仕事をするかなどについて、かなりの多様性と変化がみられる。そうした多様性と変化を含みつつ、職業生活からの引退過程が進む。こうした仕事上の多様さを示すデータとして「雇用就業形態」を作成したが、これには次のような9つのカテゴリーを含んでいる。

①自営・家族従業者・・・「自営業主」又は「家族従事者」
②会社役員等・・・「会社・団体等の役員」
③正社員・・・「正規の職員・従業員」
④フルタイム非正規雇用者・・・正社員以外で週30時間以上就業
⑤パートタイム雇用者・・・正社員以外で週30時間未満就業
⑥その他就業者・・・「家庭での内職など」又は「その他」
⑦無業・就業希望者・・・「仕事をしていない」かつ「仕事をしたい」
⑧無業・就業非希望者・・・「仕事をしていない」かつ「仕事をしたくない」
⑨雇用就業形態不詳

このデータ（変数）は、調査における「仕事をしているかどうか」、「仕事をしている場合のそのかたち」、「仕事をしていない場合の仕事をしたいかどうか」の3つの質問に対する回答から作成した。④と⑤の「正社員以外」とは、「仕事のかたち」の設問に「パート・アルバイト」、「派遣社員」、「契約社員・嘱託」のいずれかであると回答した人であり、さらに「1週間の平均的な就業時間」のデータを活用して、週30時間を基準に「フルタイム」と「パートタイム」とを区分した[3]。⑨の「不詳」には、上述の3つの質問に対する不詳（＝無回答）が合わされて含まれている。

（3）引退年齢

高年齢期については、引退過程の終期として、収入を伴う仕事から完全にリタイアする年齢（＝引退年齢）が一つの重要な関心対象となる。単発的な調査では通常、高年齢者が仕事を現にしておらず、仕

---

[2] これと関連して、留意されるべきことが少なくない。例えば「定年で退職」というとき、離職する時点（ここでは月）は多様であることがある。定年とされる年齢となる誕生日、その日が属する月（誕生月）の末日、誕生月の翌月初日、誕生日の属する年度末（例えば3月末日）などが考えられる。そこで、「中高年者縦断調査」の結果において、離職の理由に「定年」を挙げている場合について、その離職月と誕生月とをクロス集計してみた。11回の調査の合計でその結果をみると、誕生月と離職月とが同じであった人が37.4%、離職月が誕生月の翌月であった人が10.7%、離職月が3月であった人が36.8%であった。また、離職月の分布において、4月（7.8%）、9月（7.1%）、6月（6.6%）などが相対的に多くなった。これをみると、定年による離職時期は、誕生月と年度末が多く、これに次いで誕生月の翌月や四半期末が多くなっているということができる。

[3] これは、雇用形態の名義よりも実際の就業時間の長短の方がより重要であると思われることによるものである。したがって、「仕事のかたち」で回答された形態とここでの区分とは異なることは留意されたい。

事をしたいと思わないこと（雇用就業形態⑧の「無業・就業非希望」）をもって「引退している」として取り扱うこととなる。しかしながら、高年齢者にあっても、ある時点で「無業・就業非希望」と回答したとしても、その後仕事に就いたり（有業）、仕事に就いていないものの就業を希望するようになったり（無業・就業希望）することは多いとはいえないまでも希ではない。「中高年者縦断調査」のように同じ回答者を対象として複数回以上にわたり継続的に調査をした場合においては、1度の調査において「無業・就業非希望」であったとしても、それだけで「引退している」とすることは適当ではない。したがって、この章では、少なくとも最新回の調査（平成27年実施の第11回調査）まで「無業かつ就業非希望」の状態が継続している場合を「引退」としてとらえ、その状態に最初になったとき、すなわち、ある回の調査において、前回の調査では雇用就業形態の①から⑦まで（＝労働力状態）であった人が⑧の「無業・就業非希望」へ転換した場合に、その年を引退した年として、データ（変数）を作成した。また、⑨の「不詳」であった調査回については、「引退」の可能性が相対的に高いとの想定をしつつ、前後の調査回の結果から適宜処理した。

　なお、引退した調査年から導出した「引退年齢」は、上述のように、各調査年の誕生日が到来したときになる年齢であることには、留意されたい。

（4）59歳時の勤め先等

　現在までのところ企業の定年年齢は、60歳に設定されていることが多いことから、引退過程をみるこの章においては、60歳以降に焦点を当てることとするが、その際、59歳時の状態を起点として設定しておきたい。上述のように59歳時の状態とは、59歳の誕生日が属する年に実施された調査回における調査時点での状態のことである。昭和21年生まれの人は平成17年実施の第1回調査時点での状態、昭和22年生まれの人は第2回調査、昭和23年生まれの人は第3回調査、以下同様となる。59歳時の状態に関するデータ（変数）としては、次のようなものを整備した。

①59歳時雇用就業形態
②59歳時仕事の内容（職業）
③59歳時組織全体の従業者規模（規模3区分＋官公庁）
④59歳時定年の有無
⑤59歳時定年年齢
⑥59歳時再就職あっせん制度の有無
⑦59歳時再雇用制度の有無
⑧59歳時勤務延長制度の有無

　②以降は、59歳時に仕事をしていた場合にのみ得られるデータである。③の「規模3区分」とは、官公庁以外で従業者規模を「～29人」、「30～299人」及び「300人以上」の3つに区分したものである。また、④から⑧まで（各種の高年齢者雇用関連制度の有無）については、第6回と第7回では調査されていないので、昭和26年と27年生まれの人についてはデータが得られない。

　なお、昭和20年生まれの人は59歳時に調査は実施されていないが、可能な範囲でデータ化することとした。すなわち、60歳時に当たる第1回調査において、現在の仕事に就いた年が平成16年以前である場合のみ59歳時の仕事（勤め先（自営等を含む。））であるとし、その場合のみデータ化することとした。したがって、昭和20年生まれの人（それが属する「プリ団塊世代」）については、やや変則的なデータとなっている[4]。

---

[4] 一方で、「中高年者縦断調査」の対象で昭和20年生まれの人は、同年11～12月生まれの人であり、相対的に少数であることも留意する必要がある。また、データが変則的であるのは59歳時に関してのみであり、60歳時以降は調査対象としてデータが得られている。

（5）59歳時の仕事からの離職年齢等

　60歳以降の引退過程において画期となる事象の一つに、それまでの仕事からの離職がある。そこで、前項の59歳時の勤め先を起点として、当該調査回以降の各回調査における「過去1年間における離職経験の有無」の結果を用いて「59歳時の仕事からの離職年齢」のデータ（変数）を作成した。すなわち、60歳時調査以降初めて「離職経験あり」とされた調査年における年齢をとった。その離職年齢が例えば65歳であるということは、65歳時の調査時の前年11月から当該年10月までの間に65歳時の勤め先を離職したことを示している。なお、「離職経験の有無」が不詳のときは、集計対象から除外した（欠測値とする）。

（6）59歳時の正社員が雇用継続の中で他の形態に転換した年齢

　60歳以降の引退過程において、多様な形態で仕事に従事するようになることが注目すべき動きである。それを代表的に示すものの一つとして、59歳時に正社員であった人について、雇用を継続されながら正社員以外の形態での働き方への転換に着目して、「59歳時の正社員が雇用継続の中で他の形態に転換した年齢」のデータ（変数）を作成した。これは、59歳時に正社員であった人が、59歳時の仕事から離職していない期間において、正社員以外の形態となった調査回の実施年を当該転換の年ととらえて、そのときの年齢をとったものである。

（7）遷移変数

　「中高年者縦断調査」は、同一対象者を10年以上にわたって毎年、ほぼ同様の調査を実施されたものである。したがって、ある人（ケース）の前回調査から今回調査にかけての変化をデータ（変数）とすることができることが、大きな特徴であるとともに調査の存在価値を示すものである。そこで、いくつかの項目について、そうしたデータ（変数）を作成し、それらを「遷移変数」と呼ぶこととしたい。遷移変数を作成した項目としては、

①雇用就業形態（前回の雇用就業形態→今回の雇用就業形態）[5]
②仕事満足度（前回の仕事満足度→今回の仕事満足度）
③健康状態（前回の健康状態→今回の健康状態）

などがあり、分析の必要に応じてこれら以外にも多くの項目について作成した。その際、それぞれの項目の区分を適宜集約したり、特定の方向を示すダミー変数のみとしたりした場合がある[6]。

３．カナメ変数の集計結果と世代間比較

　この節では、上述のように作成した「カナメ変数」についての集計結果を示すとともに、主に世代間で比較したい。また、必要に応じて、関連する集計結果も併せて紹介する。なお、「中高年者縦断調査」がパネル調査データであることを最大限活かし、全11回の調査を通期的に分析することをめざして、すべての回に回答のあったケース（20,101人／以下「通期回答者」という。）に集計対象を限定した。

（1）雇用就業形態の推移と遷移

　高齢期における職業生活からの引退過程においてもっとも注目されるのが、雇用就業形態の推移と遷移である。その集計結果は、章末の付属集計表1（各歳別形態構成）及び同2（形態間遷移）に収録しているので参照していただきたい。男性について概況を述べれば、60歳を迎えるときに正社員の割合が急激に低下し、代わってフルタイム非正規雇用者の割合がかなり上昇するとともに、無業者の割合も上

---

[5] 雇用就業形態間の遷移については、適宜統合するなどにより、形態の変化なしを含めて28通りの遷移にまとめている。具体的には、章末の付属集計表2などを参照されたい。

[6] 例えば、区分の集約としては、健康状態に関して「大変良い」と「良い」を合わせて「良い方向」としたり、また、ダミー変数としては、住宅ローンについて前回「あり」から今回「なし」を1とする「完済ダミー」としたりしている。

昇を示す。それ以降60代を通じて正社員の割合が緩やかに低下傾向を示し、フルタイム非正規雇用者の割合も徐々に低下を示すようになる中で、パートタイム雇用者の割合が緩やかに上昇するがそれも60代半ばを過ぎて反転し徐々に低下するようになる。一方、大半が引退者である「無業・就業非希望者」の割合が年々上昇していくが、今回の集計では70歳においてもその割合は4割程度にとどまっている。また、自営・家族従業者と会社役員等の割合は、微減傾向にあるものの60代を通じて底堅く推移している。以下、特徴的な部分を切り出して、世代間比較を交えながら紹介したい[7]。

　図1は、男性の雇用就業形態構成の推移を主な形態別の割合で示したものである。有業の形態計の割合、すなわち有業率をみると(①)[8]、62歳時まで団塊世代はプリ団塊世代よりも低くなっていた。63歳時以降は逆転し、団塊世代の方が有業率は高くなるが、その差はそれほど大きなものではない。有業率がプリ団塊世代をかなり上回って推移するようになるのは、ポスト団塊Ⅰ世代(62・3歳時以降)やポスト団塊Ⅱ世代になってからとなっている。正社員の割合をみると(②)、世代区分間で目立った違いはみられないが、60歳時で団塊世代とポスト団塊Ⅰ世代がプリ団塊世代に比べ割合が低く、それ以降、団塊世代とプリ団塊世代とはほぼ併進しているのに対して、ポスト団塊Ⅰ及びⅡ世代はプリ団塊世代をやや上回って推移している。フルタイム非正規雇用者の割合をみると(③)、世代間で違いが目立っており、世代区分がより若い区分になるに従ってグラフが上方へシフトしている。また、この割合のピークは61歳時で変わらないものの、62歳時以降の低下のスピードが総じて緩やかになってきている。既に周知のことと思われるが、この間において60代前半層の雇用がフルタイム非正規雇用の形態(契約社員や嘱託社員)として拡大した面が大きいことがここでも示されている。パートタイム雇用者の割合をみると(④)、60代前半において上昇し、66歳時でピークとなり、それ以降総じて低下するが、団塊世代はプリ団塊世代とほぼ同じような推移を示しているのに対して、ポスト団塊Ⅰ世代は両世代に比べて目立って低い水準で推移している。66歳時以降については、同世代はまだ達していないのでなんともいえないが、団塊やプリ団塊の世代と同じような水準に回帰して推移することが望まれる[9]。つぎに、無業・就業希望者の割合をみると(⑤)、上述の有業率の場合とほぼ逆に、60歳時から62歳時までは団塊世代がプリ団塊世代よりも上回って推移していたが、63歳時以降は逆転しプリ団塊世代よりも団塊世代が下回って推移している。ポスト団塊Ⅰ世代も60歳時と61歳時にはプリ団塊世代を上回って推移していたが、62歳時以降はプリ団塊世代を下回って推移している。ポスト団塊Ⅱ世代は、60歳時からプリ団塊世代より低くなっている。このような水準の違いとともに、プリ団塊世代では無業・就業希望者の割合が60歳時以降から65歳時まで総じて上昇傾向にあったのに対して、ポスト団塊Ⅰ世代(一部に同Ⅱ世代でも)では、59歳時から60歳時にかけて上昇した後64歳時までほぼ横ばいないし弱含みで推移し、65歳時にやや大きく上昇するというように、形状(プロフィール)面でも変化しているとみられる。これは、この間に65歳までの雇用確保措置を講じる体制が整備されたことが背景にあると考えてよいであろう。グラフの最後、無業・就業非希望者の割合をみると(⑥)、60代では年齢を重ねるにつれて上昇する傾向にあり、世代区分間で目立った相違はあまりみられない。

---

[7] 女性のデータについては章末の付属集計表をご覧いただくとして、以下、男性についてのみみていくこととしたい。なお、59歳時において正社員の割合が男性は50%強であるのに対して女性は10%台半ばであるなど元々の雇用就業形態に大きな違いがあることには留意しなければならないものの、総じていえば、女性は男性とほぼ同様ないし就業拡大の視点からはやや良好な状況を示しているということができる。

[8] ここでの集計では、有業であってもその形態が不明であれば「形態不詳」に集計されるので、調査上の有業者の割合より若干小さくなっているが、その差は極めてわずかである。

[9] なお、図示していないが、以上3つのほかの有業の形態についてみると、とりわけ会社等役員の割合が59歳時においてプリ団塊世代に比べて団塊世代をはじめ他の若い世代では3ポイントないしそれ以上低くなっており、それ以降も総じて下回って推移していることが目立っている。

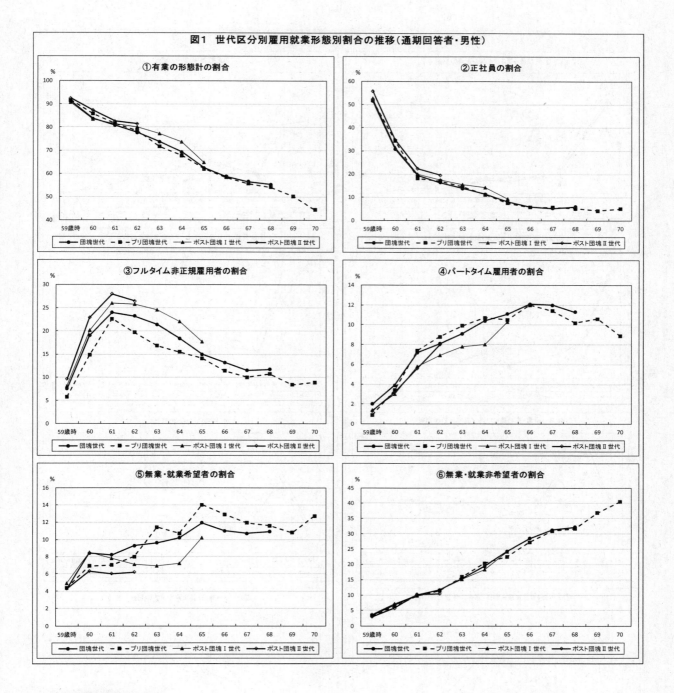

（形態間遷移の推移）

　このような形態構成の変化は、形態間の遷移の結果生じることはいうまでもない。詳細は、やはり章末の付属集計表にゆだねるとして、ここでは上述の主な形態構成の推移に関連したものをグラフにしてみた（図２）。まず、60歳前後における変化を中心にみて、59歳→60歳の遷移において「正社員→フルタイム非正規」の割合が団塊世代以降でプリ団塊世代よりも高くなっている（図２の①）[10]。一方、「正社員→パート」の割合は、逆にプリ団塊世代の方が高くなっている（②）。60歳前後の時期において、従前よりも正社員からフルタイム非正規へ転換するケースが増え、パートになるケースが少なくなったといえる。また、59歳→60歳において、「役員等・正社員→無業・就業希望者」の割合が団塊世代やポ

---

[10] なお、プリ団塊世代で59→60歳よりも60→61歳の方が高くなっているが、これは昭和20年生まれのデータについて変則的な取扱いをしたことによるものと思われる。ちなみに、昭和21年生まれのみに限って集計してみると、それぞれ9.5％、8.9％であり、59→60歳よりも60→61歳の方がやや低くなっている。

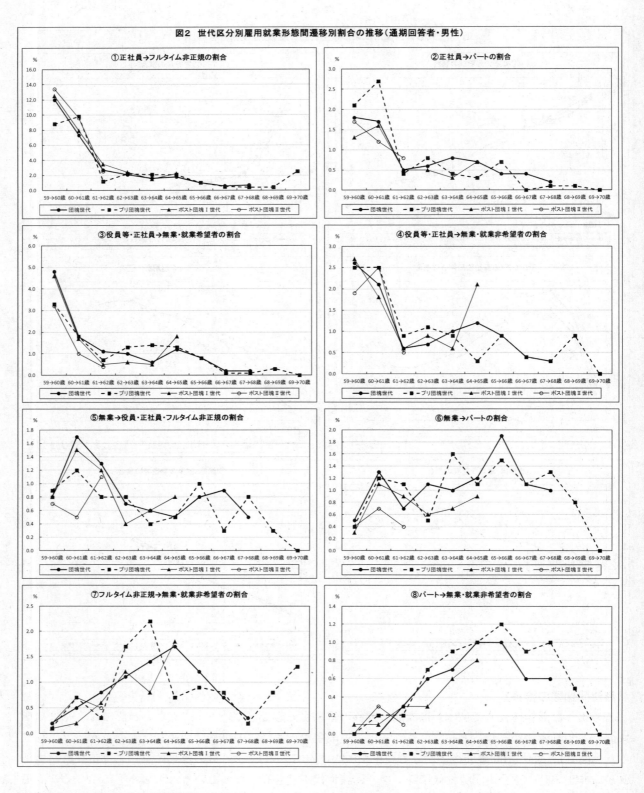

図2　世代区分別雇用就業形態間遷移別割合の推移（通期回答者・男性）

スト団塊Ⅰ世代でプリ団塊世代より 1.5～1.3 ポイント程度高くなっている[11]（③）。これは、前述したところのこの年齢層での団塊世代等の有業率の相対的な低さの半面であり、団塊世代とポスト団塊Ⅰ世代では 60 歳となるとき（多くの場合定年年齢への到達）において、就業を希望しつつも（いったん）無業となった人が相対的に多かったことが示されている。一方、59 歳→60 歳において「役員等・正社員→

---

[11] 念のため注意を喚起しておくと、ここでの割合はそれぞれの世代の回答者総数を 100 としたものである。すなわち、原則的には、人口に対する割合を反映しており、例えば 1.5 ポイントとはそれぞれの世代の人口（ここでは男性人口）の 1.5％に相当する程度の違いがあるということを意味している。

無業・就業非希望者」の割合は、これら３つの世代区分で大きな差はみられていない（④）。職を離れたからといってそのまま引退へと向かった人が多くなったわけではないことは確認できる。では、こうした無業となった団塊世代等の人々はその後どのようになったのであろうか。その一端を垣間見られているのが、「無業→雇用者（役員等・正社員・フルタイム非正規）」の割合である（⑤）。60歳→61歳及び61歳→62歳において、団塊世代とポスト団塊Ⅰ世代ではプリ団塊世代を上回っている。一方、「無業→パート」の割合にはこうした動きはみられない（⑥）。したがって、60歳においていったん無業となったものの、１～２年の間に少なくない人々がフルタイムの就業に再就職していることが推測される[12]。

　つぎに、局面をやや変えて、就業から引退への状況の一端を示す形態間遷移を二つみておこう。一つは、「フルタイム非正規→無業・就業非希望者」の割合である（⑦）。このグラフは、60代に入って上昇し、やがてピークを迎えてその後低下する山型の形状を示すが、プリ団塊世代では63歳→64歳がピークとなっているのに対して、団塊世代は64歳→65歳がピークとなっており、「無業・就業非希望者」となったことは必ずしも「引退」を意味しないことには留意する必要はあるが、総じてフルタイム非正規からの離職・引退が遅くなっているとみられる。二つ目は、「パート→無業・就業非希望者」の割合である（⑧）。このグラフも山型の形状をしているが、ピークは65歳→66歳となっている。世代区分別には、団塊世代はプリ団塊世代よりも割合がやや低く推移しているものの、総じてあまり変化はみられないといえる。

（59歳時正社員だった人の形態推移と形態間遷移）

　高年齢者全体の動向とともに、高年齢期まで正社員として就業していた人の形態変化や引退過程が特に注目される。そこで、59歳時に正社員であった男性について、これまでと同様にデータをみてみたい。

　図３は、先の図１に対応した主な雇用就業形態の割合の推移を示したものである。概ね図１の男性全体の場合と同様の動きがみられるといえるが、その中でやや異なる動きとして、フルタイム非正規の割合においてポスト団塊Ⅱ世代がポスト団塊Ⅰ世代を下回って推移していることがある。これは、正社員の割合において逆にポスト団塊Ⅱ世代の方がポスト団塊Ⅰ世代を上回っていることと関連することが推測される。つまり、定年延長が行われた企業等でフルタイム非正規化することなく正社員のままで推移した部分があったものと考えられる。また、無業・就業希望者の割合において、64歳から65歳にかけての上昇が図１の全体の場合よりも相対的に大きいことも指摘できる。

　こうした形態割合の推移の背景には形態間遷移があるが、団塊世代についてみたものが図４である。主要な形態間遷移を掲げており、59歳時に正社員であった男性のその後の雇用就業形態の変遷と引退過程が流れとして示されている。もとより高齢期の引退過程は一人ひとり多様であり、あくまで平均的な断面であることを前提としていえば、次のような流れが浮かびあがる。60代初頭の59→60歳や60→61歳においてかなり大きな変化があり、中でも「正社員→フルタイム非正規雇用者」の遷移（59→60歳：23.2%、60→61歳：12.9%。数値は、脚注13で注記したように59歳時の正社員・男性全体を100とした割合である。以下同じ。）、すなわち「フルタイム非正規化」が大きくなっている。次いで大きかった遷移が、「退職失業」（会社役員等・正社員→無業・就業希望者）（9.1%、2.8%）や「退職「引退」」（会社役員等・正社員→無業・就業非希望者）（4.6%、3.7%）があり、また、「パート化」（正社員→パートタイム雇用者）（3.4%、3.2%）や「自営化」（自営・家族従業者以外→自営・家族従業者）（2.3%、1.6%）も一定程度みられた。その中で、60→61歳で無業から再就職する遷移（「無業→会社役員等・正社員・フルタイム非正規雇用者」：2.1%、「無業→パートタイム雇用者」：1.6%）がみられている。なお、図には掲載していないが、「正社員→会社役員等」もみられている（1.7%、0.8%）。この時期の動きをまとめれば、正社員のままで推移する割合が急激に低下する一方、多くが正社員からフルタイム非正規へと転換するが、パートタイム雇用者や自営へと転換する場合もみられる。また、退職して次の職を求める

---

[12] なお、形態間の遷移については、異なる形態への変化が注目されるが、一方において、前年も当該年も同じ雇用就業形態のままであるという「変化なし」の割合が高く、多くを占めることにも留意する必要がある。

— 133 —

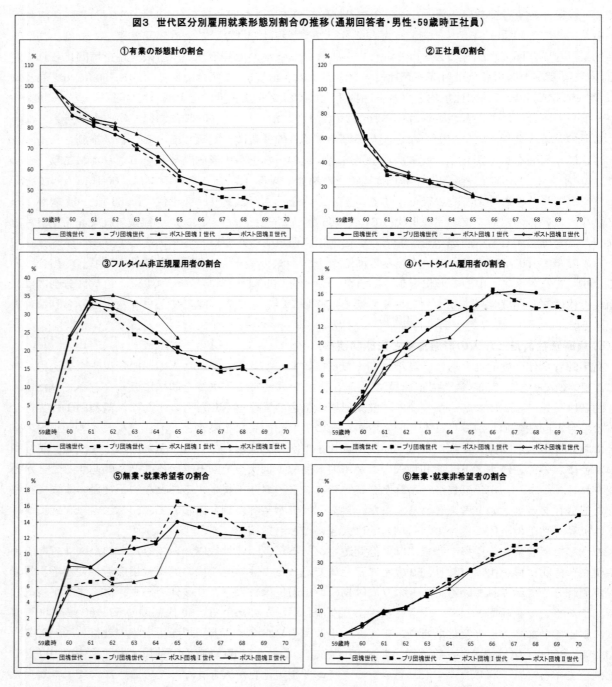

ケースも少なくなく、これに応じていったん無業となった後再就職したケースも示されている。この時期に、退職して無業・就業非希望となる割合は、数％となっている。

61→62歳以降になると、それまでに比べ形態間の遷移は沈静化するが、それでも30％強の人が遷移を経験している[13]。63→64歳までの時期では、「フルタイム非正規化」がそれまでよりはかなり低く、また、歳を経るごとに徐々に小さくなるものの数％程度の割合で推移するとともに（図4①）、「2次パート化」

---

[13] 各歳において異なる形態間の遷移（不詳を除く）を経験した人の割合をみると、59→60歳：45.7％、60→61歳：41.9％と推移した後、61→62歳：28.8％、62歳→63歳：29.5％、63→64歳：30.7％と30％前後の水準で推移する。64→65歳には33.6％とやや上昇するが、その後65→66歳：28.7％、66→67歳：25.5％、67→68歳：24.5％と順次低下している（章末付属集計表3の（2）から計算）。なお、形態間遷移の中で「その他の仕事の形態間の変化」が7～8％程度と相当のウェイトを占めているが、総じて年々の雇用就業形態構成の変化に大きな影響を及ぼさない雑多な遷移からなるものであり、ここでは考察の対象外としている。

（図4②／フルタイム非正規雇用者→パートタイム雇用者）や「フルタイム非正規離職」（図4③／フルタイム非正規雇用者→無業・就業希望者）が2%程度ないしそれを超えて推移している。この時期、いったんフルタイム非正規雇用者となったものが、大きな割合ではないものの徐々にパートタイム雇用者に転換、あるいは離職したことが示されている。また、「無業「引退」」（図4④／無業・就業希望者→無業・就業非希望者）が歳を経るごとに上昇している。就業を希望しながら就けないままで、やがて就業を希望しなくなった層が徐々に増加したことが示されている。

64→65歳において、形態間遷移の割合はやや高まり、小さなピークを示す。時系列でみた流れの傾向としては、64歳までに関して上述した傾向のほぼ延長上にあるといえるが、64→65歳においてピークを示している遷移をみると、「2次パート化」（図4②／3.0%）、「フルタイム非正規離職」（図4③／2.8%）、「フルタイム非正規経由「引退」」（図4③／フルタイム非正規雇用者→無業・就業非希望者／2.2%）、「パート経由「引退」」（図4③／パートタイム雇用者→無業・就業非希望者／1.5%）がある。フルタイム非正規雇用を中心とした60代前半の雇用就業が、65歳前後で一つの区切りとなっていることが示されていると思われる。

65→66歳以降、形態間遷移の割合は、歳を経るごとに小さくなっていき、徐々に進展する引退過程が示される。その中で、65→66歳において、「再就職パート化」（図4④／無業→パートタイム雇用者／2.9%）や「再就職」（図4④／1.0%）でやや上昇がみられる。いったん無業になりながら、60代後半になってパートタイム就業を中心として新たな職場での就業を始める人々も少なくないことが示されている。

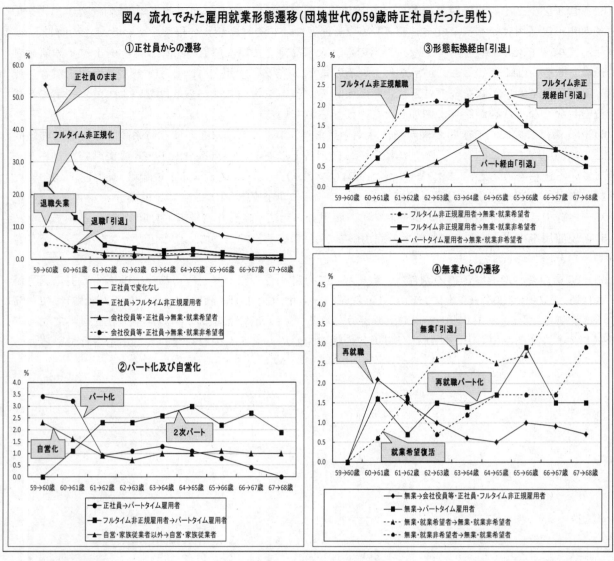

図4 流れでみた雇用就業形態遷移（団塊世代の59歳時正社員だった男性）

　ここでは団塊世代についてのデータをみたが、他の世代区分についても、ピークがやや前後するものの、ほぼ同様の流れがみられる。総じていえば、60歳直前に正社員であった男性は、正社員→フルタイム非正規雇用→パートタイム就業→引退へと進む流れをみてとることができる。その間に、離職し、求職活動を行う期間がはさまれることも少ないとはいえない。ただし、こうした典型的な流れを軸としながらも、自営化を含めて、多様な姿を示していることは、一方で留意しておく必要があろう[14]。

（2）引退年齢、59歳時仕事離職年齢、雇用継続中の形態転換年齢

　つぎに、他の「カナメ変数」である「引退年齢」、59歳時の仕事からの離職年齢（以下「59歳時仕事離職年齢」又は誤解の恐れがないときは単に「離職年齢」という。）及び59歳時の正社員が雇用継続される中で他の形態に転換した年齢（以下「59歳時正社員の雇用継続中形態転換年齢」又は誤解の恐れがないときは単に「転換年齢」という。）の集計結果をみることとしたい[15]。ただし、それぞれの年齢の分布等は、章末の付属集計表4を参照いただくとして、ここでは、若干加工した結果を紹介しておきたい。なお、平成27年までのデータであるのでポスト団塊Ⅱ世代は60代に入ったばかりにとどまり、「引退年

---

[14] 形態間遷移のデータから分かるように、正社員→フルタイム非正規→パートと経験する人の割合は、それほど多いわけではない。3形態を軸とした引退までの流れは、量的に太宗を占めるというよりは、一つの理念型ととらえておくべきものであろう。

[15] それぞれの定義等は、第2節の（3）、（5）及び（6）を参照されたい。

齢」については他の世代区分よりもなお一層確定したとは言いがたい面があるので、考察の対象とはしないこととしたい。

（離職年齢）

まず、離職年齢についてみてみよう。企業における 65 歳までの雇用確保措置の整備に伴い、60 代前半層を中心にとした雇用継続の状況に関心が持たれるところである。雇用継続の状況は、離職年齢の反面としてとらえることができる。そこで、試算した離職年齢から、年齢別に 59 歳時の仕事に引き続き就業している割合を試算した。図 5 は、その結果である。グラフは、男女別に、59 歳時の就業者ないしそのうち正社員だった人数を 100 として、60 歳以降各歳時における就業（雇用）継続している人数を割合で示したものである。

いずれも同様の傾向を示していることもあり、ここでは、59 歳時正社員の男性についてみておこう。団塊世代とプリ団塊世代とは、ほぼ同様に推移しているが、60 歳時から 62 歳時までは団塊世代がプリ団塊世代を 5〜7 ポイント程度下回っていたが、63 歳時でほぼ同水準になり、64 歳時以降はほぼ逆に上回って推移しているが、その差はあまり大きなものではない。ポスト団塊 I 世代をみると、61 歳時までプリ団塊世代を下回っていたが、62 歳時にほぼ同じになり、63 歳時以降は逆に、しかもかなり上回って推移するようになった。ポスト団塊 II 世代になると、60 歳時こそプリ団塊世代をやや下回ったものの、61 歳時以降はかなり上回って推移している。

このグラフからは、今後の展開を待たなければならない面も残してはいるものの、団塊世代からポスト I 、II までの推移をみると、60 歳時の出発点の水準を高める傾向も窺われる。一方で気になる点を挙げれば、60 代前半に傾斜が緩やかとなったものの、65 歳時や 66 歳時にそれまでよりも急勾配となることがないかという点である。ポスト団塊 I 世代でも 65 歳時までのデータしかないのでなんともいえないが、雇用確保措置の対象年齢の上限に達するとともに、離職が急増するならば、「65 歳の崖」のようなプロフィールになってしまうことがないか、今後の推移が注目される。

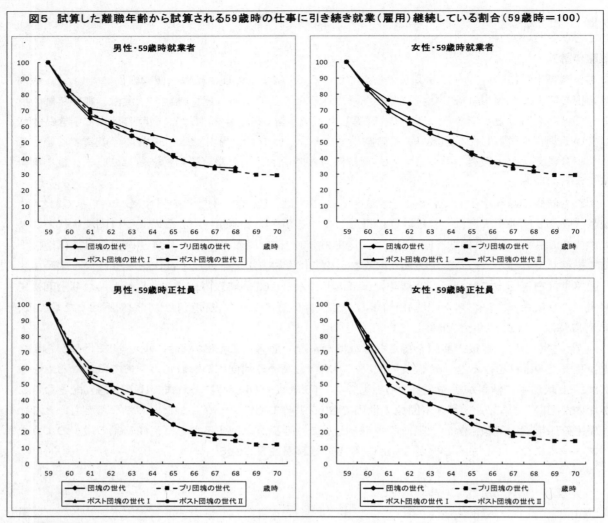

図5 試算した離職年齢から試算される59歳時の仕事に引き続き就業（雇用）継続している割合（59歳時＝100）

（引退年齢）

「引退年齢」は、中高年者縦断調査の第11回調査まで継続して「無業・就業非希望者」である場合に、その期間の最初の年における年齢を引退年齢としたものである。今回の集計結果をみると、団塊世代やプリ団塊世代でも引退したとみなせる人の割合は、せいぜい3～4割にとどまっている。調査対象者の引退過程は道半ば以下であり、このことは、このデータをみる場合に常に留意しておく必要がある。

引退年齢についても、上述の離職年齢の場合と同様に逆の方向から、年齢別に、引退せずに労働力の状態にある人の割合（以下「労働力継続割合」という。）として表示したい。図6は、その結果である。

59歳時に就業者であった人計、そのうちの59歳時に正社員であった人いずれも、ほぼ直線的に低下するプロフィールを示しており、世代区分間にも大きな差異はないといえる。その中で、男性・59歳時正社員をみると、63歳時までより若い世代区分ほど労働力継続割合が若干低く推移しており、その限りで引退の早期化ともいえる動きがみられたが、65歳時にはポスト団塊I世代が他よりも高くなるなど、差異はみられなくなっている。なんともいえない面があるが、より早期に引退する人とより遅く引退する人との両翼に拡がる傾向にあることも考えられ、今後の動きが注目される[16]。なお、女性・59歳時正社員では、ポスト団塊I世代が62歳時以降明確にプリ団塊世代を上回って推移している。

---

[16] 世代区分の性格から、例えば団塊世代において、67歳時に到達しているのは昭和22年及び23年生まれの人に限られ、68歳時に到達しているのは昭和22年の人に限られることなど、年齢区分の高い方の二つのデータ（プリ団塊世代については一つのデータ）は完結していない部分的なデータで過小に出ていることには留意する必要がある。離職年齢などについても、同様である。また、プリ団塊世代の69歳時以降は特にケース数が少ないので、参考程度にみた方がよいであろう。

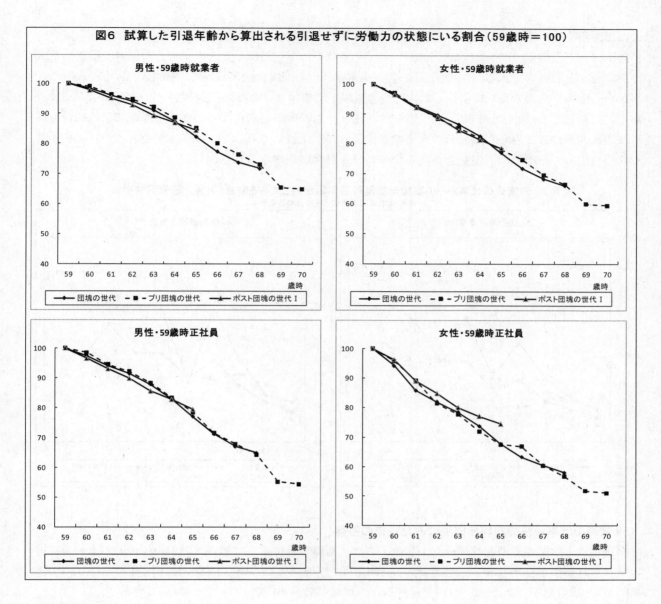

図6 試算した引退年齢から算出される引退せずに労働力の状態にいる割合(59歳時=100)

(転換年齢)

59歳時正社員の雇用継続中形態転換年齢のデータは、章末の付属集計表4をご覧いただくこととして、多くが定年到達直後であると考えられる60歳時に転換した割合のみ紹介しておきたい。それをみると、男性ではプリ団塊世代が14.5%であったのに対して団塊世代が15.5%、ポスト団塊Ⅰ世代が16.5%、同Ⅱ世代が17.1%となっており、世代が進むほど雇用継続の中で正社員から他の形態(フルタイム非正規雇用者やパートタイム雇用者)へ転換する人の割合が上昇している。この動きは女性においても同様にみられ、転換割合はそれぞれ11.5%、13.2%、14.2%、15.3%となっている。これまでのところ、形態転換を伴いながら、60代の雇用継続が進展している可能性が示唆される[17]。

(2) 離職年齢と引退年齢
(59歳時の仕事からの離職が引退となった人の割合)

カナメ変数として離職年齢と引退年齢を算定したことにより、両者が同じかどうかという情報を得ることができる。両者の年齢が同じであることは、59歳時の仕事からの離職に伴い引退した人とみなして

---

[17] 章末・付属集計表4にあるとおり、プリ団塊世代では61歳時での転換割合が他の世代区分よりも高くなっている。

よいであろう。

　図7は、ある年齢（60〜69歳の各歳時）で59歳時の仕事を離職した人の中でその年齢で引退した人の割合を示したものである。図の①（59歳時就業者計）の団塊世代において、60歳時で（59歳時の仕事から）離職した人のうち即引退した人の割合（以下この項で「離職即引退割合」という。）は8.3%であるのに対して65歳時で離職した人では27.6%と、離職年齢が高くなるに従って離職即引退割合も高くなる傾向が総じてみられる。そのうえで世代区分間に比較してみると、現在までのところ、世代が若くなるに従って、離職即引退割合が高くなっている動きがややみられる。

図7　59歳時の仕事からの離職年齢別引退年齢が同じである割合（男性／通期回答者）
―各年齢での離職者のうちに占める割合―

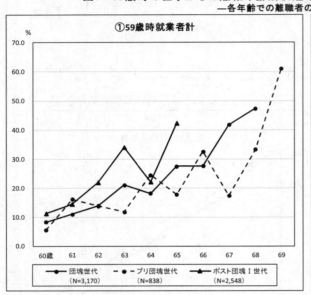
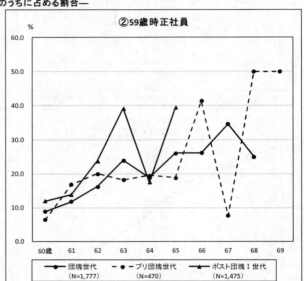

（59歳時の仕事からの離職年齢別にみた引退の推移）

　引退年齢と離職年齢の変数データからは、また、離職年齢によって離職後の引退年齢のパターンに違いがみられるかどうかもみることができる。例えば、団塊世代について68歳時に引退している人（引退年齢が68歳時以下である人）の割合をみると、離職年齢が60歳時の人では42.4%であり、以下順に、61歳時41.1%、62歳時42.7%、63歳時40.6%、64歳時44.1%、65歳時38.2%、66歳時34.5%などとなっている。これでみる限りではあるが、離職年齢が遅くなるほど引退年齢も遅い傾向にあるが、離職年齢が60代の前半である場合には大きな違いはないといえそうである。

　図8は、離職年齢が60歳時、62歳時、63歳時及び65歳時である人について、それぞれ離職以降の各年齢において引退している割合（以下この項で「引退割合」という。）をみたものであり、団塊世代とプリ団塊世代とを比較している[18]。60歳時離職（図の①）についてみると、両世代に大きな違いはみられないが、60〜63歳では団塊世代の方がやや高く推移したものがその後ほぼ同水準となり、60代後半では逆に団塊世代の方が低く推移している。一方、62歳時離職（図の②）においても両世代に大きな違いはない中で、60歳時離職の場合とは逆に、離職直後の62歳時や63歳時には団塊世代の方が低く、60代後半にはやや高く推移している。63歳時離職（図の③）では、離職時の63歳時において団塊世代の方が高く、その後差異は小さくなっていき、67歳時と68歳時には団塊世代の方がプリ団塊世代を下回っている。65歳時離職（図の④）をみると、65歳時において団塊世代がプリ団塊世代を上回っていたものの、その後は逆に下回って推移している。確定的に述べることは慎重でなければならないが、これらの結果

---

[18] 例えばプリ団塊世代の70歳など年齢によっては、ケース数がごくわずかであることもあるので、留意が必要である。

からは、60代後半においてプリ団塊世代では引退割合が60代前半においてよりも加速して高まっていたが、団塊世代では相対的に緩やかな上昇にとどまっているといえ、60代後半における引退年齢の後年化（就業期間の延伸）の兆しが窺われるということができる。ここでも、今後の動向が注目される。

図8　59歳時の仕事からの離職年齢別それ以降の年齢における引退している人の割合
（59歳時正社員・男性／通期回答者）

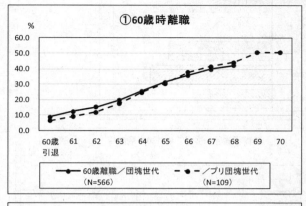
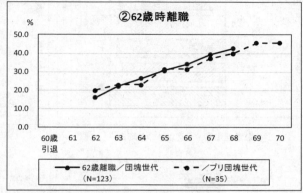
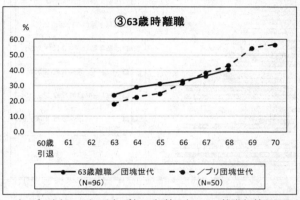
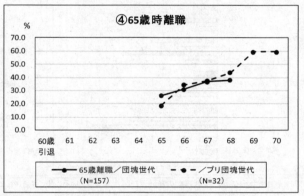

注：データとしては、それぞれの年齢において、離職年齢からその年齢までが引退年齢であるケースを累積して求めたものである。

（3）60代前半における離職の理由

以上のように「カナメ変数」に関する集計結果をみてきたが、その中で、60代初頭において、団塊世代がプリ団塊世代よりも有業割合（仕事をしている人の割合）が低く、引退した人の割合がやや高くなっていたことがあった。高年齢者雇用安定法の改正により65歳までの雇用確保措置の実施が企業に義務づけられたのが、団塊世代が60代入りする前年の平成18年（施行）であったことから、団塊世代の雇用状況はプリ団塊世代のそれと同程度、むしろ相対的により良好に推移することが期待されたことからすれば、注目しておく必要のある結果であると思われる。そこで、今回のデータからできる範囲の接近の一つとして、59歳時の仕事からの離職において回答者が挙げた離職理由をみることとしたい。法制度上雇用が原則として確保されている65歳未満において、どのような理由で離職したのかをみようとするものである。集計対象は、59歳時正社員・男性とした。

図9が、その結果を整理したものである。離職年齢（60～70歳）を問わずに59歳時正社員・男性について集計したものと離職年齢が61～64歳時であるそれに限定して集計したものとを掲出しているが、ここでは後者の結果に注目する。

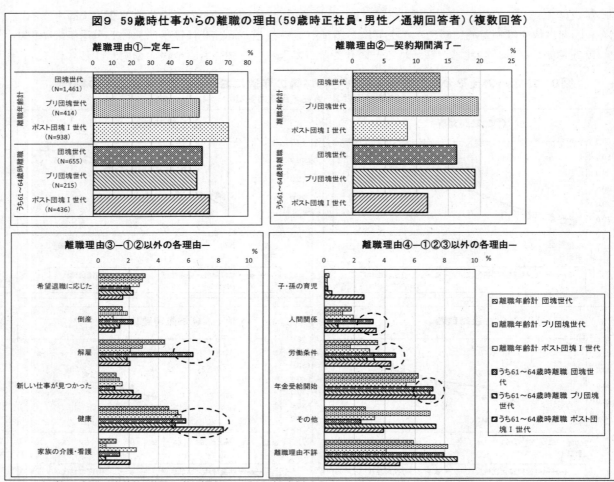

注：それぞれのグラフで、数値軸の範囲及び幅が異なっていることに留意されたい。

　まず「定年」を離職理由に挙げた割合をみると（図の①）、プリ団塊世代よりは団塊世代、さらにそれよりはポスト団塊Ⅰ世代と、世代区分が若くなるほど「定年」の割合が上昇している。これは、定年を61歳以上とする企業が徐々にではあるが増えていることが背景にあると思われる[19]。また、「契約期間満了」を挙げた割合をみると（図の②）、世代区分が若くなるに従って逆に低くなっている。[20]

　上記２つは制度的な面が強い要素であるが、それ以外の離職理由についてみてみよう（図の③及び④）。総覧すると、離職理由として多く挙げられているものには、「健康」、「労働条件」、「人間関係」、「年金受給開始」などが挙げられている。これらは、離職理由として一般的なものであり、60代前半層での離職においてもこれらの理由が重要であることが確認できる[21]。その中で、団塊世代に突出しているものに「解雇」がある。このことから、60代初頭における団塊世代にみられた相対的な厳しさの背景には、この時期にリーマンショックを契機とした厳しい経済・雇用情勢に遭遇したことがあったものと考えられる。

　なお、厳しい経済・雇用情勢の下で60代初頭に解雇された人が相対的に多くいたが、その後60代半ば以降には団塊世代の状態は持ち直してきたことからも推測されるように、解雇された人々の大半がそ

---

[19] ただし、定年到達後再雇用されてその期間が終了したことを「定年」と回答している場合も少なくないと考えられる。ここでは、割合の水準ではなくその時系列的な推移に着目している。

[20] この背景の一つに、平成18年施行の改正高年齢者雇用安定法による雇用確保措置を講ずべき対象年齢（本則は65歳）が厚生年金（定額部分）の支給開始年齢の引き上げプロセスに準じて定められ、順次65歳まで引き上げられる経過措置がとられていたことがあると考えられる。

[21] 離職理由のうち「年金受給開始」については、繰り上げ受給といった場合を別とすれば、やがて年金受給開始年齢は65歳となることから、60代前半層についてこの理由は意味を持たなくなると考えられる。

のまま引退したわけではないことには留意されてよい[22]。

４．簡単な回帰分析による引退年齢等と関連する要因の析出・検討

　この節では、前節での集計結果を踏まえて、引退年齢などのカナメ変数について、簡単な回帰分析を行い、離職年齢や引退年齢がどのような要因（変数）と関連が深いのかを探ることにしたい。回帰分析の手法としては、OLS（通常の線型回帰）や二項ロジスティック回帰分析といった基礎的なものを用いる一方、中高年者縦断調査が提供する詳細なデータを活用し、とりわけ同一人について１年前、２年前といった過去に遡ったデータが利用できることを活かした分析とすることに意を用いた。

　回帰分析の対象（被説明変数／従属変数）として、引退年齢及び59歳時仕事離職年齢の２つをとりあげた[23]。これらの年齢について、数値データである年齢そのものを分析対象とする場合（年齢回帰分析）と、各歳において引退や離職、形態転換があったかどうかを示すダミー変数（あったときに「１」，なかった場合には「０」をとる）を分析対象とする場合（各歳別回帰分析）を行った。それぞれについて、概説しておこう[24]。

（１）年齢回帰分析結果の概要

ア．年齢回帰分析の概要

　[分析手法]　年齢回帰分析は、被説明変数（「従属変数」ともいわれるが、ここでは「被説明変数」という。）が60（歳）から70（歳）までの数値データであるので、一般的な線型回帰分析（OLS）により実施した。分析対象ケースは、各年齢が確定しているもの、すなわち引退又は離職（以下「引退等」という。）を既に経験したケースとなる。定義上から、離職年齢については59歳時に仕事をしていた（有業者）ケースに限られる。

　[説明変数]　説明変数（「独立変数」ともいわれるが、ここでは「説明変数」という。）には、世代区分による違いをみることをねらいとした世代区分に関するダミー変数、50代時点（第１回調査）で調査された引退希望年齢といった一定の視点をもった変数のほか、年齢回帰分析においては主に59歳時点の状況を示す変数を投入することとした。すなわち、60代入り直前における状況と引退年齢等との間にどのような関連があるのかみようとしたものである。「中高年者縦断調査」の調査項目から直接的に導出されたものでない変数に「推定フル年金額」と「有効求人倍率」とがある。後者は、厚生労働省の職業安定業務統計から得られる、労働市場の需給状況を総合的に示す周知の指標である。引退等については、時々の労働力需給の状況に影響を受けることが想定されることから、当該年及びその前年の有効求人倍率（年平均）を投入した。どちらかといえば、コントロール変数としての性格が強いといえる。一方の「推定フル年金額」は、年金額と引退年齢等との関連をみようとしたものである。60代前半を中心として就業の有無と年金額とが制度的に連動していることから、調査されている現に受給している年金額ではなく、可能性として受給可能な年金額（フル年金額）を説明変数としたい。そこで、「中高年者縦断調査」のデータから66歳で仕事なしのケースを対象として、その公的年金受給額を59歳時の状況で説明する回帰式を推定し、その係数値をすべてのケースに適用して「推定フル年金額」を算出し、それを説明変数と

---

[22] これ以降については、ケース数が非常に少ないことから集計結果を掲げることは差し控えたいが、例えば62歳時において「解雇」を理由に離職した団塊世代に属する人のその後の雇用就業形態を集計したところ、62歳時には３分の２は「無業・就業希望者」となっていたが、翌年の63歳時にはフルタイム非正規雇用者やパートタイム雇用者として再び就業していた。とはいえ、「無業・就業非希望者」の割合が63歳時にはかなり増加しており、厳しい面が一方において続いていくことも事実としてある。

[23] 59歳時正社員の雇用継続中での転換年齢についても同様の分析を行ったが、とりたてて紹介すべき結果はごくわずかであったので、掲載は割愛した。

[24] ここでの回帰分析の目的に関して、より基本的なことを述べておきたい。すなわち、ここでの回帰分析は、あくまで２つのカナメ変数と関連の深い変数（項目）を抽出することを目的としている。回帰分析はいわゆる因果関係の析出が目指されることが少なくないが、ここではそこまでを目的としてはいないことは確認しておきたい。

した[25]。

　説明変数の一つ「引退希望年齢」については、数値データである引退を希望する年齢とともに、「可能な限り仕事したい」や「仕事はしたくない」といったカテゴリー（名義）データとが含まれている。そこで、「可能な限り仕事したい」のケースに「99」、「仕事はしたくない」のケースに「60」を割り当てて全体を数値データ化したものと、引退年齢等をそれぞれカテゴリー化しダミー変数としたものと、いずれかを用いる2通りの方法がある。年齢回帰分析においては前者の数値データを用い、後者のカテゴリー・データは、後述の各歳別回帰分析において用いている。

　なお、「仕事満足度」のうち労働条件に係るものは、第6回調査以降さらに3つに分割されて調査されるようになったが、同回以降はそれらのうちの「賃金・収入」の満足度を用いた。

　以上のほかの変数については、容易に理解されると思われるので、説明は省略したい。なお、やや変則的ではあるが、分析対象のケース数を確保する観点から、ダミー変数である説明変数については該当ケースを「1」、無回答などの不詳を含めてそれ以外はすべて「0」とする処理を行った[26]。

　[分析対象ケースの範囲の設定]分析対象の範囲は、59歳時就業者計のほか、同雇用者（役員を含む）、同正社員、同正社員の男女別、さらに同正社員・男性について引退等の年齢を68歳以下や65歳以下に限定した推定をそれぞれ行った[27]。その際、分析対象の範囲を限ることに伴って、例えば男女別で「女性ダミー」のように説明変数から外れる変数がある。また、参照項目（基準カテゴリー）についても、例えば就業者計の場合では雇用就業形態の参照項目を「自営・家族従業者」としたものを、59歳時雇用者であったケースに限った場合には「役員」を参照項目とするなどの変更を適宜行っている。

イ．年齢回帰分析結果の概要

　年齢回帰分析の結果は、表1及び表2のとおりである。主な項目に分けて、順次紹介していこう。上述のように、一定の視点をもった説明変数である「世代区分別」と「引退希望年齢」の結果をまず検討し、その後他の変数で有意性が析出されたものを中心としてみていくこととする。

（ア）世代区分別に関する分析結果

　引退年齢及び離職年齢のOLS分析結果において、世代区分別（プリ団塊世代をベースとした団塊世代及びポスト団塊I世代）の変数に係る（回帰）係数は、いずれもマイナスとなっている。プリ団塊世代に比べて団塊世代、ポスト団塊I世代とも引退年齢や離職年齢が早いという結果になっている。　ただし、世代区分に係る回帰係数については、分析にとって大きな限界があることに留意が必要である。それは、既に幾度となく指摘しているところであるが、プリ団塊世代は70歳、団塊世代は68歳、ポスト団塊I世代は65歳までと、それぞれに含まれる年齢の範囲が異なっていることから生じるものである。すなわち、この分析でベースとなっているプリ団塊世代にはより高い年齢のケースが含まれていることから、年齢を被説明変数としたOLSでは、回帰係数はマイナスに出やすくなる性格をもつことになる。そこで、一応対象となる年齢層を合わせたこととなる引退年齢を限定した分析結果をみると[28]、例えば「正社員・男性・65歳以下」の場合において、引退年齢、離職年齢とも「正社員・男性」（計）の場合に比べて係数のマイナス幅がかなり小さくなっていることがみてとれる。このように一定の留意は必要であるとしても、団塊世代に係る係数はマイナスに出ており、現在までのところ、プリ団塊世代に比べ

---

[25] 66歳時無職ケースを対象とした回帰式に用いた説明変数は、59歳時の雇用就業形態、収入、仕事の内容、企業規模、これまでの職業キャリアの特性である。いずれも、今回の年齢回帰分析で使用されている変数に含まれるものである。回帰式の自由度調整済み決定係数は、0.443であった。なお、使用に当たっては、実数ではなく、幅をもったカテゴリーのダミー変数として投入した。

[26] この処理は、次の各歳別回帰分析においても同様である。

[27] 68歳は団塊世代が、65歳はポスト団塊I世代が第11回調査で到達している年齢である。

[28] 例えば65歳以下で引退したケースの中で、引退年齢が世代区分によって相対的に遅いか早いかをみることとなる。

表1 引退年齢に関するOLS回帰分析結果（回帰係数と有意性有無のみ表示）

		59歳時就業者計		59歳時雇用者（役員を含む）		59歳時正社員		59歳時正社員・男性		59歳時正社員・女性		59歳時正社員・男性（引退年齢：60～68歳）		59歳時正社員・男性（引退年齢：60～65歳）	
		回帰係数	有意性	回帰係数	有意性	回帰係数	有意性	回帰係数	有意性	回帰係数	有意性	回帰係数	有意性	回帰係数	有意性
	（定数）	49.100	***	47.113	***	46.620	***	46.560	***	46.258	***	44.429	***	38.670	***
性別	女性ダミー	-0.132		-0.146		0.009									
世代区分（ベース：プリ団塊世代）	世代（団塊世代）ダミー	-1.089	***	-1.099	***	-1.125	***	-1.271	***	-0.757	***	-0.894	***	-0.387	***
	世代（ポスト団塊Ⅰ世代）ダミー	-3.503	***	-3.434	***	-3.386	***	-3.522	***	-2.805	***	-3.078	***	-1.658	***
	世代（ポスト団塊Ⅱ世代）ダミー	-5.873	***	-5.808	***	-5.855	***	-6.094	***	-5.193	***	-5.553	***	-3.692	***
学歴（ベース：中高卒）	短大・高専卒ダミー	0.002		0.017		-0.051		0.172		-0.265		0.133		0.115	
	大卒・大学院修了ダミー	0.025		0.069		0.055		0.078		-0.076		0.096		0.152	
引退希望年齢	【第1回調査】引退希望年齢（歳）（「できるだけ」⇒99歳）	0.008	***	0.007	***	0.007	***	0.007	***	0.007	*	0.008	***	0.008	***
59歳歳時の雇用就業形態（ベース・・・各モデルで掲示のない形態）	会社役員等ダミー	0.039													
	正社員ダミー	-0.063		-0.050											
	フルタイム非正規雇用ダミー	0.046		0.011											
	パートタイム雇用者ダミー	0.266	*	0.212											
	その他の就業ダミー	0.164													
59歳時収入額	収入（万円）	0.000		0.000		0.000		-0.001		-0.001		-0.001		0.000	
59歳時の仕事（職種）（ベース：生産工程の仕事）	専門的・技術的な仕事ダミー	-0.096		-0.088		-0.184		-0.314	**	0.417		-0.352	**	-0.180	
	管理的な仕事ダミー	-0.032		-0.044		-0.031		-0.093		0.543	*	-0.119		-0.035	
	事務の仕事ダミー	-0.012		-0.027		-0.092		-0.180		0.327		-0.263	*	-0.155	
	販売の仕事ダミー	-0.036		-0.044		0.045		0.157		-0.428		0.073		0.130	
	サービスの仕事ダミー	0.008		0.034		0.058		-0.086		0.204		-0.057		-0.264	
	保安の仕事ダミー	-0.390	*	-0.337		-0.330		-0.399				-0.353		-0.281	
	農林漁業の仕事ダミー	0.008		0.288		-0.037		0.047				-0.023		0.436	
	運輸・通信の仕事ダミー	-0.103		-0.038		0.030		-0.038		0.892		-0.041		-0.016	
	その他の仕事ダミー	0.117		0.113		0.141		-0.013		0.392		0.098		0.372	
59歳時の企業規模（ベース：官公庁）	30人未満ダミー	0.162		0.114		0.180		0.303	*	0.113		0.336	*	0.326	*
	30～300人未満ダミー	0.061		0.016		0.070		0.047		0.268		0.024		0.173	
	300人以上ダミー	-0.067		-0.103		-0.071		-0.080		0.202		-0.031		0.036	
59歳時の関連雇用制度	定年ありダミー	0.245		0.073		0.481		0.972		-0.777		1.249		1.122	
	定年年齢（定年なし等⇒80歳）	0.000		-0.010		0.001		0.024		-0.061		0.035		0.026	
	再雇用制度ありダミー	0.147	**	0.144	**	0.144	*	0.183	*	0.048		0.163	*	0.034	
	勤務延長制度ありダミー	0.045		0.045		-0.029		-0.126		0.433	***	-0.161		-0.108	
59歳時仕事離職年齢	59歳時仕事からの離職年齢（歳）（離職していない⇒80）	0.170	***	0.216	***	0.207	***	0.182	***	0.293	***	0.199	***	0.312	***
職業キャリア	【第1回調査】一つの企業等に20年以上勤務ダミー	-0.192	*	-0.169		-0.408	**	-0.200		-0.326		-0.188		-0.191	
	【第1回調査】同じ分野の仕事に20年以上勤務ダミー	0.043		0.047		-0.144		0.086		-0.287		0.094		0.104	
	【第1回調査】その他の20年以上勤務（自営を除く）ダミー	-0.123		-0.115		-0.294		-0.111		-0.215		-0.054		-0.138	
	【第1回調査】自営で20年以上勤務ダミー	0.098		0.170		-0.035		0.458		-1.172		0.338		-0.615	
推定フル年金額（ベース：25万円以上。女性だけの推計は15～20万円）	5万円未満ダミー	-0.280		0.056											
	5～10万円未満ダミー	-0.336		-0.144		-0.422				-0.302					
	10～15万円未満ダミー	-0.112		0.001		-0.111		-0.510		-0.397		-0.538		-0.559	
	15～20万円未満ダミー	0.004		0.086		0.130		-0.319				-0.347		-0.406	
	20～25万円未満ダミー	-0.228		-0.200		-0.021		-0.361		0.200		-0.359		-0.250	
59歳時の仕事満足度（ベース：「普通」）	能力活用・発揮／満足域ダミー	0.031		0.034		0.040		0.097		-0.111		0.127		0.048	
	能力活用・発揮／不満域ダミー	0.105		0.111		0.195	*	0.165		0.319		0.200		0.087	
	職場の人間関係／満足域ダミー	-0.055		-0.057		-0.084		-0.023		-0.259		-0.050		0.084	
	職場の人間関係／不満域ダミー	0.082		0.093		0.104		0.122		0.092		0.119		0.243	*
	労働条件／賃金・収入／満足域ダミー	-0.002		0.025		-0.087		-0.103		-0.053		-0.062		-0.009	
	労働条件／賃金・収入／不満域ダミー	-0.017		0.004		-0.028		-0.042		-0.125		-0.050		0.021	
	介護実施ダミー	-0.022		-0.013		0.019		0.034		0.307		-0.005		-0.054	
	経済的支援実施ダミー	0.045		0.062		0.132		0.161	*	-0.083		0.203	**	0.250	**
59歳時の健康状況（ベース：「普通」）	良いダミー	-0.040		-0.053		0.005		0.032		-0.035		0.050		0.091	
	悪いダミー	0.262		0.209		0.295		0.234		0.593		0.240		0.405	
	生活活動困難ありダミー	-0.122		-0.095		-0.146		-0.120		-0.172		-0.094		-0.066	
59歳時の末子年齢（ベース：25歳以上）	6～18歳ダミー	0.024		0.039		-0.061		-0.050		0.183		0.114		0.308	
	19～24歳ダミー	0.049		0.067		0.067		0.043		0.143		0.066		0.162	
59歳時の配偶者有無（ベース：配偶者なし）	配偶者（収入あり）ありダミー	-0.071		-0.046		-0.026		0.052		-0.054		0.116		0.038	
	配偶者（収入なし）ありダミー	-0.104		-0.073		-0.075		0.046		-0.518	*	0.087		0.043	
	住宅ローンありダミー	0.054		0.029		0.009		0.016		-0.136		0.022		0.092	
59歳時の1ヵ月家計支出額（ベース：40万円以上）	10万円未満ダミー	-0.176		-0.261		0.026		-0.117		-0.136		-0.094		-0.045	
	10～20万円未満ダミー	-0.096		-0.050		-0.088		-0.077		-0.263		-0.007		0.143	
	20～30万円未満ダミー	-0.073		-0.089		-0.167	*	-0.061		-0.537	***	-0.015		0.039	
	30～40万円未満ダミー	-0.010		-0.034		-0.082		-0.058		-0.052		-0.004		0.056	
59歳時の世帯貯蓄額（ベース：2,000万円以上）	100万円未満ダミー	0.215	**	0.205	**	0.285	**	0.291	**	0.297		0.285	**	0.301	**
	100～999万円ダミー	0.118	*	0.108		0.170	*	0.080		0.521	***	0.126		0.169	
	1,000～1,999万円ダミー	0.037		0.024		0.065		-0.033		0.331	*	0.011		0.157	
引退時の労働市場の状況	引退年の有効求人倍率	9.902	***	9.631	***	9.877	***	10.036	***	9.018	***	9.569	***	6.782	***
	引退前年の有効求人倍率	-4.704	***	-4.540	***	-4.731	***	-4.771	***	-4.236	***	-4.779	***	-4.052	***
	N	2766		2450		1472		1031		440		991		754	
	F値	138.686	***	129.393	***	81.919	***	63.146	***	21.334	***	51.941	***	21.212	***
	AR2	0.761		0.765		0.761		0.771		0.714		0.742		0.600	

注: 統計的有意水準: *** 1%, ** 5%, * 10%

表2 59歳時の職場からの離職年齢に関するOLS回帰分析結果（回帰係数と有意性有無のみ表示）

		59歳時就業者計	59歳時雇用者（役員を含む）	59歳時正社員	59歳時正社員・男性	59歳時正社員・女性	59歳時正社員・男性（離職年齢:60～68歳）	59歳時正社員・男性（離職年齢:60～65歳）
	（定数）	44.780 ***	45.042 ***	36.160 ***	35.943 ***	37.865 ***	35.406 ***	36.442 ***
性別	女性ダミー	-0.103	0.081	-0.036				
世代区分（ベース:プリ団境世代）	世代（団塊世代）ダミー	-0.511 ***	-0.537 ***	-0.659 ***	-0.820 ***	-0.165	-0.669 ***	-0.441 ***
	世代（ポスト団塊Ⅰ世代）ダミー	-1.513 ***	-1.413 ***	-1.344 ***	-1.425 ***	-1.071 ***	-1.257 ***	-0.534 ***
	世代（ポスト団塊Ⅱ世代）ダミー	-2.765 ***	-2.665 ***	-2.406 ***	-2.648 ***	-1.815 ***	-2.463 ***	-1.804 ***
学歴（ベース:中高卒）	短大・高専卒ダミー	0.029	0.010	0.008	-0.011	-0.062	0.002	0.270
	大卒・大学院修了ダミー	0.018	0.079	-0.024	0.059	-0.477 *	0.015	0.010
引退希望年齢	【第1回調査】引退希望年齢（歳）（「できるだけ」⇒99歳）	0.009 ***	0.008 ***	0.009 ***	0.009 **	0.009 *	0.008 **	0.006 **
59歳歳時の雇用就業形態（ベース…各モデルで掲示のない形態）	会社役員等ダミー	-0.254						
	正社員ダミー	-0.986 ***	-0.764 ***					
	フルタイム非正規雇用ダミー	-0.599 ***	-0.334 *					
	パートタイム雇用者ダミー	-0.602 ***	-0.369 *					
	その他の就業ダミー	-0.728 ***						
59歳時収入額	収入（万円）	0.000	-0.001	-0.001	-0.002 **	0.001	-0.002 **	-0.002 **
59歳時の仕事（職種）（ベース:生産工程の仕事）	専門的・技術的な仕事ダミー	0.164	0.075	0.191	0.227	0.114	0.226	0.266
	管理的な仕事ダミー	0.127	0.099	0.183	0.237	0.172	0.273	0.204
	事務の仕事ダミー	0.023	0.020	0.192	0.372 *	-0.046	0.368 *	0.332 *
	販売の仕事ダミー	0.323 **	0.319 **	0.359	0.385	0.222	0.448 *	0.436 **
	サービスの仕事ダミー	0.322 **	0.382 ***	0.545 **	0.510 *	0.594 *	0.455	0.116
	保安の仕事ダミー	0.398	0.432	0.779 **	0.893 **		0.912 **	0.731 **
	農林漁業の仕事ダミー	0.306	0.806	0.980	1.280		1.243	1.598 *
	運輸・通信の仕事ダミー	-0.035	0.001	0.139	0.141	-0.028	0.181	0.299
	その他の仕事ダミー	0.225	0.209	0.379	0.370	0.377	0.260	0.183
59歳時の企業規模（ベース:官公庁）	30人未満ダミー	0.400 ***	0.519 ***	0.436 **	0.662 **	0.240	0.653 **	0.505 **
	30～300人未満ダミー	0.391 ***	0.510 ***	0.530 ***	0.761 ***	0.244	0.734 ***	0.550 **
	300人以上ダミー	0.115	0.222	0.248	0.411 *	0.160	0.371 *	0.298
59歳時の関連雇用制度	定年ありダミー	3.699 ***	3.741 ***	5.892 ***	5.969 ***	5.441 ***	6.171 ***	6.221 ***
	定年年齢（定年なし等⇒80歳）	0.194 ***	0.196 ***	0.299 ***	0.304 ***	0.280 ***	0.315 ***	0.308 ***
	再雇用制度ありダミー	0.232 **	0.243 ***	0.209 *	0.334 **	0.063	0.336 **	0.377 ***
	勤務延長制度ありダミー	0.125	0.117	0.147	0.210	0.032	0.247 *	0.198
職業キャリア	【第1回調査】一つの企業等に20年以上勤務ダミー	-0.256 *	-0.399 ***	-0.353	-0.298	-0.233	-0.366	-0.773 **
	【第1回調査】同じ分野の仕事に20年以上勤務ダミー	0.062	-0.034	0.006	0.166	-0.028	0.112	-0.274
	【第1回調査】その他の20年以上勤務（自営を除く）ダミー	0.098	-0.001	-0.356	-0.200	-0.441	-0.297	-0.361
	【第1回調査】自営で20年以上勤務ダミー	0.173	-0.147	0.396	0.268	1.065	0.319	0.699
推定フル年金額（ベース:25万円以上。女性だけの推計は15～20万円）	5万円未満ダミー	0.283	-0.045					
	5～10万円未満ダミー	-0.028	-0.689	-0.524		-0.195		
	10～15万円未満ダミー	0.073	-0.449	-0.400	-0.992	-0.229	-1.135	-1.316
	15～20万円未満ダミー	0.354	-0.043	-0.126	-0.727		-0.830	-0.791
	20～25万円未満ダミー	0.390	0.160	0.169	-0.120	-0.396	-0.209	-0.227
59歳時の仕事満足度（ベース:「普通」）	能力活用・発揮／満足域ダミー	-0.011	-0.004	-0.013	0.085	-0.267	0.089	0.079
	能力活用・発揮／不満域ダミー	-0.116	-0.103	-0.090	-0.031	-0.431	-0.008	0.026
	職場の人間関係／満足域ダミー	0.123	0.137	0.196	0.188	0.312	0.110	0.134
	職場の人間関係／不満域ダミー	-0.229 **	-0.228 **	-0.240 **	-0.130	-0.460 **	-0.121	-0.182
	労働条件／賃金・収入／満足域ダミー	-0.195 *	-0.182 *	-0.171	-0.298 *	0.056	-0.230	-0.317 **
	労働条件／賃金・収入／不満域ダミー	-0.208 *	-0.190 *	-0.067	-0.127	0.006	-0.126	0.006
	介護実施ダミー	-0.273 **	-0.356 ***	-0.215	-0.114	-0.385 *	-0.093	0.090
	経済的な支援実施ダミー	-0.043	-0.029	-0.041	-0.114	0.113	-0.143	-0.149
59歳時の健康状況（ベース:「普通」）	良いダミー	0.112	0.109	0.125	0.101	0.126	0.085	0.159
	悪いダミー	-0.524 **	-0.477 *	-0.336	-0.394	-0.363	-0.345	-0.182
	生活活動困難ありダミー	-0.080	-0.092	-0.082	-0.066	-0.070	-0.224	-0.241
59歳時の末子年齢（ベース:25歳以上）	6～18歳ダミー	-0.253	-0.130	-0.152	-0.111	-1.115	-0.041	-0.005
	19～24歳ダミー	-0.007	0.026	-0.036	0.011	-0.210	0.063	0.096
59歳時の配偶者有無（ベース:配偶者なし）	配偶者（収入あり）ありダミー	-0.233 **	-0.256 **	-0.174	-0.189	-0.097	-0.172	-0.123
	配偶者（収入なし）ありダミー	-0.330 ***	-0.327 ***	-0.407 ***	-0.443 **	-0.038	-0.446 **	-0.370 **
59歳時の1ヵ月家計支出額（ベース:40万円以上）	住宅ローンありダミー	0.105	0.159 *	0.269 **	0.263 *	0.290	0.236 *	0.332 ***
	10万円未満ダミー	-0.099	-0.461	-0.121	-0.855	0.598	-0.765	-0.724
	10～20万円未満ダミー	0.010	-0.072	-0.131	-0.164	-0.086	-0.202	-0.023
	20～30万円未満ダミー	0.054	0.067	0.143	0.118	0.180	0.126	0.172
	30～40万円未満ダミー	0.202 **	0.195 *	0.201 *	0.206	0.106	0.176	0.064
59歳時の世帯貯蓄額（ベース:2,000万円以上）	100万円未満ダミー	0.178	0.239 *	0.267	0.340 *	0.010	0.322	0.248
	100～999万円ダミー	-0.022	0.043	-0.032	-0.066	-0.065	-0.126	-0.223 *
	1,000～1,999万円ダミー	-0.142	-0.080	-0.104	-0.121	-0.065	-0.137	-0.072
離職時の労働市場の状況	離職年の有効求人倍率	4.555 ***	4.346 ***	3.626 ***	3.667 ***	3.740 ***	3.537 ***	2.310 ***
	離職前年の有効求人倍率	-2.268 ***	-2.271 ***	-1.934 ***	-1.727 ***	-2.569 ***	-1.770 ***	-1.259 ***
N		2796	2482	1490	1046	443	1041	980
F値		18.942 ***	15.878 ***	9.224 ***	6.738 ***	3.209 ***	6.408 ***	5.024 ***
AR2		0.288	0.268	0.239	0.232	0.209	0.222	0.184

注:統計的有意水準: *** 1%, ** 5%, * 10%

引退年齢はやや早まって推移していることは否めないといえる[29]。とはいえ、引退過程はまだまだ半ばであり、今後（60代末から70代にかけて）の推移には、注目していく必要があることは前述のとおりである[30]。

（イ）引退希望年齢に関する分析結果

　引退希望年齢と引退年齢との関連についてみてみよう。引退年齢のOLS分析結果における引退希望年齢の回帰係数は、いずれも0.007～0.008で有意に析出されている。50代における引退希望年齢が上昇することは、実際の引退年齢を遅くする効果があることが示されているが、その効果は、それほど大きいものではないといえる。ただし、この計測が、引退年齢を確定できたケースを対象としたものであり、対象とならなかった多くのケースが、今後より高い年齢で引退していくことを反映できていないものであることには留意が必要である。

　引退希望年齢と離職年齢との関連については、回帰係数が0.006～0.009で有意に析出されており、同様に緩やかな関連があることが示唆されている。

（ウ）その他の分析結果

　上記以外の項目について、有意性が析出されたものをみていくこととする。

（有効求人倍率）

　上述のように「有効求人倍率」は、どちらかといえばコントロール変数として投入したものであるが、ほとんどの場合に有意性が析出されたので、簡単に紹介しておきたい。「有効求人倍率」（ここでは以下「倍率」と略称する。）については、引退等のあった年とその前年との2つが投入されているが、その意味を述べておきたい。59歳時就業者計についての引退年齢に関する結果を例にとれば、当該年の係数は9.902、前年の係数は－4.704と計測されている。これを単純に括れば、

　5.198×〔当該年の倍率〕＋4.704×（〔当該年の倍率〕－〔前年の倍率〕）

と整理することができる[31]。すなわち、当該年の倍率の水準に応じた部分と前年からの倍率の変化差に応じた部分とに分けられていると考えることができる。そして、実際の倍率が上昇傾向にあるときは式の2項目はプラスになるのに対して、低下傾向にあるときはマイナスになるといった関係にある。実際の倍率の推移をみると、平成18年の1.06倍まで緩やかに上昇してきていたものが、19年（1.04倍）はほぼ横ばいの後、20年以降急激に落ち込み、21年には0.47倍にまで落ち込んだ。平成22年は0.52倍と底入れを示した後、27年の1.20倍まで毎年0.1ポイント台半ば程度ごとのほぼ直線的な上昇を示した。したがって、平成19年から21年までについて2項目はマイナスで、それ以外の年についてはプラスということとなるが、前者は、団塊世代がちょうど60代入りをした時期に当たっていることは注目される。

　いずれにしても、引退年齢及び離職年齢に関する分析において、有効求人倍率に係る係数のほとんどに有意性が析出されたことは注目される。

（59歳時職場における高年齢者雇用関連制度）

　対象範囲を変えた多くの分析において有意性が析出されたものとしては、定年制、再雇用制度等の「59歳時職場における（高年齢者）関連雇用制度」がある。この項目は、引退年齢に関しても有意性が析出されているが、離職年齢に関する分析でより多く有意性が析出されている[32]。「定年ありダミー」、「定年年齢（定年なしの場合は「80」を代入）」、「再雇用制度ありダミー」のいずれも係数はプラスに計測されている。これらの制度があることや定年年齢が高いことは、離職年齢を高める可能性があることが示唆

---

[29] それは、前節でみた集計結果と整合的でもある。併せて、その要因の一つに、前述のような60代初頭における経済・雇用環境の違いがあることにも留意が必要である。

[30] ここでの分析は、その性格上、既に引退した人（ケース）の中での分析であり、これから引退する人は対象外となっていることも留意されたい。

[31] 当該年、前縁の係数ともにプラスとなった場合には、やや異なる展開により、2項目前の符号がマイナスとなる同型の式とすることができる。

[32] 投入した変数のうち「勤務延長制度ありダミー」については、有意性が析出された場合はわずかであった。

される。

（離職年齢と59歳時の企業規模）

　上述の雇用制度との関連もあって、離職年齢に関する分析では「59歳時の企業規模」についても多くの分析において有意性が析出されていることも指摘しておきたい。その場合、30人未満規模及び30～300人未満規模の中小企業についてプラスの係数が計測されており、300人以上規模の大企業よりも離職年齢が高くなる傾向が示されている。

（引退年齢と家計支出額、世帯貯蓄額）

　比較的多く有意性が析出された項目には、引退年齢に関する分析における「世帯の貯蓄額」も挙げることができる。とりわけ貯蓄額が「100万円未満」の係数がおしなべてプラスで有意に析出されており、また、「100～999万円」でもプラスで有意である場合がみられている。貯蓄額がほとんどないか、十分でないときは、引退年齢を高める傾向がみられている。また、離職年齢に関する分析においても、雇用者や正社員・男性を対象とした分析で、緩やかな関係（有意水準10%）ながら「100万円未満」の係数がプラスで有意に析出されている。

　一方、「59歳時1カ月の家計支出額」については、有意性が析出された場合は少なかった。その中で、離職年齢に関する分析において、「30万円台」で緩やかな関係ながら有意性が析出された場合が比較的多く、いずれもプラスの係数に計測されている。「40万円以上」のより高額の支出をしていたケースに比べ、引退年齢が遅くなる傾向が示されている。世帯にとっての必要額が相対的にやや多いこの層で、離職をとどまらせていると考えてよいのかどうか、やや解釈に迷う結果となっている。

（引退年齢と推定フル年金額）

　「推定フル年金額」については、今回行った年齢回帰分析すべてにおいて有意性は析出されなかった。他の多くの要因を同時に考慮した場合には、受給可能な年金額の大小と引退年齢や離職年齢の早い・遅いとは、全体としてはあまり関連を持たないのかもしれない。

（その他の注目結果）

　以上のほか、一部の分析において有意性が析出されたもので注目しておきたいものには、次のようなものがある。

　まず、離職年齢に関する分析をみると、少なくない項目で有意性が析出されている。その項目・変数を順次挙げれば、次のようなものがある[33]。

①59歳時の仕事（職種）において、59歳時の仕事が「販売」や「サービス」、「保安」の係数がプラスに有意となっている。また、59歳時正社員・男性にあっては「事務」にも緩やかな同様の関係が示されている。これらの仕事にあった人は、離職年齢が高まる傾向が示唆されている。

②59歳時の仕事満足度のうち、「人間関係」や「労働条件」が不満域であった場合、また、緩やかな関係ではあるが「労働条件」が満足域であった場合も、有意にマイナスの係数が計測されており、離職年齢を早める可能性が示唆されている。なお、「労働条件」が満足域であった場合については、解釈に迷うところであるが、この説明変数が59歳時における満足度であり、その後離職するまでの期間における満足度ではないということのみ指摘しておきたい。

③「介護実施」すなわち59歳時において介護を担っている場合は、有意にマイナスの係数が計測されており、離職年齢を早める可能性が示唆されている。ただし、59歳時正社員では、係数はマイナスではあるが有意性は析出されていない。

④59歳時の健康状況が「悪い」場合は、有意にマイナスの係数が計測されており、離職年齢を早める可能性が示唆されている。ただし、これについても59歳時正社員では、係数はマイナスではあるが有意性は析出されていない。

---

[33] この年齢回帰分析では、説明変数に59歳時の仕事の状況を多く用いている。したがって、59歳時の仕事からの離職年齢に関する分析では被説明変数と説明変数との関連が直接的なものが多い。一方、引退年齢に関する分析では、両者の関係は間接的なものになる。こうした背景から、有意性の析出の状況に違いがあるものと思われる。

⑤59 歳時の配偶者の有無において、「配偶者（収入あり）ダミー」、「配偶者（収入なし）ダミー」とも総じて有意にマイナスの係数が計測されており、離職年齢を早める可能性が示唆されている。その中で、男性においても配偶者がいることが離職年齢を早める傾向が示唆されている一方、59 歳時正社員の女性では、係数はマイナスではあるが有意性は析出されていない。

　つぎに、引退年齢に関する分析をみると、59 歳の仕事からの離職年齢が高いほど引退年齢も高くなる傾向が示されている。そのほかには、59 歳時就業者計及び同正社員を対象とした分析において、職業キャリアの「一つの企業等に 20 年以上勤務ダミー」で有意にマイナスの係数が計測されており、そうした層は相対的に早期に引退することが示唆されている[34]。

（２）各歳別回帰分析結果
ア．各歳別回帰分析の概要
　[分析手法] 各歳別回帰分析は、被説明変数が分析対象となる年齢で引退等をしたときは「１」をとり、そうでないときは「０」をとるカテゴリー変数であるので、二項ロジスティック回帰分析を用いた。分析対象は、引退年齢については分析対象年齢の１歳下の時点では引退していないケース、離職年齢については分析対象年齢の１歳下の時点では 59 歳時の仕事に従事してきているケースである。なお、引退年齢、離職年齢が無回答等により不詳であるケースは、分析から除いた。

　[説明変数] 説明変数は、事項の種類としては上述の年齢回帰分析の場合とほぼ同様である。ただし、59 歳時の状況を示す変数については内容的にも同じであるが、事項は同じであるものの各歳の時点に関する変数については原則として分析対象の年齢時点とその前年時点に関する変数となっている。それと同時に、変数の内容があらかじめ適当な遷移を示すものとなっている。例えば仕事満足度についていえば、年齢回帰分析の場合のように満足側と不満側のダミー変数として「普通」を基準カテゴリーとするのではなく、各歳別分析では「不満化」（１歳前から不満方向に変化したことを示す）という遷移変数としている、といったことである。また、50 代（第１回調査）における引退希望年齢については、各歳及び「可能な限り働きたい」といったカテゴリーをダミー変数（該当＝１、非該当＝０）として投入した。

　説明変数の内容について特に留意する必要のあるものだけ簡単に解説しておこう。一つは「仕事満足度」である。この変数は、他の変数よりも１年前の「３年前から２年前へ」及び「２年前から前年へ」の遷移となっている。これは、対象年齢時点では該当者は既に引退等しており、当該年のデータは引退等した後のデータ（例えば離職後に再就職した職場の満足度）となるので、当該年ではなく１年遡った時期の遷移を用いることとしたものである。また、これに関連して、「60 歳」を対象年齢とした分析においては、「３年前から２年前へ」は「57 歳時から 58 歳時へ」となるので、必ずしも 59 歳時の職場に関する満足度であるとは限らないこととなるので、この遷移変数は説明変数から外すこととした[35]。

　二つは、「地域活動・その他の社会参加活動」について、「前々年から前年へ」及び「前年から当該年へ」に加え、「当該年から当該年の次年へ」も投入していることがある。これは、引退等を契機としてその後に地域活動・その他の社会参加活動を始めた場合もあると考え、試行的に投入したものである。

　[分析対象ケースの範囲の設定] 分析対象は、59 歳時正社員のみに範囲を限定した。また、対象とする引退年齢等が高齢になるとケース数が減少することもあって、推計が的確に実行できなくなるので、引退年齢については 67 歳、離職年齢については 66 歳までの推計にとどめている。

イ．各歳別回帰分析結果の概要
　つぎに、ロジスティック回帰による各歳別回帰分析の結果を紹介する。それぞれの結果は、表３及び表４のとおりである。なお、この分析で係数がプラスであることは当該年齢での引退等を促し、マイナ

---

[34] とはいえ、係数から示されている効果は、せいぜい２ヵ月から半年程度早める程度である。
[35] この点に関しては、「58 歳時から 59 歳時へ」の「58 歳時」にも当てはまるが、少なくとも「59 歳時」については対象とする職場の満足度であることは確かであるので、説明変数に含めても問題はないと判断した。

— 149 —

スであることはそれを抑える方向に働いていることを示している。

（ア）世代区分別に関する分析結果

　世代区分別に係る係数（ベース：プリ団塊世代）をみると、有意性が析出された分析は必ずしも多いとはいえない。その中で引退に関して 66 歳時、67 歳時の団塊世代についてマイナスの係数で有意となっている。60 代後半となってプリ団塊世代よりも引退年齢が後年化していることが窺われる。離職年齢に関しては、60 歳時にポスト団塊Ⅰ世代についてプリ団塊世代に比べてより多く離職したことが示されているとともに、特に 65 歳時では団塊世代、ポスト団塊Ⅰ世代ともマイナスの係数で有意となっていることが注目される。65 歳時での離職が相対的に多くなっている可能性が示唆されている。

（イ）引退希望年齢に関する分析結果

　引退年齢に関する分析における引退希望年齢に係る係数（ベース：仕事はしたくない）をみると、60 代前半での引退について、総じてそれぞれの年齢を上回る年齢での引退希望においては係数マイナスで有意となっている場合が多い。また、「70 歳希望」や「可能な限り働きたい」である場合は、一部を除き 67 歳時までの各年齢における引退を抑制する方向に有意となっている。

（ウ）その他の分析結果

　ついで、上述以外の項目において有意性が析出されたものを中心にみると、次のような結果が注目される。

（59 歳時職場における高年齢者雇用関連制度）

　59 歳時の職場に定年があることを示す変数「59 歳時定年ありダミー」に係る係数をみると、離職年齢について 60 歳時「－5.782」、61 歳時「－6.826」でいずれも有意性があり、62 歳時以降 64 歳時まで有意ではなくともマイナスで計測されているのに対して、65 歳時は「1.514」とプラスの係数で緩やかな関連ながら有意となっている[36]。定年があることは、現在までのところ、65 歳までの雇用確保措置とあいまって、64 歳時までの離職を抑制している一方で、65 歳時での離職を高めるように働いていることが窺われる。

（59 歳時の仕事の内容と離職年齢）

　59 歳時の仕事の内容（職業）と離職年齢とにいくつかの関連が窺われる結果がみられている。有意性が析出された項目を挙げれば、

➤60 歳時について「専門的・技術的な仕事」、「販売の仕事」、「サービスの仕事」、「保安の仕事」（係数：いずれもマイナス）

➤61 歳時について「専門的・技術的な仕事」、「管理的な仕事」、「事務の仕事」、「保安の仕事」、「農林漁業の仕事」（いずれもプラス）、

➤62 歳時について、「販売の仕事」、「サービスの仕事」（いずれもマイナス）、

➤63 歳時について、「管理的な仕事」（マイナス）

➤65 歳時について、「専門的・技術的な仕事」、「サービスの仕事」、「保安の仕事」（マイナス）

となっている。61 歳時についてはプラス（離職を高める）となっているが、それ以外ではすべてマイナスで有意となっている。また、有意ではないものの、「運輸・通信の仕事」については、66 歳時までのすべての年齢で係数はマイナスとなっている。61 歳時は別として、これらは離職を抑制する方向に働く職種であるといえる。

（家計支出額）

　引退年や離職年における 1 カ月の家計支出額については、当該年の方を中心に比較的多くの項目で有

---

[36] 同様の傾向は、有意性は析出されていないものの、離職年齢について「59 歳時再雇用制度ありダミー」に係る係数でもみられている。

— 150 —

表3 59歳時正社員の引退年齢各歳別ロジスティック回帰分析結果(回帰係数、オッズ比と有意性有無のみ表示)

被説明変数:「当該年齢で引退ダミー」(該当=1)

		引退年齢:60歳		引退年齢:61歳		引退年齢:62歳		引退年齢:63歳		引退年齢:64歳		引退年齢:65歳		引退年齢:66歳		引退年齢:67歳	
		B	Exp(B)	B	Exp(B)	B	Exp(B)	B	Exp(B)	B	Exp(B)	B	Exp(B)	B	Exp(B)	B	Exp(B)
性別	女性ダミー	0.253	1.288	0.877	2.404 ***	0.740	2.097 **	-0.164	0.849	0.409	1.505	-0.106	0.900	-0.456	0.634	-0.341	0.711
世代区分(ベース:プリ団塊世代)	世代(団塊世代)ダミー	0.133	1.142	0.483	1.621	-0.851	0.427 *	0.429	1.535	-0.198	0.820	-0.072	0.931	-1.467	0.231 **	-4.894	0.007 **
	世代(ポスト団塊Ⅰ世代)ダミー	0.797	2.219	0.448	1.565	-0.422	0.656	0.185	1.203	0.023	1.023	0.071	1.073				
	世代(ポスト団塊Ⅱ世代)ダミー	0.263	1.301	0.129	1.138	0.013	1.013										
学歴(ベース:中高卒)	短大・高専卒ダミー	-0.035	0.965	0.017	1.017	0.601	1.824 **	0.183	1.200	-0.577	0.561 *	-0.096	0.909	0.074	1.077	0.096	1.101
	大卒・大学院修了ダミー	-0.150	0.860	0.283	1.328	0.360	1.434	-0.499	0.607 **	-0.284	0.753	-0.143	0.866	0.084	1.087	0.059	1.061
引退希望年齢/各歳ダミー等(ベース:仕事はしたくない)	60歳ダミー	-0.125	0.882	-2.055	0.128 **	-0.836	0.433	-1.009	0.365	-0.272	0.762	-1.119	0.327	-0.348	0.706	-19.936	0.000
	61歳ダミー	-19.105	0.000	-19.352	0.000	-19.662	0.000	-19.077	0.000	-19.038	0.000	-18.791	0.000	-19.292	0.000	-19.194	0.000
	62歳ダミー	-1.254	0.285 **	-1.148	0.317 **	-0.127	0.881	-0.471	0.625	-0.099	0.905	-1.095	0.334	-0.514	0.598	0.272	1.312
	63歳ダミー	-1.148	0.317 **	-1.459	0.232 ***	-1.242	0.289 **	-0.304	0.738	0.111	1.118	-0.826	0.438 *	-0.884	0.413 **	-0.284	0.752
	64歳ダミー	-1.171	0.310 **	-1.636	0.195 ***	-0.277	0.758	-0.807	0.446	0.050	1.051	0.277	1.319	-1.047	0.351 **	-1.563	0.209 *
	65歳ダミー	-1.721	0.179 ***	-1.633	0.195 ***	-1.314	0.269 ***	-0.838	0.432 ***	-0.961	0.382 ***	-0.286	0.751	-1.069	0.344 ***	-0.379	0.685
	66~69歳ダミー	-18.231	0.000	-19.238	0.000	-18.668	0.000	-0.386	0.680	-0.617	0.540	-0.495	0.610	-19.656	0.000	-18.439	0.000
	70歳ダミー	-2.795	0.061 ***	-2.050	0.129 ***	-1.740	0.175 ***	-1.151	0.316 **	-1.864	0.155 ***	-0.831	0.436 *	-1.024	0.359 **	-18.915	0.000
	71歳以上ダミー	-18.784	0.000	-19.379	0.000	-18.550	0.000	-18.470	0.000	-19.378	0.000	-0.497	0.609	-19.396	0.000	-18.959	0.000
	可能な限り働きたいダミー	-1.806	0.164 ***	-1.718	0.179 ***	-1.534	0.216 ***	-1.139	0.320 ***	-1.501	0.223 ***	-0.922	0.398 ***	-1.075	0.341 ***	-0.600	0.549 *
59歳時収入額	収入(万円)	0.000	1.000	0.001	1.001	-0.001	0.999	-0.001	0.999	-0.001	0.999	0.000	1.000	-0.004	0.996	-0.003	0.997
59歳時の仕事(職種)(ベース:生産工程の仕事)	専門的・技術的な仕事ダミー	-0.495	0.610 *	-0.049	0.952	-0.124	0.884	0.026	1.027	0.277	1.319	0.104	1.109	0.386	1.471	-0.559	0.572
	管理的な仕事ダミー	-0.477	0.620	-0.125	0.882	-0.111	0.895	-0.527	0.590 *	0.241	1.273	0.033	1.033	0.158	1.171	-0.310	0.733
	事務の仕事ダミー	-0.110	0.896	0.126	1.134	-0.258	0.773	-0.042	0.959	0.213	1.238	0.197	1.217	0.386	1.471	-0.377	0.686
	販売の仕事ダミー	-0.155	0.856	-0.260	0.771	-1.095	0.335 *	-0.437	0.646	0.320	1.377	-0.010	0.990	0.208	1.231	-0.207	0.813
	サービスの仕事ダミー	-0.758	0.468 *	-0.459	0.632	-0.561	0.571	-0.351	0.704	0.052	1.054	-1.641	0.194 ***	0.263	1.301	-0.188	0.829
	保安の仕事ダミー	-1.842	0.159 *	0.298	1.347	0.344	1.411	-0.919	0.399	0.470	1.600	-1.548	0.213	0.421	1.523	-18.304	0.000
	農林漁業の仕事ダミー	-16.914	0.000	-17.171	0.000	0.567	1.764	-18.163	0.000	-17.860	0.000	1.055	2.871	-17.346	0.000	-17.527	0.000
	運輸・通信の仕事ダミー	-0.269	0.764	-0.442	0.643	-0.330	0.719	-0.756	0.470	-0.378	0.685	-0.036	0.965	0.534	1.705	-0.869	0.420
	その他の仕事ダミー	-0.670	0.512	-0.931	0.394	-1.129	0.323 *	-0.131	0.877	-0.088	0.916	0.326	1.385	0.775	2.171	-0.029	0.971
59歳時の企業規模(ベース:官公庁)	30人未満ダミー	-0.388	0.678	-0.602	0.548 ***	0.079	1.082	-0.682	0.506 **	-0.459	0.632 *	0.024	1.024	-0.114	0.892	-0.121	0.886
	30~300人未満ダミー	-0.436	0.646 **	-0.357	0.699 **	0.096	1.101	-0.394	0.674 *	-0.127	0.881	0.054	1.055	-0.299	0.741	-0.166	0.847
59歳時の関連雇用制度	定年ありダミー	-5.262	0.005 **	-5.676	0.003 ***	-5.453	0.004 **	-5.820	0.003 **	0.036	1.037	1.350	3.856	1.217	3.376	-1.551	0.212
	定年年齢(定年なし等⇒80歳)	-0.286	0.752 **	-0.340	0.711 ***	-0.263	0.769 *	-0.289	0.749 **	-0.020	0.980	0.014	1.014	0.059	1.061	-0.108	0.898
	再雇用制度ありダミー	0.096	1.100	-0.416	0.659 **	-0.074	0.928	0.052	1.053	-0.067	0.935	-0.216	0.806	0.453	1.572 *	-0.346	0.707
	勤務延長制度ありダミー	0.172	1.188	-0.054	0.948	0.200	1.222	0.131	1.140	-0.342	0.710	0.064	1.066	-0.387	0.679 *	-0.539	0.583 *
職業キャリア	【第1回調査】一つの企業等に20年以上勤務ダミー	1.118	3.059 **	0.473	1.604	0.223	1.250	0.065	1.068	-0.266	0.766	0.192	1.212	0.285	1.330	0.699	2.011
	【第1回調査】同じ分野の仕事に20年以上勤務ダミー	0.919	2.506 *	-0.083	0.920	0.063	1.065	-0.289	0.749	0.173	1.189	0.013	1.013	-0.268	0.765	0.906	2.474
	【第1回調査】その他の20年以上勤務(自営を除く)ダミー	0.782	2.186	0.016	1.016	-0.037	0.963	-0.377	0.686	0.251	1.285	-0.002	0.998	0.146	1.157	0.171	1.187
	【第1回調査】自営で20年以上勤務ダミー	0.326	1.386	0.209	1.232	-16.777	0.000	-17.887	0.000	-0.335	0.715	-1.141	0.319	-0.104	0.901	0.370	1.448
推定フル年金額(ベース:25万円以上。)	5~10万円未満ダミー	17.775	52452978	18.913	163567078	-3.038	0.048	-1.409	0.244	17.221	30119917	19.948	460434193	16.000	8889783.7	17.336	33796400
	10~15万円未満ダミー	17.698	48529292	19.318	245236223	-3.264	0.0382473 *	-1.268	0.281	17.907	59808800	19.379	260784665	15.980	8709210.5	16.695	17800815
	15~20万円未満ダミー	17.480	39025197	19.360	255726933	-2.743	0.0643984 *	-1.724	0.178	18.150	76281037	19.548	308847426	16.168	10515211	16.384	13043290
	20~25万円未満ダミー	17.351	34328309	19.239	226734909	-2.667	0.069 *	-1.501	0.223	18.991	176874376	20.023	496610893	-2.634	0.072	16.654	17091005
59歳時の仕事満足度	能力活用・発揮/不満化ダミー(前々々年より前々年が不満方向へ変化)			-0.109	0.897	0.339	1.404	0.757	2.133 **	-0.288	0.750	-0.091	0.9128132	0.360	1.4331478	0.458	1.5814587
	能力活用・発揮/不満化ダミー(前々年より前年が不満方向へ変化)	0.363	1.438	-0.079	0.924	-0.327	0.721	0.310	1.363	0.431	1.539	0.056	1.058	-18.652	0.000	-17.613	0.000
	職場の人間関係/不満化ダミー(前々々年より前々年が不満方向へ変化)			0.438	1.550	0.362	1.436	0.081	1.085	0.678	1.970 **	0.387	1.473	-0.155	0.856	-0.421	0.656
	職場の人間関係/不満化ダミー(前々年より前年が不満方向へ変化)	-0.433	0.649	-0.721	0.486 *	-0.261	0.771	0.124	1.132	-0.197	0.821	-0.350	0.705	-0.570	0.565	-0.231	0.794
	労働条件/賃金・収入/不満化ダミー(前々々年より前々年が不満方向へ変化)			-0.131	0.878	-0.851	0.427 **	-0.412	0.662	-0.440	0.644	-0.408	0.665	-0.288	0.750	-1.976	0.139 *
	労働条件/賃金・収入/不満化ダミー(前々年より前年が不満方向へ変化)	0.098	1.103	-0.628	0.534 **	-0.255	0.775	-0.866	0.421 **	-0.227	0.797	-0.081	0.922	-0.566	0.568	-18.460	0.000
引退時前後の介護の実施開始	開始ダミー(前々年:介護なし→前年:あり)	0.199	1.220	0.118	1.126	0.602	1.825 *	-0.141	0.868	0.238	1.269	-0.542	0.582	-0.309	0.734	1.119	3.061 **
	開始ダミー(前年:介護なし→当該年:あり)	0.159	1.173	0.389	1.476	0.825	2.281 **	0.662	1.939 **	0.113	1.119	0.756	2.130 **	0.275	1.317	-0.510	0.601
引退前後の経済支援提供終了	終了ダミー(前々年:支援あり→前年:なし)	-0.190	0.827	0.437	1.548 *	-0.417	0.659	0.480	1.616	0.404	1.497	-0.173	0.841	0.096	1.101	0.453	1.573
	終了ダミー(前年:支援あり→当該年:なし)	0.203	1.225	-0.418	0.658	-0.453	0.636	0.001	1.001	-0.643	0.526	0.474	1.606	-0.299	0.741	-1.487	0.226
引退前後の健康状況悪化	悪化ダミー(前々年より前年がよくない方向へ変化)	0.267	1.306	0.278	1.320	0.401	1.493	-0.035	0.966	0.300	1.350	0.008	1.008	0.118	1.126	-0.351	0.704
	悪化ダミー(前年より当該年がよくない方向へ変化)	-0.102	0.903	-0.561	0.571 *	0.286	1.331	0.307	1.359	0.579	1.784 **	0.215	1.239	0.308	1.361	0.774	2.168 **
引退前後の生活活動困難化	困難化ダミー(前々年:困難なし→前年:あり)	0.633	1.884	0.091	1.096	0.634	1.886 *	0.301	1.351	0.176	1.192	0.025	1.026	-0.353	0.703	1.042	2.834 **
	困難化ダミー(前年:困難なし→当該年:あり)	-0.132	0.876	0.458	1.580	0.384	1.468	0.018	1.018	0.455	1.576	-0.021	0.980	0.213	1.238	-0.279	0.757
引退時の末子年齢	6~18歳ダミー	-17.125	0.000	-1.133	0.322	-16.984	0.000	-17.702	0.000	-17.787	0.000	0.511	1.667	-18.360	0.000	-18.480	0.000
	19~24歳ダミー	-1.166	0.312 **	-0.309	0.734	-0.626	0.535	-0.310	0.734	0.493	1.638	-0.638	0.528	-0.082	0.921	-18.106	0.000
引退時の配偶者の有無	配偶者(収入あり)ありダミー	0.170	1.185	-0.214	0.807	0.005	1.005	0.185	1.203	-0.338	0.713	0.082	1.086	-0.370	0.691	0.372	1.450
	配偶者(収入なし)ありダミー	0.062	1.064	-0.206	0.814	0.039	1.040	0.636	1.889 **	-0.330	0.719	-0.243	0.784	-0.255	0.775	0.748	2.112
引退前後の地域活動・その他の社会参加活動の開始	活動開始ダミー(前々年:なし→前年:あり)	-0.088	0.916	-0.138	0.871	0.128	1.136	-0.125	0.882	0.097	1.102	0.309	1.362	-0.394	0.674	-0.417	0.659
	活動開始ダミー(前年:なし→当該年:あり)	0.199	1.220	0.180	1.197	0.196	1.217	-0.026	0.974	-0.038	0.963	0.053	1.055	0.133	1.142	-0.786	0.456 **
	活動開始ダミー(当該年:なし→次年:あり)	0.314	1.370	0.419	1.520 **	0.205	1.227	0.275	1.317	-0.097	0.907	-0.206	0.814	0.138	1.148	-0.128	0.880
引退前後の住宅ローンの完済	完済ダミー((前々年:ローンあり→前年:なし)	0.212	1.236	0.071	1.074	-0.560	0.571	-0.624	0.536	-0.310	0.734	0.604	1.829	-0.683	0.505	-0.031	0.969
	完済ダミー((前年:ローンあり→当該年:なし)	0.675	1.964 ***	-0.165	0.848	-1.380	0.252	0.220	1.246	-0.432	0.649	0.728	2.070 *	0.029	1.029	-0.090	0.914
引退前年の1ヵ月家計支出額(ベース:30万円以上)	10万円未満ダミー	0.551	1.735	-0.375	0.688	0.028	1.029	1.326	3.767 **	0.745	2.106	0.197	1.217	-1.226	0.294	-0.945	0.389
	10~20万円未満ダミー	-0.058	0.944	-0.020	0.981	-0.148	0.863	0.128	1.137	-0.509	0.601 *	-0.359	0.699	0.164	1.178	-0.771	0.463 *
	20~30万円未満ダミー	0.112	1.118	0.007	1.007	0.177	1.194	0.095	1.099	-0.261	0.771	-0.223	0.800	-0.194	0.824	-0.325	0.723
引退年の1ヵ月家計支出額(ベース:30万円以上)	10万円未満ダミー	0.602	1.826	0.898	2.455	1.303	3.681 **	-0.173	0.841	0.626	1.870	1.481	4.399 ***	1.130	3.096	1.768	5.861 ***
	10~20万円未満ダミー	1.060	2.886 ***	0.541	1.718 **	0.427	1.533	0.064	1.066	0.891	2.437 ***	0.626	1.869 **	0.245	1.278	0.331	1.392
	20~30万円未満ダミー	0.366	1.441 *	0.577	1.780 ***	-0.088	0.916	0.279	1.322	0.605	1.831 ***	0.593	1.810 ***	0.181	1.199	0.336	1.399
引退年の世帯貯蓄額(ベース:2,000万円以上)	100万円未満ダミー	-1.187	0.305 ***	-1.259	0.284 ***	-0.791	0.454 **	-0.233	0.792	-0.879	0.415 ***	-0.929	0.395 ***	-0.866	0.421 **	-0.504	0.604
	100~999万円ダミー	-1.596	0.203	-17.621	0.000	-17.781	0.000	0.248	1.282	-1.898	0.150 *	-1.289	0.276 *	-1.374	0.253	-18.807	0.000
	1,000~1,999万円ダミー	-1.151	0.316 ***	-0.897	0.408 ***	-0.575	0.562 ***	-0.237	0.789	-0.474	0.623 **	-0.370	0.690 **	-0.076	0.927	-0.260	0.771
引退時の労働市場の状況	引退年の有効求人倍率	-0.224	0.800	2.218	9.188 **	0.210	1.234	0.387	1.473	1.151	3.161	0.737	2.089	10.937	56207.527 **	-30.392	0.000 **
	引退前年の有効求人倍率	0.378	1.460	-0.735	0.479	-1.347	0.260	0.731	2.077	-1.077	0.341	0.604	1.829	-8.029	0.000 *	44.500	2.119E+19 **
	定数	1.399	4.050	3.644	38.248	22.603	6.553E+09 **	21.462	2.093E+09 **	-18.468	0.000	-24.932	1.486E-11	-25.457	0.000	-16.432	0.000
N		5,654		5,045		4,353		3,742		3,095		2,464		1,903		1,403	
オムニバス検定(χ2)		341.520 ***		488.368 ***		209.451 ***		134.228 ***		160.191 ***		143.108 ***		103.507 ***		126.041 ***	
Cox-Snell R2 乗		0.059		0.092		0.047		0.035		0.050		0.056		0.053		0.086	
Nagelkerke R2 乗		0.232		0.273		0.178		0.117		0.147		0.136		0.133		0.216	

注:統計的有意水準:*** 1%, ** 5%, * 10%

表4 59歳時正社員の59歳時仕事からの離職年齢各歳別ロジスティック回帰分析結果（回帰係数、オッズ比と有意性有無のみ表示）

被説明変数：「当該年齢で離職ダミー」（該当＝1）

		離職年齢：60歳		離職年齢：61歳		離職年齢：62歳		離職年齢：63歳		離職年齢：64歳		離職年齢：65歳		離職年齢：66歳	
		B	Exp(B)	B	Exp(B)	B	Exp(B)	B	Exp(B)	B	Exp(B)	B	Exp(B)	B	Exp(B)
性別	女性ダミー	-0.247	0.781 *	0.236	1.266	0.244	1.276	-0.350	0.705	-0.199	0.820	-0.516	0.597	-0.643	0.526
世代区分 （ベース：プリ団塊世代）	世代（団塊世代）ダミー	-0.056	0.946	0.192	1.212	-0.274	0.761	1.623	5.070	-0.168	0.845	0.662	1.939 **	-0.291	0.747
	世代（ポスト団塊Ⅰ世代）ダミー	0.951	2.589 **	0.204	1.226	-0.508	0.601 *	1.989	7.307	-0.539	0.583	1.034	2.813 *		
	世代（ポスト団塊Ⅱ世代）ダミー	0.072	1.075	0.172	1.187	-0.305	0.737								
学歴 （ベース：中高卒）	短大・高専卒ダミー	-0.012	0.988	0.003	1.003	-0.128	0.880	-0.298	0.742	-0.407	0.666	0.140	1.151	-0.453	0.636
	大卒・大学院修了ダミー	0.006	1.006	0.124	1.131	0.090	1.094	-0.682	0.505 ***	-0.180	0.835	0.002	1.002	0.674	1.962 **
引退希望年齢／各歳ダミー等 （ベース：仕事はしたくない）	60歳ダミー	-0.131	0.877	-0.369	0.692	-0.258	0.772	-1.775	0.169	0.240	1.271	0.867	2.380	1.151	3.160
	61歳ダミー	-0.845	0.429	-0.530	0.589	0.213	1.238	0.252	1.286	-19.373	0.000	1.527	4.604	-20.147	0.000
	62歳ダミー	-0.774	0.461 ***	-0.633	0.531 *	0.194	1.214	-0.964	0.381	-1.224	0.294 *	-0.878	0.416	-0.159	0.853
	63歳ダミー	-0.403	0.668 **	-0.940	0.391 ***	-0.459	0.632	-0.494	0.610	-0.300	0.741	-0.150	0.861	-1.192	0.304 *
	64歳ダミー	-0.336	0.715 *	-0.679	0.507 ***	-0.235	0.790	-0.932	0.394	-0.194	0.824	-0.101	0.904	-1.884	0.152 **
	65歳ダミー	-0.443	0.642 ***	-0.821	0.440 ***	-0.583	0.558 ***	-0.797	0.451 ***	-0.662	0.516 **	0.120	1.128	-0.464	0.629
	66～69歳ダミー	-0.214	0.807	-0.551	0.576	-0.870	0.419	-1.048	0.351	-1.151	0.316	-20.080	0.000	-21.029	0.000
	70歳ダミー	-0.492	0.612 ***	-0.665	0.514 **	-1.178	0.308 **	-0.808	0.446 **	-0.899	0.407 **	-0.067	0.936	-0.901	0.406
	71歳以上ダミー	0.485	1.624	-0.492	0.612	-19.421	0.000	-0.962	0.382	-0.883	0.414	2.357	10.563 *	-20.516	0.000
	可能な限り働きたいダミー	-0.420	0.657 ***	-0.689	0.502 ***	-0.739	0.477 ***	-1.044	0.352 ***	-1.051	0.350 ***	-0.076	0.926	-0.990	0.371 **
59歳時収入額	収入（万円）	0.000	1.000	0.001	1.001	0.001	1.001	0.001	1.001	0.000	0.999	0.001	1.001	0.002	1.002
59歳時の仕事（職種） （ベース：生産工程の仕事）	専門的・技術的な仕事ダミー	-0.275	0.760 **	0.602	1.826 ***	-0.052	0.949	-0.172	0.842	0.139	1.149	-0.488	0.614 *	-0.235	0.790
	管理的な仕事ダミー	-0.155	0.857	0.460	1.585 ***	-0.045	0.956	-0.765	0.465 **	-0.223	0.800	-0.211	0.810	0.339	1.404
	事務の仕事ダミー	-0.183	0.832	0.559	1.750 ***	-0.049	0.952	0.040	1.040	-0.447	0.640	-0.258	0.772	0.374	1.453
	販売の仕事ダミー	-0.263	0.768 *	-0.258	0.772	-1.178	0.308 ***	0.037	1.038	-0.078	0.925	-0.454	0.635	0.500	1.648
	サービスの仕事ダミー	-0.354	0.702 **	0.128	1.137	-0.557	0.573 *	0.258	1.294	-0.510	0.601	-0.708	0.492 **	0.655	1.926
	保安の仕事ダミー	-0.922	0.398 ***	0.900	2.460 **	0.455	1.576	-0.613	0.542	-1.617	0.199	-1.093	0.335 **	-0.209	0.811
	農林漁業の仕事ダミー	-0.835	0.434	1.113	3.044 **	0.680	1.973	-19.148	0.000	-20.081	0.000	0.636	1.889	2.617	13.694 *
	運輸・通信の仕事ダミー	-0.196	0.822	-0.037	0.964	-0.064	0.938	-0.508	0.602	-0.554	0.574	-0.320	0.726	-0.243	0.784
	その他の仕事ダミー	-0.047	0.954	0.097	1.102	-0.268	0.765	-0.430	0.651	-0.817	0.442	-1.053	0.349 **	-0.216	0.806
59歳時の企業規模 （ベース：官公庁）	30人未満ダミー	-0.405	0.667 ***	-0.713	0.490 ***	-0.173	0.841	-0.387	0.679 *	-0.590	0.554 **	-0.633	0.531 **	-0.989	0.372 **
	30～300人未満ダミー	-0.321	0.726 ***	-0.501	0.606 ***	0.036	1.037	-0.105	0.900	-0.302	0.739	-0.590	0.555 **	-0.725	0.484 **
59歳時の関連雇用制度	定年ありダミー	-5.782	0.003 ***	-6.826	0.001 ***	-0.987	0.373	-2.272	0.103 **	-0.634	0.530	1.514	4.547 *	0.096	1.101
	定年年齢（定年なし等⇒80歳）	-0.316	0.729 ***	-0.384	0.681 ***	-0.053	0.949	-0.125	0.882 **	-0.042	0.959	0.066	1.069	-0.018	0.982
	再雇用制度ありダミー	-0.029	0.971	-0.336	0.715 **	-0.135	0.874	0.015	1.015	0.197	1.218	0.146	1.157	0.498	1.645 *
	勤務延長制度ありダミー	-0.015	0.985	-0.384	0.681 ***	0.138	1.148	0.066	1.068	-0.089	0.915	-0.151	0.860	-0.467	0.627
職業キャリア	【第1回調査】一つの企業等に20年以上勤務ダミー	0.267	1.306	0.840	2.317 ***	-0.106	0.900	-0.197	0.821	-0.476	0.621	0.205	1.227	0.844	2.326
	【第1回調査】同じ分野の仕事に20年以上勤務ダミー	0.182	1.200	0.259	1.296	-0.195	0.823	-0.265	0.767	-0.247	0.781	0.303	1.354	0.824	2.279
	【第1回調査】その他の20年以上勤務（自営を除く）ダミー	0.251	1.285	0.409	1.505 *	0.007	1.007	-0.497	0.608	-0.551	0.577	-0.193	0.824	-0.453	0.636
	【第1回調査】自営で20年以上勤務ダミー	-0.295	0.744	0.378	1.459	0.627	1.873	-1.073	0.342	0.010	1.010	0.310	1.364	0.964	2.622
推定フル年金額 （ベース：25万円以上。）	5～10万円未満ダミー	0.417	1.517	1.375	3.954	19.273	234452964	-19.830	0.000	-0.355	0.701	0.819	2.268	1.638	5.145
	10～15万円未満ダミー	0.507	1.660	1.599	4.948	19.375	259735848	-20.100	0.000	0.991	2.694	0.346	1.414	0.984	2.674
	15～20万円未満ダミー	0.368	1.444	1.254	3.504	19.458	282182525	-20.105	0.000	0.705	2.025	0.255	1.290	0.365	1.441
	20～25万円未満ダミー	0.070	1.073	1.235	3.440	18.643	124843878	-19.876	0.000						
59歳時の仕事満足度	能力活用・発揮／不満化ダミー（前々々年より前々年が不満方向へ変化）			-0.001	0.999	0.170	1.185	0.364	1.440	0.113	1.120	-0.473	0.623	1.413	4.107 ***
	能力活用・発揮／不満化ダミー（前々年より前年が不満方向へ変化）	0.274	1.315 *	0.234	1.263	0.285	1.329	0.291	1.338	0.683	1.979 *	-0.481	0.618	-0.083	0.920
	職場の人間関係／不満化ダミー（前々々年より前々年が不満方向へ変化）			0.283	1.328	0.041	1.042	-0.316	0.729	0.209	1.233	0.939	2.557 ***	0.660	1.935
	職場の人間関係／不満化ダミー（前々年より前年が不満方向へ変化）	0.091	1.095	0.379	1.460 **	0.802	2.229 ***	0.772	2.164 ***	0.513	1.671	0.638	1.893	-0.524	0.592
	労働条件／賃金・収入／不満化ダミー（前々々年より前々年が不満方向へ変化）			0.010	1.010	-0.293	0.746	0.296	1.344	-0.123	0.884	0.084	1.088	0.620	1.860
	労働条件／賃金・収入／不満化ダミー（前々年より前年不満方向へ変化）	-0.085	0.918	-0.399	0.671 ***	-0.129	0.879	-0.366	0.693	0.162	1.175	0.125	1.133	-1.468	0.230 **
離職時前後の介護の実施開始	開始ダミー（前々年→当該年：あり）	0.052	1.053	-0.141	0.868	0.213	1.237	-0.024	0.976	0.248	1.281	0.064	1.067	1.335	3.801 *
	開始ダミー（前年→介護なし→当該年：あり）	0.267	1.306 *	0.460	1.584 **	0.906	2.476 ***	0.794	2.211 **	0.708	2.031 *	0.969	2.635 **	-1.323	0.266 *
離職前後の経済支援提供終了	終了ダミー（前々年：支援あり→前年：なし）	-0.090	0.914	-0.087	0.917	0.000	1.000	-0.468	0.626	-0.142	0.867	-0.100	0.905	0.662	1.939
	終了ダミー（前年：支援あり→当該年：なし）	0.186	1.204	0.220	1.246	0.443	1.557	-0.072	0.930	0.001	1.001	0.136	1.146	1.212	3.359
離職前後の健康状況悪化	悪化ダミー（前々年より前年がよくない方向へ変化）	-0.046	0.955	0.311	1.364 *	0.057	1.058	0.266	1.305	0.750	2.117 **	0.382	1.464	0.592	1.808
	悪化ダミー（前年より当該年がよくない方向へ変化）	0.013	1.013	0.063	1.065	0.368	1.445	0.376	1.457	0.356	1.427	-0.030	0.970	-0.908	0.404
離職前後の生活活動困難化	困難化ダミー（前々年：困難なし→前年：あり）	0.261	1.298	0.033	1.034	0.766	2.152 **	0.820	2.269 **	0.721	2.057 **	-0.279	0.756	-0.774	0.461
	困難化ダミー（前年：困難なし→当該年：あり）	0.365	1.441 **	0.337	1.400	1.003	2.728 **	0.722	2.058 **	-0.152	0.859	-0.252	0.777	0.632	1.881
離職時の末子年齢	6～18歳ダミー	0.239	1.270	-0.263	0.769	0.129	1.137	-35.415	0.000	-0.925	0.397	0.677	1.968	-20.033	0.000
	19～24歳ダミー	0.027	1.028	0.045	1.046	0.056	1.058	-0.695	0.499	0.263	1.301	0.467	1.595	0.242	1.274
離職時の配偶者の有無	配偶者（収入あり）ありダミー	0.040	1.040	-0.080	0.923	0.119	1.126	0.179	1.195	0.276	1.318	0.028	1.029	0.849	2.338 **
	配偶者（収入なし）ありダミー	-0.004	0.996	-0.058	0.944	0.013	1.013	0.293	1.340	-0.125	0.883	0.311	1.364	0.453	1.574
離職前後の地域活動・その他の 社会参加活動の開始	活動開始ダミー（前々年→前年：あり）	-0.016	0.984	0.125	1.133	-0.152	0.859	0.199	1.220	0.113	1.120	-0.097	0.908	-0.436	0.646
	活動開始ダミー（前年：なし→当該年：あり）	0.204	1.227 **	0.316	1.372 **	0.686	1.985 ***	-0.085	0.919	-0.092	0.912	0.256	1.291	0.588	1.801 *
	活動開始ダミー（当該年→次年：あり）	0.158	1.172 *	0.182	1.199	0.130	1.138	0.210	1.234	0.437	1.548 *	0.153	1.166	-0.038	0.962
離職前後の住宅ローンの完済	完済ダミー（前々年：ローンあり→前年：なし）	0.362	1.436 **	-0.469	0.626 *	-0.218	0.804	-0.491	0.612	-1.874	0.153 *	-0.050	0.952	0.323	1.382
	完済ダミー（前年：ローンあり→当該年：なし）	0.811	2.250 ***	-0.249	0.779	0.922	2.514 **	-0.301	0.740	0.662	1.938			0.577	1.781
離職前年の1ヵ月家計支出額 （ベース：30万円以上）	10万円未満ダミー	0.383	1.467	-0.267	0.766	-0.240	0.787	0.760	2.138	0.459	1.582	-0.064	0.938	-0.632	0.532
	10～20万円未満ダミー	-0.143	0.867	-0.616	0.540 **	-0.058	0.944	-0.123	0.884	-0.778	0.459 ***	-0.391	0.676	-0.213	0.808
	20～30万円未満ダミー	-0.073	0.930	-0.308	0.735 **	0.291	1.338 *	0.046	1.047	-0.129	0.879	-0.080	0.923	0.046	1.047
離職年の1ヵ月家計支出額 （ベース：30万円以上）	10万円未満ダミー	0.642	1.900 **	0.625	1.867	1.231	3.424 **	0.228	1.257	1.089	2.971 *	0.781	2.183	0.613	1.846
	10～20万円未満ダミー	0.655	1.926 **	0.522	1.685	0.326	1.385	0.312	1.366	0.900	2.460 ***	0.948	2.581 ***	1.036	2.818 **
	20～30万円未満ダミー	0.381	1.464 **	0.340	1.405	0.288	1.334 *	0.188	1.207	0.341	1.407	0.624	1.866 ***	0.434	1.544
離職年の世帯貯蓄額 （ベース：2,000万円以上）	100万円未満ダミー	-0.580	0.560 ***	-0.625	0.535 ***	-0.246	0.782	-0.074	0.929	-0.181	0.834	-0.470	0.625 *	-0.115	0.891
	100～999万円ダミー	-1.068	0.344 ***	-0.923	0.397 **	-0.601	0.548	-0.147	0.864	-0.890	0.411	-0.869	0.419	-0.692	0.500
	1,000～1,999万円ダミー	-0.596	0.551 ***	-0.520	0.595 ***	-0.438	0.645 **	-0.112	0.894	0.053	1.055	0.006	1.006	-0.376	0.687
離職時の労働市場の状況	引退年の有効求人倍率	-1.206	0.299 **	-0.161	0.851	-0.734	0.480	-5.010	0.007	-0.599	0.549	1.287	3.621	5.568	261.823
	引退前年の有効求人倍率	2.417	11.210 ***	0.338	1.403	0.137	1.147	3.761	42.978	-0.463	0.630	-2.083	0.125	-6.275	0.002
形態転換経験の有無	60-61歳時雇用継続中の形態転換ありダミー（62歳以降投入）					0.046	1.047	0.099	1.104	-0.006	0.995	0.244	1.276	0.019	1.019
	定数	22.657	6.912E+09 ***	27.673	1.043E+12 ***	-16.205	0.000	28.733	3.01E+12	2.802	16.477	-6.993	0.001 *	-1.371	0.254
	N	5,657		3,802		2,470		1,918		1,420		994		572	
	オムニバス検定（χ2）	568.355 ***		799.998 ***		168.602 ***		169.637 ***		160.654 ***		122.425 ***		118.754 ***	
	Cox-Snell R2乗	0.096		0.190		0.066		0.085		0.107		0.116		0.187	
	Nagelkerke R2乗	0.140		0.273		0.130		0.161		0.195		0.168		0.288	

注：統計的有意水準：*** 1%、** 5%、* 10%

意性が析出された。ここで注目したいことは、有意性が析出された場合はそれほど多くないが引退や離職の前年の家計支出については係数がマイナスであり、当該年についてはプラスとなっていることである。引退や離職の前年については相対的に低い額の支出の人の引退や離職を抑制することが示されている一方、引退や離職の後の年においては家計支出額を抑制している場合が多いことが示されているものと考えられる。

（世帯貯蓄額）

　世帯の貯蓄額については、家計支出額に比べて有意性が析出された場合がやや少なくなっているが、引退年齢に関する分析において、総じて貯蓄額が少ないほど、とりわけ「100 万円未満」といったほとんど貯蓄のない場合には、それぞれの年齢での引退を抑制する傾向が示されている。また、離職年齢に関する分析において、60 歳時、61 歳時に同様の傾向が示されている。

（その他の注目結果）

　以上のほか、一部の分析において有意性が析出されたものもみておきたい。

　まず、引退年齢に関する分析をみると、次のような点が注目できる。

①62 歳時及び 63 歳時、65 歳時、67 歳時において「介護実施遷移（前々回なし→前回あり）ダミー」や「介護実施遷移（前回→今回）ダミー」で有意にプラスの係数が計測されている。介護を実施するようになったことが引退を促す可能性が示唆されている。

②61 歳時において、緩やかな関連ながら、「健康状況悪化（前回→今回）ダミー」が係数マイナスで有意となっている。個々の状況にもよるのでなんともいえない面が多いが、雇用確保措置が整備された下で少々の健康状況の悪化は却って引退を抑制したとも考えられる。一方、より高年齢の 64 歳時、67 歳時においては「健康状況悪化（前回→今回）ダミー」は有意にプラスの係数が計測されており、健康状況の悪化が引退を促す可能性が示唆されている。また、ここでの計測結果からは、前々年から前年にかけての健康状況の悪化には有意性は析出されておらず、健康状況の悪化と引退とが時間的に近接しているとの結果となっている。

③61 歳時において、「地域活動・その他の参加活動の開始ダミー」に、しかも引退当該年から次年にかけて活動を開始した場合についてプラスの係数が計測されている。例えば定年に際しては、引退とともに、あるいは引退後あまり時間をおかずにそうした活動に参加するようになることが窺われる。一方、67 歳時については、前年から当該年にかけて活動を開始した場合について、マイナスの係数が計測されている。そうした活動に参加することが引退しないことと結びついていることが示されている。

④60 歳時及び 65 歳時の分析において、前年から当該年にかけての「住宅ローンの完済ダミー」でそれぞれ有意にプラスの係数が計測されている。住宅ローンがなくなることが引退を促すことが示唆されるが、併せて、60 歳や 65 歳といった節目の年に完済することがより強い関連をもつとも解釈できる面も窺える。

　つぎに、離職年齢に関する分析については、次のとおりである。

⑤60 歳時と 61 歳時、65 歳時と 66 歳時、それぞれ企業規模が小さいほど離職しないことが示されている。逆にいえば、60 歳や 65 歳といった節目前後において大企業で離職する人が相対的に多いということであろう。

⑥61～63 歳時と 65 歳時において、「仕事満足度（人間関係）不満化ダミー（前々回→前回）」で有意にプラスの係数が計測されており、職場の人間関係に対する不満の強まりが離職を促すことが示唆されている。一方、61 歳時の分析において、「仕事満足度（労働条件／賃金・収入）不満化ダミー（前々回→前回）」では有意にマイナスの係数が計測されている。解釈に困難な面があるが、例えば定年に際しての雇用継続に伴い賃金等の比較的大きな減額を受け入れたために、そのこと自体は不満化するものの雇用は継続されて離職はしないことを反映しているといったことが考えられる。

⑦「介護実施遷移（前回→今回）ダミー」でも、60 代前半を中心に多くの年齢において有意にプラスの係数が計測されている。介護を実施するようになったことが離職を促す可能性が示唆されている。

⑧62 歳及び 63 歳の分析において、「生活活動困難／なし→ありダミー」が有意にプラスの係数が計測されており、60 代前半において、生活活動に困難が伴うようになることが離職につながっていることが示されている。

⑨引退の場合よりも多くの年齢において、「住宅ローンの完済ダミー」でそれぞれ有意にプラスの係数が計測されている。住宅ローンがなくなることが離職を促すことが示唆されている。なお、61 歳時や 64 歳時では、離職前々年から前年にかけて完済した場合にマイナスの係数で有意となっている。住宅ローン完済後 1 年以上勤務した人は、むしろ離職を抑制する方向に働く面もあるということであろうか。

⑩60 歳時において、前年の有効求人倍率についてはマイナス、当該年についてはプラスの係数にそれぞれ有意となっている。定年に際して離職するかどうかに関して、一般的な労働市場の状況と一定の関連があることが示唆されている。

（４）＜補論＞「65 歳の壁」65 歳で離職した人の引退の有無分析

以上、引退年齢等に関する簡単な回帰分析の結果をみてきた。そこでは、一部を除いて、総じて常識的な結果がみられたといえる。その中で、プリ団塊世代に比べ、団塊世代やポスト団塊Ⅰ世代においいて 65 歳時での離職が相対的に高くなっていることが示唆されたことが注目される。65 歳までの希望者全員の雇用確保措置が整備された現在及び今後において、65 歳での離職がそのまま引退へとつながっていくようになるいわゆる「65 歳の壁」が、新たに構築されることが懸念されるところである。そこで、今回の分析の最後に、65 歳で 59 歳時の職場を離職した 59 歳時に正社員だった人を対象として、被説明変数として 65 歳時に引退しなかったケースを「1」とする変数を作成し、二項ロジスティック回帰分析を行った[37]。分析は、男女計と男性のみとの 2 通り行った（表 5）。

表5　59歳時の職場から65歳で離職した人の65歳で引退しないことに関する
ロジスティック回帰分析結果（有意性が検出された主な項目のみ）
（59歳時正社員で65歳で当該職場の離職年齢が65歳の人）

従属変数：「65歳で引退しないダミー」（該当＝1）

		59歳時正社員 男女計	59歳時正社員 男性
		回帰係数	回帰係数
59歳時仕事からの離職理由 （ベース：定年）	契約期間満了	0.478	1.604 ***
	健康	−1.030	−0.741
	家族の介護・看護	−0.872	−0.375
	人間関係	−0.310	20.607
	労働条件	0.574	20.923
	年金受給開始	−0.518	−0.914
	その他	−0.459	−0.543
64歳時の仕事（職種） （ベース：生産工程の仕事）	（64歳時）専門的・技術的な仕事ダミー	−0.092	0.108
	（64歳時）管理的な仕事ダミー	−0.433	−0.409
	（64歳時）事務の仕事ダミー	−0.490	0.061
	（64歳時）販売の仕事ダミー	0.867	−0.143
	（64歳時）サービスの仕事ダミー	0.323	1.809 *
	（64歳時）保安の仕事ダミー	0.661	1.579
	（64歳時）運輸・通信の仕事ダミー	−0.702	0.443
	（64歳時）その他の仕事ダミー	1.002	3.186 *
推定フル年金額 （ベース：25万円以上）	5〜10万円未満ダミー	1.391	
	10〜15万円未満ダミー	1.177 **	1.898 **
	15〜20万円未満ダミー	0.330	1.032 *
	20〜25万円未満ダミー	−0.315	0.706
住宅ローンの完済	住宅ローン／なし→ありダミー（63歳→64歳）	−0.921	0.123
	住宅ローン／なし→ありダミー（64歳→65歳）	−1.250 *	−2.339 ***
65歳時の世帯貯蓄額 （ベース：2,000万円以上）	100万円未満ダミー	1.814 ***	2.330 ***
	100〜999万円ダミー	0.146	0.021
	1,000〜1,999万円ダミー	1.151 ***	0.932 **
	定数	3.034 *	3.304 *
	N	331	265
	オムニバス検定（χ2）	95.814 **	102.857 ***
	Cox-Snell R2 乗	0.251	0.322
	Nagelkerke R2 乗	0.357	0.459

注：統計的有意水準：*** 1%，** 5%，* 10%

---

[37] 同時に、65 歳時での離職と引退を取り扱うことから、65 歳以降のデータがあって「引退」についてより確からしいとみなせるプリ団塊世代と団塊世代とに対象を限定した。

有意性が析出されたものをみると、プラスの係数が計測されたのは、59歳時の仕事からの離職理由（元の職場からの65歳での離職理由）が「契約期間満了」であったこと、64歳時の仕事が「サービスの仕事」であったこと、「推定フル年金額」が10万円台であること、65歳時の世帯貯蓄額が「100万円未満」や「1,000〜1,999万円」であることであった。イメージとして、職場を65歳時で雇用確保措置の終期に伴い離職し、世帯貯蓄がほとんどないか十分でなく、年金額も10万円台前半を中心に10万円台の人ということとなろう。一方、マイナスの係数が計測されたのは、「住宅ローン」を完済したことであり、「住宅ローン」の完済とともに、生計費が少なくてもよいことから引退につながっていると思われる。

　また、有意とはならなかったものの注目されるものを挙げれば、プラスの係数には64歳時に「フルタイム非正規雇用者」であったこと、65歳時に「収入のない配偶者」がいることなどがあり、一方、マイナスの係数には離職理由が「健康（状況）」であったこと、65歳時に「介護を開始」したこと、65歳時に「地域活動・その他の社会参加活動を開始」したことなどがみられた[38]。

　これらの結果を総じて考察すると、フルタイム非正規として65歳まで継続雇用で働いてきたということはごく一般的なケースであるということができ、仕事を続けられない何らかの事情がある場合は別として、一般的に65歳以降も十分就業を続けられる状態にあることを示していると考えられる。その中でとりわけ、年金額や貯蓄額が十分とはいえない層については、より緊要度が高いということができる。

5．若干のまとめ的考察

　以上で、この章での分析結果の紹介はひととおり終了した。「中高年者縦断調査」のデータは多様かつ膨大で、まだまだできる分析は多く残っているが、今回はこれくらいにとどめておきたい。

　最後に、これまでの分析結果を踏まえ若干のまとめと考察を行っておきたい。

① 65歳までの雇用確保システムが整備された中ではあるが、すんなりと高年齢者の就業が伸びた（延びた）とはいえない曲折した状況が、世代間比較からは示された。それには、団塊世代の60歳台入りの頃の経済・雇用情勢が影響している可能性がある。

② とはいえ、その後の経済情勢の回復とともに、雇用延長の効果が順調に現れてきている。

③ 65歳以降における高齢者の就業増（＝引退年齢の後年化）については、いまだなんともいえない状況にあるが、その兆しは窺える。

④ 65歳までの雇用確保システムの整備に伴い、これまでよりも「65歳の壁」（離職→即引退）が高くなっている可能性が窺われる面もある。上記③と併せて、今後の推移が注目される。

⑤ 60歳前における就業希望上限年齢（＝引退希望年齢）が高い者は、実際の引退年齢が高い傾向があるが、それほど顕著であるとまではいえない。

⑥ 60歳台前半における離職の要因としては、健康状況、労働条件や人間関係への不満などが主要なものであるが、多様なものがある。

⑦ ときどきの経済・雇用情勢がその時点で定年等を迎える高年齢者の就業に強く影響を与える可能性が大きいので、雇用に焦点をあてた経済運営が重要ではないか。

　最後に、「団塊世代」はいまだ引退過程の渦中にあり、後続の世代を含めて、今後ともその動向は注視していくことが求められることを申し添えておきたい。

---

[38] これらは、有意とはいえないものの、有意確率が0.20を下回っている項目である。

付属集計表1．各歳別雇用就業形態構成の推移（通期回答者）

（1）男性

(人、%)

		59歳時	60	61	62	63	64	65	66	67	68	69	70
世代区分計	（集計回答者数）	9,234	9,247	8,660	7,953	7,165	6,298	5,371	4,372	3,194	2,110	922	79
	計	100.0	100.0	100.0	100.0	100.0	100.0	100.0	100.0	100.0	100.0	100.0	100.0
	自営・家族従事者	18.8	19.4	20.0	20.3	20.2	20.2	20.1	20.1	19.6	19.1	18.4	12.7
	会社役員等	8.7	7.9	7.6	7.2	6.7	6.4	5.7	5.1	5.6	5.7	5.6	6.3
	正社員	52.9	32.2	19.9	17.2	14.6	12.1	8.1	5.8	5.4	5.6	4.3	5.1
	フルタイム非正規雇用者	8.0	19.8	25.2	24.0	22.1	19.1	15.3	12.8	11.1	11.3	8.4	8.9
	パートタイム雇用者	1.5	3.4	6.5	7.8	8.7	9.7	10.8	12.1	11.8	10.8	10.6	8.9
	その他の就業者	1.5	1.9	2.2	2.6	2.6	2.7	2.6	2.7	2.8	2.3	3.0	2.5
	無業・就業希望者	4.5	7.8	7.6	8.1	8.8	9.4	11.9	11.4	11.1	11.2	10.8	12.7
	無業・就業非希望者	3.3	6.6	10.0	11.5	15.4	19.1	24.0	28.2	31.2	32.0	36.8	40.5
	雇用就業形態不詳	0.8	1.0	1.0	1.4	1.0	1.1	1.5	1.7	1.5	2.0	2.0	2.5
団塊世代	（集計回答者数）	3,450	3,450	3,450	3,450	3,450	3,450	3,450	3,450	2,272	1,188		
	計	100.0	100.0	100.0	100.0	100.0	100.0	100.0	100.0	100.0	100.0		
	自営・家族従事者	19.9	20.9	20.8	20.9	20.6	20.8	20.3	20.4	20.0	19.0		
	会社役員等	8.6	7.0	7.3	6.4	6.1	5.5	5.3	4.6	5.2	5.3		
	正社員	51.5	30.8	19.4	16.4	13.8	11.4	8.0	5.8	5.3	5.9		
	フルタイム非正規雇用者	7.5	19.0	24.0	23.2	21.4	18.4	15.0	13.2	11.5	11.7		
	パートタイム雇用者	2.0	3.9	7.2	8.1	9.1	10.4	11.1	12.1	12.0	11.3		
	その他の就業者	1.7	2.1	2.1	2.7	2.7	2.8	2.7	2.7	2.6	2.2		
	無業・就業希望者	4.3	8.4	8.2	9.3	9.6	10.2	11.9	11.0	10.7	10.9		
	無業・就業非希望者	3.4	6.8	10.0	11.7	15.4	19.3	24.3	28.5	31.3	32.2		
	雇用就業形態不詳	1.2	1.1	1.1	1.3	1.2	1.2	1.6	1.7	1.5	1.5		
プリ団塊世代	（集計回答者数）	909	922	922	922	922	922	922	922	922	922	922	79
	計	100.0	100.0	100.0	100.0	100.0	100.0	100.0	100.0	100.0	100.0	100.0	100.0
	自営・家族従事者	20.4	20.5	21.4	20.6	20.2	20.7	20.4	19.0	18.8	19.3	18.4	12.7
	会社役員等	11.6	10.5	9.2	10.4	8.0	7.3	6.9	7.2	6.4	6.2	5.6	6.3
	正社員	51.7	34.4	18.1	17.0	14.6	11.1	7.5	5.7	5.7	5.2	4.3	5.1
	フルタイム非正規雇用者	5.8	14.8	22.6	19.7	16.8	15.5	14.1	11.4	10.0	10.7	8.4	8.9
	パートタイム雇用者	0.9	3.4	7.4	8.8	9.9	10.7	10.5	12.0	11.4	10.2	10.6	8.9
	その他の就業者	1.2	2.2	2.9	2.0	2.1	2.4	2.6	3.0	3.4	2.5	3.0	2.5
	無業・就業希望者	4.4	6.9	7.0	8.0	11.4	10.7	14.0	12.9	11.9	11.6	10.8	12.7
	無業・就業非希望者	3.3	6.3	9.8	11.4	15.9	20.3	22.5	27.3	30.9	31.7	36.8	40.5
	雇用就業形態不詳	0.8	1.1	1.6	2.1	1.1	1.4	1.5	1.4	1.5	2.6	2.0	2.5
ポスト団塊Ⅰ世代	（集計回答者数）	2,793	2,793	2,793	2,793	2,793	1,926	999					
	計	100.0	100.0	100.0	100.0	100.0	100.0	100.0					
	自営・家族従事者	18.5	19.1	19.7	19.7	19.5	19.1	19.1					
	会社役員等	8.4	7.9	7.4	7.3	7.0	7.5	6.1					
	正社員	52.8	31.4	19.9	17.6	15.5	14.1	9.3					
	フルタイム非正規雇用者	8.1	20.1	26.0	25.8	24.6	22.0	17.7					
	パートタイム雇用者	1.4	3.0	5.8	6.9	7.8	8.0	10.3					
	その他の就業者	1.6	2.0	2.6	2.8	2.8	2.9	2.2					
	無業・就業希望者	4.9	8.5	7.8	7.1	6.9	7.2	10.2					
	無業・就業非希望者	3.6	7.1	10.0	11.7	15.1	18.3	24.1					
	雇用就業形態不詳	0.7	1.0	0.6	1.1	0.8	0.9	0.9					
ポスト団塊Ⅱ世代	（集計回答者数）	2,082	2,082	1,495	788								
	計	100.0	100.0	100.0	100.0								
	自営・家族従事者	16.6	17.0	17.7	19.0								
	会社役員等	8.0	8.0	7.6	6.3								
	正社員	55.9	34.8	22.3	19.5								
	フルタイム非正規雇用者	9.6	22.9	28.0	26.5								
	パートタイム雇用者	1.3	3.2	5.6	8.0								
	その他の就業者	1.1	1.4	1.4	2.2								
	無業・就業希望者	4.3	6.3	6.0	6.2								
	無業・就業非希望者	3.0	5.7	10.3	10.4								
	雇用就業形態不詳	0.2	0.7	1.1	1.8								

（2）女性 　　（人、%）

		59歳時	60	61	62	63	64	65	66	67	68	69	70
世代区分計	（集計回答者数）	10,807	10,854	10,162	9,269	8,328	7,291	6,223	5,091	3,727	2,342	1,016	97
	計	100.0	100.0	100.0	100.0	100.0	100.0	100.0	100.0	100.0	100.0	100.0	100.0
	自営・家族従事者	12.4	12.2	12.3	12.3	12.0	12.1	11.6	11.4	10.8	10.5	10.6	10.3
	会社役員等	1.8	1.7	1.5	1.5	1.5	1.3	1.6	1.6	1.7	1.5	1.7	1.0
	正社員	15.4	10.4	6.1	5.5	5.0	4.2	2.9	1.8	1.7	1.1	1.1	2.1
	フルタイム非正規雇用者	12.5	13.4	13.2	12.1	10.4	9.2	7.5	6.8	5.0	5.2	4.2	2.1
	パートタイム雇用者	16.9	16.6	16.7	16.6	15.7	14.9	13.2	12.2	12.4	11.7	9.8	12.4
	その他の就業者	2.9	2.7	2.9	2.8	2.8	3.0	3.1	3.4	3.3	3.2	3.2	2.1
	無業・就業希望者	11.4	12.0	12.1	11.6	11.7	11.0	11.8	11.3	11.0	11.3	10.2	9.3
	無業・就業非希望者	24.5	28.9	33.0	35.5	38.6	41.8	45.8	48.9	51.1	52.6	55.4	57.7
	雇用就業形態不詳	2.2	1.9	2.2	2.0	2.4	2.5	2.6	2.6	2.9	3.0	3.6	3.1
団塊世代	（集計回答者数）	4,075	4,075	4,075	4,075	4,075	4,075	4,075	4,075	2,711	1,326		
	計	100.0	100.0	100.0	100.0	100.0	100.0	100.0	100.0	100.0	100.0		
	自営・家族従事者	13.7	13.3	13.3	13.0	12.6	12.4	11.4	11.2	10.8	10.2		
	会社役員等	2.0	1.7	1.5	1.6	1.5	1.3	1.7	1.6	1.7	1.1		
	正社員	14.7	10.0	6.0	5.3	4.8	4.3	2.8	1.9	1.8	1.2		
	フルタイム非正規雇用者	11.6	12.2	11.9	11.2	9.5	8.8	7.4	6.8	4.9	5.7		
	パートタイム雇用者	15.1	14.9	15.7	15.2	14.5	13.8	12.8	12.6	13.2	12.3		
	その他の就業者	3.3	3.1	2.9	2.8	2.8	3.1	2.9	3.3	3.1	2.6		
	無業・就業希望者	11.5	12.4	12.6	12.4	12.6	11.3	12.0	11.2	11.1	12.4		
	無業・就業非希望者	25.4	29.8	33.9	37.0	39.4	42.5	46.3	48.7	50.5	51.6		
	雇用就業形態不詳	2.7	2.5	2.1	1.5	2.4	2.6	2.7	2.5	2.8	2.8		
プリ団塊世代	（集計回答者数）	969	1,016	1,016	1,016	1,016	1,016	1,016	1,016	1,016	1,016	1,016	97
	計	100.0	100.0	100.0	100.0	100.0	100.0	100.0	100.0	100.0	100.0	100.0	100.0
	自営・家族従事者	14.8	13.8	13.8	13.7	13.7	13.5	12.3	12.0	10.7	10.8	10.6	10.3
	会社役員等	2.2	2.1	1.7	1.7	1.9	1.3	1.6	1.7	1.7	1.9	1.7	1.0
	正社員	14.3	9.6	5.7	4.0	3.1	2.8	2.3	1.2	1.6	0.9	1.1	2.1
	フルタイム非正規雇用者	11.7	11.5	12.0	10.5	9.6	7.8	7.3	6.6	5.0	4.5	4.2	2.1
	パートタイム雇用者	14.2	13.1	11.7	13.4	13.2	13.3	11.5	10.6	10.3	10.8	9.8	12.4
	その他の就業者	4.0	3.9	4.2	4.1	3.7	3.3	3.1	3.7	3.9	3.9	3.2	2.1
	無業・就業希望者	12.6	13.3	12.3	12.2	12.8	12.2	12.0	11.8	10.7	9.8	10.2	9.3
	無業・就業非希望者	23.1	30.6	35.5	38.8	40.6	44.1	47.9	49.5	52.9	54.0	55.4	57.7
	雇用就業形態不詳	3.1	2.1	3.1	1.6	1.3	1.8	2.0	2.9	3.1	3.2	3.6	3.1
ポスト団塊Ⅰ世代	（集計回答者数）	3,237	3,237	3,237	3,237	3,237	2,200	1,132					
	計	100.0	100.0	100.0	100.0	100.0	100.0	100.0					
	自営・家族従事者	11.9	12.0	11.6	11.2	10.7	11.0	11.4					
	会社役員等	1.5	1.5	1.2	1.3	1.3	1.4	1.3					
	正社員	15.5	10.2	6.2	6.1	5.9	4.8	4.0					
	フルタイム非正規雇用者	12.9	14.4	14.2	13.5	11.7	10.6	8.0					
	パートタイム雇用者	19.0	18.2	18.4	18.4	18.0	17.6	16.1					
	その他の就業者	2.4	2.4	2.6	2.6	2.5	2.8	3.4					
	無業・就業希望者	11.5	12.1	11.4	11.2	10.3	9.8	10.9					
	無業・就業非希望者	23.9	27.9	32.0	33.1	36.9	39.4	42.0					
	雇用就業形態不詳	1.5	1.3	2.3	2.7	2.7	2.7	2.9					
ポスト団塊Ⅱ世代	（集計回答者数）	2,526	2,526	1,834	941								
	計	100.0	100.0	100.0	100.0								
	自営・家族従事者	10.0	10.1	10.3	11.6								
	会社役員等	1.9	1.9	1.9	2.0								
	正社員	16.8	11.7	6.4	6.0								
	フルタイム非正規雇用者	13.9	14.8	14.9	13.1								
	パートタイム雇用者	18.0	18.8	18.8	19.8								
	その他の就業者	2.5	2.1	2.2	2.3								
	無業・就業希望者	10.8	10.8	12.3	9.0								
	無業・就業非希望者	24.2	28.1	31.2	34.0								
	雇用就業形態不詳	1.8	1.8	1.9	2.2								

付属集計表2．各歳別雇用就業形態遷移（通期回答者）

（1）男性

(人、%)

		59→60歳	60→61歳	61→62歳	62→63歳	63→64歳	64→65歳	65→66歳	66→67歳	67→68歳	68→69歳	69→70歳
世代区分計	（集計回答者数）	9,234	8,660	7,953	7,165	6,298	5,371	4,372	3,194	2,110	922	79
	計	100.0	100.0	100.0	100.0	100.0	100.0	100.0	100.0	100.0	100.0	100.0
	自営・家族従業者で変化なし	17.1	17.7	18.3	18.4	18.4	18.2	18.0	17.6	17.2	17.1	12.7
	会社役員等で変化なし	6.0	5.9	5.8	5.6	5.3	4.5	4.2	4.3	4.6	4.8	5.1
	正社員で変化なし	29.7	16.4	14.0	11.8	9.9	6.4	4.7	4.0	4.1	3.6	5.1
	フルタイム非正規雇用者で変化なし	5.7	14.5	18.4	17.2	14.8	11.2	9.2	8.2	7.8	6.7	5.1
	パートタイム雇用者で変化なし	0.8	2.2	4.4	5.1	5.7	6.2	7.3	8.0	7.5	6.9	5.1
	その他就業者で変化なし	0.6	0.6	1.0	1.1	1.2	1.1	1.1	1.1	1.3	1.2	1.3
	無業・就業希望者で変化なし	2.2	3.7	4.2	4.7	4.8	5.5	6.6	7.2	7.0	7.2	10.1
	無業・就業非希望者で変化なし	2.5	5.3	8.0	10.1	13.3	16.6	20.8	24.5	26.8	28.5	35.4
	自営・家族従業者以外→自営・家族従業者	2.0	1.7	1.5	1.2	1.3	1.4	1.4	1.4	1.2	1.2	0.0
	正社員→会社役員等	1.2	0.9	0.5	0.4	0.3	0.3	0.2	0.3	0.2	0.2	0.0
	正社員→フルタイム非正規雇用者	12.2	8.2	2.8	2.3	1.6	1.9	1.0	0.6	0.6	0.4	2.5
	正社員→パートタイム雇用者	1.6	1.7	0.5	0.6	0.6	0.6	0.5	0.3	0.1	0.1	0.0
	フルタイム非正規雇用者→パートタイム雇用者	0.3	1.0	1.7	1.6	1.9	2.2	1.8	1.7	1.2	1.8	2.5
	その他の仕事の形態間の変化	5.4	6.7	7.0	6.9	6.5	5.7	5.3	5.4	5.7	4.3	3.8
	自営・家族従業者→無業	0.4	0.6	0.5	0.7	0.7	1.0	0.8	0.9	1.0	0.9	0.0
	会社役員等・正社員→無業・就業希望者	4.3	1.6	0.8	0.9	0.7	1.3	0.8	0.2	0.1	0.3	0.0
	フルタイム非正規雇用者→無業・就業希望者	0.6	0.7	1.2	1.3	1.2	1.8	1.2	0.7	0.5	0.5	1.3
	パートタイム雇用者→無業・就業希望者	0.1	0.2	0.3	0.4	0.6	0.9	0.6	0.6	0.7	0.9	0.0
	会社役員等・正社員→無業・就業非希望者	2.5	2.1	0.6	0.8	0.8	1.2	0.9	0.4	0.3	0.9	0.0
	フルタイム非正規雇用者→無業・就業非希望者	0.2	0.5	0.7	1.2	1.3	1.5	1.1	0.8	0.3	0.8	1.3
	パートタイム雇用者→無業・就業非希望者	0.0	0.1	0.3	0.5	0.7	1.0	1.0	0.7	0.8	0.5	0.0
	その他就業者→無業	0.2	0.4	0.3	0.3	0.3	0.6	0.5	0.5	0.4	0.4	0.0
	無業→自営・家族従業者	0.3	0.5	0.3	0.4	0.5	0.4	0.6	0.7	0.7	0.1	0.0
	無業→会社役員等・正社員・フルタイム非正規雇用者	0.8	1.4	1.2	0.6	0.6	0.5	0.8	0.7	0.6	0.3	0.0
	無業→パートタイム雇用者	0.4	1.1	0.8	0.9	1.0	1.2	1.8	1.1	1.1	0.8	0.0
	無業→その他就業者	0.2	0.3	0.3	0.2	0.4	0.4	0.4	0.6	0.4	0.0	1.3
	無業・就業希望者→無業・就業非希望者	0.9	1.5	1.5	1.8	2.3	2.4	3.0	3.2	2.4	3.9	3.8
	無業・就業非希望者→無業・就業希望者	0.4	0.6	1.1	0.7	1.3	1.5	1.5	1.7	2.1	1.5	0.0
	前回若しくは今回又は両方形態不詳	1.6	1.9	2.2	2.2	2.1	2.4	2.9	2.9	3.1	4.0	3.8
団塊世代	（集計回答者数）	3,450	3,450	3,450	3,450	3,450	3,450	3,450	2,272	1,188		
	計	100.0	100.0	100.0	100.0	100.0	100.0	100.0	100.0	100.0		
	自営・家族従業者で変化なし	17.8	18.3	18.9	18.8	18.8	18.5	18.1	17.9	17.1		
	会社役員等で変化なし	5.3	5.3	5.4	4.8	4.7	4.2	3.8	3.9	4.1		
	正社員で変化なし	27.7	15.7	13.8	11.3	9.2	6.3	4.8	3.7	4.0		
	フルタイム非正規雇用者で変化なし	4.7	13.8	17.5	16.6	14.2	11.1	9.6	8.5	8.0		
	パートタイム雇用者で変化なし	1.0	2.6	4.8	5.0	5.8	6.4	7.3	8.1	8.0		
	その他就業者で変化なし	0.7	0.6	1.0	1.1	1.2	1.0	1.0	1.0	1.2		
	無業・就業希望者で変化なし	2.0	3.7	4.4	5.0	5.3	5.8	6.2	7.0	6.3		
	無業・就業非希望者で変化なし	2.6	5.2	7.8	10.0	13.1	16.4	21.1	24.7	26.7		
	自営・家族従業者以外→自営・家族従業者	2.6	1.8	1.6	1.3	1.4	1.4	1.6	1.3	1.3		
	正社員→会社役員等	0.9	1.0	0.4	0.6	0.3	0.3	0.1	0.4	0.2		
	正社員→フルタイム非正規雇用者	12.0	7.3	2.7	2.1	1.6	1.8	1.0	0.6	0.7		
	正社員→パートタイム雇用者	1.8	1.7	0.5	0.6	0.8	0.7	0.4	0.4	0.2		
	フルタイム非正規雇用者→パートタイム雇用者	0.4	1.0	1.9	1.6	2.2	2.1	1.8	1.7	1.3		
	その他の仕事の形態間の変化	6.4	7.1	6.3	6.7	6.3	5.5	5.2	5.2	6.1		
	自営・家族従業者→無業	0.4	0.8	0.6	0.7	0.7	1.1	0.7	0.8	1.3		
	会社役員等・正社員→無業・就業希望者	4.8	1.8	1.1	1.0	0.6	1.2	0.8	0.2	0.2		
	フルタイム非正規雇用者→無業・就業希望者	0.8	0.9	1.5	1.6	1.4	1.8	1.1	0.5	0.7		
	パートタイム雇用者→無業・就業希望者	0.1	0.3	0.4	0.5	0.7	1.0	0.6	0.7	0.6		
	会社役員等・正社員→無業・就業非希望者	2.6	2.1	0.6	0.7	1.0	1.2	0.9	0.4	0.3		
	フルタイム非正規雇用者→無業・就業非希望者	0.2	0.5	0.8	1.1	1.4	1.7	1.2	0.7	0.3		
	パートタイム雇用者→無業・就業非希望者	0.0	0.1	0.3	0.6	0.7	1.0	1.0	0.6	0.6		
	その他就業者→無業	0.1	0.3	0.2	0.4	0.4	0.4	0.6	0.5	0.4		
	無業→自営・家族従業者	0.4	0.5	0.3	0.4	0.6	0.3	0.6	0.8	0.7		
	無業→会社役員等・正社員・フルタイム非正規雇用者	0.8	1.7	1.3	0.7	0.6	0.5	0.8	0.9	0.5		
	無業→パートタイム雇用者	0.5	1.3	0.7	1.1	1.0	1.2	1.9	1.1	1.0		
	無業→その他就業者	0.1	0.3	0.4	0.2	0.3	0.6	0.4	0.6	0.6		
	無業・就業希望者→無業・就業非希望者	0.8	1.5	1.7	2.1	2.6	2.6	2.9	3.2	2.5		
	無業・就業非希望者→無業・就業希望者	0.3	0.8	1.2	0.8	1.2	1.5	1.6	1.6	2.5		
	前回若しくは今回又は両方形態不詳	2.1	2.1	2.1	2.3	2.2	2.6	3.0	2.9	2.8		

（1）　男性（つづき）　　　（人、％）

		59→60歳	60→61歳	61→62歳	62→63歳	63→64歳	64→65歳	65→66歳	66→67歳	67→68歳	68→69歳	69→70歳
	（集計回答者数）	909	922	922	922	922	922	922	922	922	922	79
	計	100.0	100.0	100.0	100.0	100.0	100.0	100.0	100.0	100.0	100.0	100.0
プリ団塊世代	自営・家族従業者で変化なし	18.5	19.0	18.9	18.3	18.3	18.2	17.9	16.7	17.2	17.1	12.7
	会社役員等で変化なし	8.0	7.4	8.0	7.5	6.4	5.5	5.7	5.3	5.3	4.8	5.1
	正社員で変化なし	31.8	15.0	13.3	11.6	9.4	6.1	4.1	4.6	4.2	3.6	5.1
	フルタイム非正規雇用者で変化なし	4.2	10.4	15.8	12.0	10.5	9.5	7.8	7.5	7.6	6.7	5.1
	パートタイム雇用者で変化なし	0.4	2.0	4.7	5.9	6.7	6.3	7.3	7.9	6.8	6.9	5.1
	その他就業者で変化なし	0.3	0.7	0.9	0.9	0.9	1.3	1.4	1.2	1.4	1.2	1.3
	無業・就業希望者で変化なし	2.0	3.3	4.1	5.4	6.1	6.6	8.0	7.6	7.9	7.2	10.1
	無業・就業非希望者で変化なし	2.0	4.6	7.9	10.1	13.2	17.0	19.8	24.2	26.9	28.5	35.4
	自営・家族従業者以外→自営・家族従業者	2.1	1.8	1.5	1.2	1.3	1.6	0.7	1.6	1.2	1.2	0.0
	正社員→会社役員等	1.7	1.2	1.0	0.0	0.1	0.5	0.4	0.2	0.2	0.2	0.0
	正社員→フルタイム非正規雇用者	8.8	9.8	1.2	2.2	2.1	2.1	1.0	0.5	0.4	0.4	2.5
	正社員→パートタイム雇用者	2.1	2.7	0.4	0.8	0.4	0.3	0.7	0.0	0.1	0.1	0.0
	フルタイム非正規雇用者→パートタイム雇用者	0.2	1.3	1.6	2.2	1.4	1.8	1.8	1.5	1.1	1.8	2.5
	その他の仕事の形態間の変化	5.8	6.5	7.9	6.7	5.5	6.0	5.5	5.9	5.3	4.3	3.8
	自営・家族従業者→無業	0.4	0.1	0.7	0.8	0.8	0.8	1.1	1.1	0.7	0.9	0.0
	会社役員等・正社員→無業・就業希望者	3.3	1.8	0.7	1.3	1.4	1.3	0.8	0.1	0.1	0.3	0.0
	フルタイム非正規雇用者→無業・就業希望者	0.4	0.3	1.5	2.0	1.1	1.8	1.6	1.0	0.2	0.5	1.3
	パートタイム雇用者→無業・就業希望者	0.0	0.4	0.2	0.9	0.5	1.3	0.5	0.3	0.9	0.9	0.0
	会社役員等・正社員→無業・就業非希望者	2.5	2.5	0.9	1.1	0.9	0.3	0.9	0.4	0.3	0.8	0.0
	フルタイム非正規雇用者→無業・就業非希望者	0.1	0.7	0.3	1.7	2.2	0.7	0.9	0.8	0.2	0.8	1.3
	パートタイム雇用者→無業・就業非希望者	0.0	0.2	0.2	0.7	0.9	1.0	1.2	0.9	1.0	0.5	0.0
	その他就業者→無業	0.3	0.7	0.7	0.4	0.0	0.4	0.4	0.4	0.4	0.4	0.0
	無業→自営・家族従業者	0.1	0.5	0.0	0.5	1.1	0.4	0.4	0.4	0.8	0.1	0.0
	無業→会社役員等・正社員・フルタイム非正規雇用者	0.9	1.2	0.8	0.8	0.4	0.5	1.0	0.3	0.8	0.3	0.0
	無業→パートタイム雇用者	0.4	1.2	1.1	0.5	1.6	1.1	1.5	1.1	1.3	0.8	0.0
	無業→その他就業者	0.4	0.7	0.2	0.0	0.7	0.1	0.3	0.5	0.2	0.0	1.3
	無業・就業希望者→無業・就業非希望者	0.9	1.3	1.1	1.3	2.4	2.6	3.4	3.3	2.3	3.9	3.8
	無業・就業非希望者→無業・就業希望者	0.4	0.4	1.0	0.5	1.4	2.0	1.4	2.0	1.6	1.5	0.0
	前回若しくは今回又は両方形態不詳	1.8	2.5	3.5	2.8	2.3	2.7	2.5	2.7	3.5	4.0	3.8
	（集計回答者数）	2,793	2,793	2,793	2,793	1,926	999					
	計	100.0	100.0	100.0	100.0	100.0	100.0					
ポスト団塊Ⅰ世代	自営・家族従業者で変化なし	16.9	17.6	17.9	17.8	17.7	17.3					
	会社役員等で変化なし	6.1	6.1	6.0	5.9	5.8	4.7					
	正社員で変化なし	28.8	16.5	13.8	12.5	11.2	7.1					
	フルタイム非正規雇用者で変化なし	5.8	15.5	19.6	19.8	18.0	13.1					
	パートタイム雇用者で変化なし	0.9	1.8	3.8	4.8	4.9	5.2					
	その他就業者で変化なし	0.7	0.8	1.1	1.3	1.5	1.1					
	無業・就業希望者で変化なし	2.5	4.3	4.2	4.2	3.4	3.3					
	無業・就業非希望者で変化なし	2.8	5.7	8.3	10.3	13.6	16.7					
	自営・家族従業者以外→自営・家族従業者	1.8	1.8	1.4	1.2	1.2	1.1					
	正社員→会社役員等	1.2	0.8	0.5	0.3	0.5	0.3					
	正社員→フルタイム非正規雇用者	12.5	7.9	3.5	2.4	1.5	2.2					
	正社員→パートタイム雇用者	1.3	1.6	0.5	0.5	0.3	0.7					
	フルタイム非正規雇用者→パートタイム雇用者	0.3	0.9	1.4	1.4	1.5	2.8					
	その他の仕事の形態間の変化	5.0	6.5	7.7	7.1	7.4	6.0					
	自営・家族従業者→無業	0.4	0.5	0.4	0.7	0.8	1.1					
	会社役員等・正社員→無業・就業希望者	4.6	1.7	0.5	0.6	0.5	1.8					
	フルタイム非正規雇用者→無業・就業希望者	0.5	0.5	0.8	0.6	0.9	2.0					
	パートタイム雇用者→無業・就業希望者	0.0	0.2	0.2	0.2	0.4	0.5					
	会社役員等・正社員→無業・就業非希望者	2.7	1.8	0.6	0.9	0.6	2.1					
	フルタイム非正規雇用者→無業・就業非希望者	0.1	0.2	0.6	1.2	0.8	1.8					
	パートタイム雇用者→無業・就業非希望者	0.1	0.1	0.3	0.3	0.6	0.8					
	その他就業者→無業	0.2	0.4	0.3	0.3	0.3	1.2					
	無業→自営・家族従業者	0.3	0.3	0.4	0.4	0.1	0.6					
	無業→会社役員等・正社員・フルタイム非正規雇用者	0.8	1.5	1.2	0.4	0.6	0.8					
	無業→パートタイム雇用者	0.3	1.1	0.9	0.6	0.7	0.9					
	無業→その他就業者	0.3	0.3	0.2	0.3	0.4	0.2					
	無業・就業希望者→無業・就業非希望者	1.0	1.6	1.5	1.7	1.8	1.3					
	無業・就業非希望者→無業・就業希望者	0.4	0.6	0.9	0.6	1.3	1.3					
	前回若しくは今回又は両方形態不詳	1.5	1.6	1.6	1.8	1.8	1.9					

（1）　男性（つづき2）　　（人、％）

		59→60歳	60→61歳	61→62歳	62→63歳	63→64歳	64→65歳	65→66歳	66→67歳	67→68歳	68→69歳	69→70歳
	（集計回答者数）	2,082	1,495	788								
	計	100.0	100.0	100.0								
ポスト団塊Ⅱ世代	自営・家族従業者で変化なし	15.5	15.7	16.9								
	会社役員等で変化なし	6.0	6.2	4.7								
	正社員で変化なし	33.3	18.8	16.2								
	フルタイム非正規雇用者で変化なし	7.8	16.7	20.9								
	パートタイム雇用者で変化なし	0.8	2.5	4.6								
	その他就業者で変化なし	0.4	0.3	0.5								
	無業・就業希望者で変化なし	2.1	2.7	3.3								
	無業・就業非希望者で変化なし	2.2	5.3	8.0								
	自営・家族従業者以外→自営・家族従業者	1.2	1.2	1.5								
	正社員→会社役員等	1.6	0.6	0.4								
	正社員→フルタイム非正規雇用者	13.4	9.6	2.5								
	正社員→パートタイム雇用者	1.7	1.2	0.8								
	フルタイム非正規雇用者→パートタイム雇用者	0.2	1.1	2.0								
	その他の仕事の形態間の変化	3.9	6.4	7.0								
	自営・家族従業者→無業	0.4	0.5	0.6								
	会社役員等・正社員→無業・就業希望者	3.2	1.0	0.4								
	フルタイム非正規雇用者→無業・就業希望者	0.3	0.9	0.6								
	パートタイム雇用者→無業・就業希望者	0.1	0.1	0.3								
	会社役員等・正社員→無業・就業非希望者	1.9	2.5	0.5								
	フルタイム非正規雇用者→無業・就業非希望者	0.2	0.7	0.5								
	パートタイム雇用者→無業・就業非希望者	0.0	0.3	0.1								
	その他就業者→無業	0.0	0.2	0.0								
	無業→自営・家族従業者	0.2	0.9	0.6								
	無業→会社役員等・正社員・フルタイム非正規雇用者	0.7	0.5	1.1								
	無業→パートタイム雇用者	0.4	0.5	0.4								
	無業→その他就業者	0.1	0.2	0.6								
	無業・就業希望者→無業・就業非希望者	1.0	1.3	0.9								
	無業・就業非希望者→無業・就業希望者	0.5	0.7	1.3								
	前回若しくは今回又は両方形態不詳	0.8	1.5	2.7								

（2） 女性

（人、%）

		59→60歳	60→61歳	61→62歳	62→63歳	63→64歳	64→65歳	65→66歳	66→67歳	67→68歳	68→69歳	69→70歳
世代区分計	（集計回答者数）	10,807	10,162	9,269	8,328	7,291	6,223	5,091	3,727	2,342	1,016	97
	計	100.0	100.0	100.0	100.0	100.0	100.0	100.0	100.0	100.0	100.0	100.0
	自営・家族従業者で変化なし	10.8	10.7	10.9	10.7	10.6	10.3	10.0	9.7	9.1	9.2	9.3
	会社役員等で変化なし	1.2	1.2	1.1	1.0	1.0	1.0	1.3	1.4	1.1	1.5	1.0
	正社員で変化なし	9.5	5.3	4.5	4.1	3.5	2.4	1.5	1.3	1.0	0.7	0.0
	フルタイム非正規雇用者で変化なし	8.7	9.4	9.2	7.9	7.0	5.4	4.9	3.7	3.3	2.9	2.1
	パートタイム雇用者で変化なし	12.6	12.3	12.6	11.9	11.3	9.8	9.2	9.6	9.2	8.3	8.2
	その他就業者で変化なし	1.5	1.4	1.6	1.6	1.6	1.8	1.9	1.9	2.2	2.2	2.1
	無業・就業希望者で変化なし	6.3	6.7	6.6	6.9	6.7	6.1	7.0	6.3	6.9	5.3	5.2
	無業・就業非希望者で変化なし	21.2	25.4	28.9	31.7	34.8	37.3	41.8	44.4	45.7	48.6	53.6
	自営・家族従業者以外→自営・家族従業者	0.9	0.9	0.6	0.8	0.9	0.7	0.6	0.6	0.8	0.9	0.0
	正社員→会社役員等	0.1	0.1	0.1	0.1	0.1	0.1	0.1	0.1	0.0	0.0	0.0
	正社員→フルタイム非正規雇用者	2.6	1.7	0.6	0.5	0.5	0.6	0.5	0.1	0.3	0.1	0.0
	正社員→パートタイム雇用者	0.5	0.6	0.3	0.2	0.2	0.3	0.2	0.1	0.0	0.0	0.0
	フルタイム非正規雇用者→パートタイム雇用者	1.9	1.7	1.5	2.0	1.5	1.4	1.3	1.2	0.9	0.5	3.1
	その他の仕事の形態間の変化	4.0	3.8	4.3	4.0	3.5	3.1	2.7	2.7	2.6	2.5	3.1
	自営・家族従業者→無業	0.7	0.8	0.7	0.7	0.8	1.1	1.1	1.0	0.6	1.1	1.0
	会社役員等・正社員→無業・就業希望者	1.1	0.8	0.2	0.1	0.2	0.3	0.1	0.0	0.2	0.1	0.0
	フルタイム非正規雇用者→無業・就業希望者	0.8	0.8	0.6	0.6	0.5	0.7	0.3	0.3	0.1	0.5	0.0
	パートタイム雇用者→無業・就業希望者	0.9	0.9	0.8	1.0	1.0	1.1	0.6	0.5	0.5	0.2	0.0
	会社役員等・正社員→無業・就業非希望者	1.2	1.4	0.4	0.3	0.2	0.4	0.3	0.1	0.2	0.1	0.0
	フルタイム非正規雇用者→無業・就業非希望者	0.3	0.4	0.4	0.5	0.5	0.6	0.4	0.2	0.3	0.3	1.0
	パートタイム雇用者→無業・就業非希望者	1.2	0.9	0.9	1.1	0.9	1.8	1.0	0.5	0.7	0.8	1.0
	その他就業者→無業	0.5	0.7	0.6	0.6	0.6	0.7	0.5	0.8	0.6	1.1	1.0
	無業→自営・家族従業者	0.5	0.6	0.7	0.5	0.6	0.5	0.8	0.5	0.5	0.5	1.0
	無業→会社役員等・正社員・フルタイム非正規雇用者	0.5	0.4	0.4	0.4	0.3	0.4	0.2	0.2	0.3	0.0	0.0
	無業→パートタイム雇用者	0.9	1.3	1.3	0.9	1.1	1.0	1.0	0.7	0.6	0.6	0.0
	無業→その他就業者	0.4	0.5	0.5	0.4	0.5	0.6	0.8	0.8	0.6	0.5	0.0
	無業・就業希望者→無業・就業非希望者	3.4	3.4	3.5	3.3	3.5	3.5	3.2	3.6	3.5	3.3	1.0
	無業・就業非希望者→無業・就業希望者	2.0	2.2	2.5	2.4	1.9	2.6	2.3	2.8	2.6	2.4	2.1
	前回若しくは今回又は両方形態不詳	3.7	3.8	3.9	4.0	4.3	4.4	4.5	4.9	5.6	6.1	4.1

（2） 女性（つづき）

（人、%）

		59→60歳	60→61歳	61→62歳	62→63歳	63→64歳	64→65歳	65→66歳	66→67歳	67→68歳	68→69歳	69→70歳
団塊世代	（集計回答者数）	4,075	4,075	4,075	4,075	4,075	4,075	4,075	2,711	1,326		
	計	100.0	100.0	100.0	100.0	100.0	100.0	100.0	100.0	100.0		
	自営・家族従業者で変化なし	12.0	11.7	11.7	11.3	11.0	10.3	9.8	9.7	8.7		
	会社役員等で変化なし	1.3	1.2	1.1	1.2	1.0	1.1	1.3	1.4	0.8		
	正社員で変化なし	8.8	5.3	4.4	4.0	3.6	2.3	1.6	1.4	1.1		
	フルタイム非正規雇用者で変化なし	7.8	8.4	8.4	7.1	6.4	5.4	4.9	3.5	3.3		
	パートタイム雇用者で変化なし	10.8	11.3	11.4	10.9	10.3	9.2	9.5	10.2	9.9		
	その他就業者で変化なし	1.8	1.5	1.5	1.5	1.6	1.7	1.8	1.7	1.9		
	無業・就業希望者で変化なし	6.4	6.7	7.0	7.4	6.8	6.3	7.0	6.5	8.1		
	無業・就業非希望者で変化なし	22.0	26.4	30.0	32.6	35.2	37.6	41.7	44.4	44.5		
	自営・家族従業者以外→自営・家族従業者	0.8	1.0	0.7	0.8	0.6	0.6	0.5	0.6	0.8		
	正社員→会社役員等	0.1	0.1	0.0	0.0	0.1	0.2	0.1	0.0	0.0		
	正社員→フルタイム非正規雇用者	2.4	1.4	0.6	0.5	0.5	0.5	0.5	0.1	0.3		
	正社員→パートタイム雇用者	0.5	0.4	0.4	0.1	0.1	0.3	0.2	0.1	0.1		
	フルタイム非正規雇用者→パートタイム雇用者	1.7	1.7	1.3	2.0	1.4	1.4	1.3	1.3	0.8		
	その他の仕事の形態間の変化	4.2	3.8	4.0	3.8	3.7	2.8	2.7	2.8	3.2		
	自営・家族従業者→無業	0.8	0.6	0.7	0.8	0.7	1.3	1.1	1.0	0.9		
	会社役員等・正社員→無業・就業希望者	1.3	0.9	0.2	0.1	0.2	0.4	0.1	0.0	0.2		
	フルタイム非正規雇用者→無業・就業希望者	0.8	1.0	0.6	0.6	0.6	0.7	0.3	0.3	0.2		
	パートタイム雇用者→無業・就業希望者	0.8	0.9	1.1	1.0	1.0	1.0	0.7	0.5	0.5		
	会社役員等・正社員→無業・就業非希望者	1.3	1.4	0.2	0.4	0.3	0.5	0.3	0.1	0.2		
	フルタイム非正規雇用者→無業・就業非希望者	0.3	0.4	0.6	0.5	0.5	0.6	0.4	0.2	0.4		
	パートタイム雇用者→無業・就業非希望者	1.3	0.5	1.1	1.1	1.0	1.8	0.9	0.3	0.8		
	その他就業者→無業	0.6	0.8	0.7	0.6	0.4	0.6	0.5	0.7	0.5		
	無業→自営・家族従業者	0.4	0.6	0.6	0.5	0.7	0.5	0.9	0.4	0.6		
	無業→会社役員等・正社員・フルタイム非正規雇用者	0.4	0.3	0.4	0.4	0.3	0.4	0.3	0.2	0.2		
	無業→パートタイム雇用者	0.9	1.3	1.4	0.8	1.2	1.1	1.0	0.7	0.5		
	無業→その他就業者	0.4	0.5	0.5	0.4	0.5	0.5	0.8	0.7	0.4		
	無業・就業希望者→無業・就業非希望者	3.3	3.5	3.6	3.1	3.9	3.4	3.3	3.3	3.4		
	無業・就業非希望者→無業・就業希望者	2.1	2.1	2.4	2.7	2.0	2.7	2.1	3.0	2.4		
	前回若しくは今回又は両方形態不詳	4.5	4.0	3.2	3.7	4.3	4.5	4.6	4.6	5.4		
プリ団塊世代	（集計回答者数）	969	1,016	1,016	1,016	1,016	1,016	1,016	1,016	1,016	1,016	97
	計	100.0	100.0	100.0	100.0	100.0	100.0	100.0	100.0	100.0	100.0	100.0
	自営・家族従業者で変化なし	12.3	12.2	11.9	11.8	11.7	11.2	10.7	9.7	9.7	9.2	9.3
	会社役員等で変化なし	1.4	1.4	1.3	1.3	1.0	1.0	1.3	1.4	1.4	1.5	1.0
	正社員で変化なし	9.6	4.8	3.1	2.3	1.8	1.7	1.0	0.8	0.8	0.7	0.0
	フルタイム非正規雇用者で変化なし	8.3	7.7	8.0	7.0	6.5	5.4	4.9	4.2	3.2	2.9	2.1
	パートタイム雇用者で変化なし	10.5	8.5	8.6	9.1	9.9	9.1	7.9	8.1	8.3	8.3	8.2
	その他就業者で変化なし	2.3	2.4	2.4	2.1	1.7	1.6	2.0	2.3	2.6	2.2	2.1
	無業・就業希望者で変化なし	6.6	7.2	6.2	7.5	8.0	7.2	6.6	6.0	5.2	5.3	5.2
	無業・就業非希望者で変化なし	19.8	26.3	30.4	33.3	37.0	39.3	42.4	44.5	47.2	48.6	53.6
	自営・家族従業者以外→自営・家族従業者	1.0	1.3	0.9	0.9	1.3	0.6	0.8	0.5	0.8	0.9	0.0
	正社員→会社役員等	0.1	0.1	0.2	0.2	0.0	0.0	0.2	0.1	0.1	0.0	0.0
	正社員→フルタイム非正規雇用者	1.9	1.9	0.9	0.9	0.5	0.4	0.4	0.1	0.2	0.1	0.0
	正社員→パートタイム雇用者	0.4	0.7	0.1	0.4	0.5	0.1	0.1	0.1	0.0	0.0	0.0
	フルタイム非正規雇用者→パートタイム雇用者	1.1	0.8	2.2	1.6	1.3	1.0	1.0	1.0	1.2	0.5	3.1
	その他の仕事の形態間の変化	3.9	4.0	4.3	4.4	3.1	3.5	2.6	2.4	1.9	2.5	3.1
	自営・家族従業者→無業	1.0	0.6	0.6	0.8	1.0	0.9	1.2	1.1	0.3	1.1	1.0
	会社役員等・正社員→無業・就業希望者	1.3	0.7	0.3	0.1	0.1	0.2	0.4	0.0	0.1	0.1	0.0
	フルタイム非正規雇用者→無業・就業希望者	1.1	0.6	0.6	0.6	0.4	0.2	0.4	0.5	0.0	0.5	0.0
	パートタイム雇用者→無業・就業希望者	0.9	0.7	0.7	1.0	1.3	1.1	0.4	0.5	0.6	0.2	0.0
	会社役員等・正社員→無業・就業非希望者	0.6	1.2	1.1	0.1	0.2	0.2	0.1	0.1	0.1	0.1	0.0
	フルタイム非正規雇用者→無業・就業非希望者	0.4	1.0	0.4	0.5	0.4	0.4	0.4	0.2	0.2	0.3	1.0
	パートタイム雇用者→無業・就業非希望者	0.6	1.3	0.6	1.5	0.8	1.8	1.5	1.1	0.5	0.8	1.0
	その他就業者→無業	1.0	1.0	0.6	1.0	1.4	1.0	0.5	1.2	0.8	1.1	1.0
	無業→自営・家族従業者	0.7	0.2	0.7	0.8	0.5	0.5	0.5	0.5	0.3	0.5	1.0
	無業→会社役員等・正社員・フルタイム非正規雇用者	0.6	0.6	0.4	0.4	0.1	0.1	0.0	0.1	0.4	0.0	0.0
	無業→パートタイム雇用者	0.8	1.4	1.2	1.2	1.1	0.9	1.2	0.9	0.8	0.6	0.0
	無業→その他就業者	0.3	0.6	0.6	0.7	0.7	0.9	1.0	0.9	1.0	0.5	0.0
	無業・就業希望者→無業・就業非希望者	4.4	3.7	4.4	3.3	3.4	4.2	3.1	4.2	3.5	3.3	1.0
	無業・就業非希望者→無業・就業希望者	1.9	2.4	3.2	2.9	1.8	2.4	3.2	2.3	3.0	2.4	2.1
	前回若しくは今回又は両方形態不詳	4.9	5.0	4.3	2.7	2.8	3.3	4.4	5.4	5.9	6.1	4.1

（2）　女性（つづき2）

(人、%)

		59→60歳	60→61歳	61→62歳	62→63歳	63→64歳	64→65歳	65→66歳	66→67歳	67→68歳	68→69歳	69→70歳
	（集計回答者数）	3,237	3,237	3,237	3,237	2,200	1,132					
	計	100.0	100.0	100.0	100.0	100.0	100.0					
ポスト団塊Ⅰ世代	自営・家族従業者で変化なし	10.2	9.9	9.9	9.6	9.4	9.6					
	会社役員等で変化なし	0.9	0.9	0.9	0.8	0.9	0.9					
	正社員で変化なし	9.5	5.3	4.7	4.8	4.1	3.3					
	フルタイム非正規雇用者で変化なし	9.0	10.4	10.3	9.1	8.4	5.4					
	パートタイム雇用者で変化なし	14.1	13.7	14.5	14.0	13.8	12.5					
	その他就業者で変化なし	1.4	1.3	1.4	1.5	1.7	2.0					
	無業・就業希望者で変化なし	6.4	6.6	6.8	6.0	5.8	4.2					
	無業・就業非希望者で変化なし	20.7	24.3	27.4	29.9	33.0	34.6					
	自営・家族従業者以外→自営・家族従業者	1.1	1.0	0.5	0.6	1.1	0.9					
	正社員→会社役員等	0.2	0.1	0.1	0.2	0.1	0.0					
	正社員→フルタイム非正規雇用者	2.8	1.9	0.5	0.5	0.5	1.0					
	正社員→パートタイム雇用者	0.4	0.7	0.2	0.3	0.2	0.4					
	フルタイム非正規雇用者→パートタイム雇用者	2.1	1.9	1.8	2.0	2.0	1.9					
	その他の仕事の形態間の変化	4.1	3.9	4.8	4.1	3.4	3.6					
	自営・家族従業者→無業	0.7	1.0	0.6	0.6	0.9	0.7					
	会社役員等・正社員→無業・就業希望者	1.1	0.5	0.2	0.1	0.1	0.3					
	フルタイム非正規雇用者→無業・就業希望者	0.6	0.7	0.5	0.6	0.3	0.8					
	パートタイム雇用者→無業・就業希望者	0.9	0.8	0.6	1.0	0.8	1.7					
	会社役員等・正社員→無業・就業非希望者	1.2	1.5	0.4	0.3	0.1	0.1					
	フルタイム非正規雇用者→無業・就業非希望者	0.5	0.3	0.3	0.6	0.4	0.9					
	パートタイム雇用者→無業・就業非希望者	1.4	1.4	0.8	1.0	1.0	1.7					
	その他就業者→無業	0.3	0.6	0.4	0.4	0.4	0.6					
	無業→自営・家族従業者	0.5	0.7	0.7	0.4	0.4	0.7					
	無業→会社役員等・正社員・フルタイム非正規雇用者	0.6	0.3	0.4	0.3	0.2	0.4					
	無業→パートタイム雇用者	1.0	1.2	1.1	0.9	1.1	0.6					
	無業→その他就業者	0.3	0.6	0.4	0.2	0.3	0.4					
	無業・就業希望者→無業・就業非希望者	3.1	3.3	2.9	3.4	3.0	3.4					
	無業・就業非希望者→無業・就業希望者	2.4	2.1	2.5	1.9	1.9	2.4					
	前回若しくは今回又は両方形態不詳	2.5	3.3	4.5	4.7	4.9	4.9					
	（集計回答者数）	2,526	1,834	941								
	計	100.0	100.0	100.0								
ポスト団塊Ⅱ世代	自営・家族従業者で変化なし	8.8	8.9	10.4								
	会社役員等で変化なし	1.4	1.5	1.7								
	正社員で変化なし	10.8	5.5	5.3								
	フルタイム非正規雇用者で変化なし	9.8	11.0	10.6								
	パートタイム雇用者で変化なし	14.1	14.4	15.6								
	その他就業者で変化なし	1.1	1.0	1.4								
	無業・就業希望者で変化なし	5.7	6.4	4.9								
	無業・就業非希望者で変化なし	21.2	24.7	27.6								
	自営・家族従業者以外→自営・家族従業者	0.8	0.6	0.4								
	正社員→会社役員等	0.2	0.2	0.1								
	正社員→フルタイム非正規雇用者	2.9	1.9	0.9								
	正社員→パートタイム雇用者	0.5	0.8	0.0								
	フルタイム非正規雇用者→パートタイム雇用者	2.4	1.9	1.3								
	その他の仕事の形態間の変化	3.4	3.6	3.1								
	自営・家族従業者→無業	0.5	0.7	0.9								
	会社役員等・正社員→無業・就業希望者	0.8	1.0	0.0								
	フルタイム非正規雇用者→無業・就業希望者	0.9	0.5	1.0								
	パートタイム雇用者→無業・就業希望者	1.1	0.9	0.5								
	会社役員等・正社員→無業・就業非希望者	1.3	1.7	0.3								
	フルタイム非正規雇用者→無業・就業非希望者	0.2	0.2	0.1								
	パートタイム雇用者→無業・就業非希望者	0.9	0.4	0.9								
	その他就業者→無業	0.5	0.7	0.3								
	無業→自営・家族従業者	0.5	0.5	0.7								
	無業→会社役員等・正社員・フルタイム非正規雇用者	0.4	0.5	0.3								
	無業→パートタイム雇用者	1.0	1.2	2.0								
	無業→その他就業者	0.4	0.3	0.4								
	無業・就業希望者→無業・就業非希望者	3.5	2.9	3.8								
	無業・就業非希望者→無業・就業希望者	1.5	2.5	1.7								
	前回若しくは今回又は両方形態不詳	3.3	3.6	3.7								

付属集計表3．59歳時正社員・男性の引退過程（通期回答者）

（1）各歳別雇用就業形態の推移（男性、59歳時正社員）　　（人、％）

		59歳時	60	61	62	63	64	65	66	67	68	69	70
世代区分計	（集計回答者数）	4,886	4,886	4,549	4,158	3,722	3,256	2,782	2,247	1,638	1,062	470	38
	計	100.0	100.0	100.0	100.0	100.0	100.0	100.0	100.0	100.0	100.0	100.0	100.0
	自営・家族従事者	0.0	1.7	3.0	3.6	3.9	4.8	5.1	5.9	5.9	6.1	5.1	0.0
	会社役員等	0.0	2.3	2.4	2.4	2.2	2.0	1.8	1.8	1.8	1.5	1.5	0.0
	正社員	100.0	56.1	33.7	28.6	24.1	19.8	13.0	8.5	8.1	8.4	6.6	10.5
	フルタイム非正規雇用者	0.0	23.0	33.8	32.8	30.0	26.1	20.6	17.9	15.1	15.6	11.7	15.8
	パートタイム雇用者	0.0	3.1	7.6	9.4	11.3	12.7	14.1	16.3	16.1	15.3	14.5	13.2
	その他の就業者	0.0	1.2	1.3	2.1	2.0	2.1	2.3	2.3	2.6	2.2	2.3	2.6
	無業・就業希望者	0.0	7.8	7.6	8.1	9.3	10.0	14.3	13.9	13.2	12.7	12.3	7.9
	無業・就業非希望者	0.0	4.3	9.6	11.6	16.4	21.1	27.2	31.8	35.7	36.2	43.6	50.0
	雇用就業形態不詳	0.0	0.6	1.0	1.4	0.7	1.3	1.5	1.6	1.5	2.0	2.3	0.0
団塊世代	（集計回答者数）	1,777	1,777	1,777	1,777	1,777	1,777	1,777	1,777	1,168	592		
	計	100.0	100.0	100.0	100.0	100.0	100.0	100.0	100.0	100.0	100.0		
	自営・家族従事者	0.0	2.3	3.4	4.0	4.2	5.4	5.6	6.4	6.6	6.8		
	会社役員等	0.0	1.7	1.8	2.1	2.1	1.8	1.8	1.6	2.1	1.9		
	正社員	100.0	53.8	33.1	27.3	22.9	18.3	12.8	8.4	7.9	8.3		
	フルタイム非正規雇用者	0.0	23.2	32.7	31.6	28.8	24.8	19.6	18.3	15.5	16.0		
	パートタイム雇用者	0.0	3.4	8.4	9.4	11.6	13.3	14.4	16.2	16.4	16.2		
	その他の就業者	0.0	1.4	1.3	2.1	2.2	2.3	2.7	2.4	2.4	2.2		
	無業・就業希望者	0.0	9.1	8.4	10.4	10.7	11.3	14.1	13.4	12.5	12.3		
	無業・就業非希望者	0.0	4.6	9.8	11.8	16.5	21.6	27.4	31.4	35.0	35.0		
	雇用就業形態不詳	0.0	0.4	1.0	1.4	1.0	1.3	1.6	1.7	1.5	1.4		
プリ団塊世代	（集計回答者数）	470	470	470	470	470	470	470	470	470	470	470	38
	計	100.0	100.0	100.0	100.0	100.0	100.0	100.0	100.0	100.0	100.0	100.0	100.0
	自営・家族従事者	0.0	1.7	3.0	3.2	3.0	3.8	3.8	3.8	4.3	5.3	5.1	0.0
	会社役員等	0.0	3.2	3.6	4.5	2.6	2.3	1.7	2.6	1.1	1.1	1.5	0.0
	正社員	100.0	61.5	29.6	28.9	24.0	18.5	12.1	9.1	8.7	8.5	6.6	10.5
	フルタイム非正規雇用者	0.0	17.0	34.3	29.6	24.5	22.3	20.9	16.2	14.3	15.1	11.7	15.8
	パートタイム雇用者	0.0	4.0	9.6	11.5	13.6	15.1	14.0	16.6	15.3	14.3	14.5	13.2
	その他の就業者	0.0	1.7	2.8	1.9	1.9	1.7	2.1	1.7	3.0	2.1	2.3	2.6
	無業・就業希望者	0.0	6.0	6.6	7.0	12.1	11.5	16.6	15.5	14.9	13.2	12.3	7.9
	無業・就業非希望者	0.0	4.3	9.4	11.1	17.2	23.2	26.8	33.4	37.2	37.7	43.6	50.0
	雇用就業形態不詳	0.0	0.6	2.3	2.3	1.1	1.5	1.9	1.1	1.3	2.8	2.3	0.0
ポスト団塊Ⅰ世代	（集計回答者数）	1,475	1,475	1,475	1,475	1,475	1,009	535					
	計	100.0	100.0	100.0	100.0	100.0	100.0	100.0					
	自営・家族従事者	0.0	1.8	2.6	3.3	3.9	4.1	4.9					
	会社役員等	0.0	2.2	2.4	2.4	2.2	2.3	1.9					
	正社員	100.0	54.5	33.6	29.1	25.5	23.2	14.4					
	フルタイム非正規雇用者	0.0	23.7	34.8	35.3	33.4	30.2	23.6					
	パートタイム雇用者	0.0	2.5	6.9	8.5	10.2	10.7	13.3					
	その他の就業者	0.0	1.0	1.9	2.1	1.9	2.0	1.3					
	無業・就業希望者	0.0	8.5	8.4	6.4	6.6	7.2	12.9					
	無業・就業非希望者	0.0	4.7	9.0	11.8	16.1	19.2	26.9					
	雇用就業形態不詳	0.0	0.9	0.3	1.2	0.3	1.1	0.9					
ポスト団塊Ⅱ世代	（集計回答者数）	1,164	1,164	827	436								
	計	100.0	100.0	100.0	100.0								
	自営・家族従事者	0.0	0.6	2.5	3.7								
	会社役員等	0.0	2.8	2.7	1.8								
	正社員	100.0	59.5	37.4	31.7								
	フルタイム非正規雇用者	0.0	24.0	34.3	32.8								
	パートタイム雇用者	0.0	3.0	6.2	9.9								
	その他の就業者	0.0	0.9	1.0	2.1								
	無業・就業希望者	0.0	5.5	4.7	5.5								
	無業・就業非希望者	0.0	3.3	10.3	10.8								
	雇用就業形態不詳	0.0	0.3	1.0	1.8								

（2）各歳別雇用就業形態遷移（男性、59歳時正社員）　　　　（人、％）

		59→60歳	60→61歳	61→62歳	62→63歳	63→64歳	64→65歳	65→66歳	66→67歳	67→68歳	68→69歳	69→70歳
世代区分計	（集計回答者数）	4,886	4,549	4,158	3,722	3,256	2,782	2,247	1,638	1,062	470	38
	計	100.0	100.0	100.0	100.0	100.0	100.0	100.0	100.0	100.0	100.0	100.0
	自営・家族従業者で変化なし	0.0	1.3	2.4	2.9	3.4	3.8	4.5	4.4	4.6	3.8	0.0
	会社役員等で変化なし	0.0	1.2	1.5	1.5	1.4	1.1	1.1	1.1	0.9	0.6	0.0
	正社員で変化なし	56.1	29.0	24.1	20.2	16.7	10.7	7.3	6.2	6.3	6.0	10.5
	フルタイム非正規雇用者で変化なし	0.0	16.9	25.1	23.8	20.2	14.8	12.8	11.4	11.4	9.4	7.9
	パートタイム雇用者で変化なし	0.0	2.0	5.1	6.2	7.4	7.8	9.5	10.9	11.0	10.0	5.3
	その他就業者で変化なし	0.0	0.2	0.5	0.6	0.6	0.7	0.8	0.8	1.1	0.2	0.0
	無業・就業希望者で変化なし	0.0	3.2	3.9	4.6	4.9	5.9	7.9	8.6	8.1	7.7	7.9
	無業・就業非希望者で変化なし	0.0	3.7	7.4	10.2	14.1	18.4	24.0	28.3	30.3	34.3	39.5
	自営・家族従業者以外→自営・家族従業者	1.7	1.3	0.9	0.6	0.8	1.0	1.0	0.9	1.0	1.3	0.0
	正社員→会社役員等	2.3	1.1	0.6	0.5	0.2	0.3	0.3	0.4	0.2	0.2	0.0
	正社員→フルタイム非正規雇用者	23.0	14.4	4.7	3.6	2.6	3.1	1.8	1.0	0.8	0.4	5.3
	正社員→パートタイム雇用者	3.1	3.2	0.9	1.0	1.0	1.0	0.8	0.3	0.0	0.2	0.0
	フルタイム非正規雇用者→パートタイム雇用者	0.0	0.9	2.1	2.3	2.5	2.9	2.2	2.6	1.6	2.6	5.3
	その他の仕事の形態間の変化	1.2	6.7	7.5	7.6	7.3	6.0	5.3	5.7	6.1	4.7	5.3
	自営・家族従業者→無業	0.0	0.2	0.2	0.2	0.2	0.6	0.1	0.3	0.5	0.9	0.0
	会社役員等・正社員→無業・就業希望者	7.8	2.6	1.2	1.3	1.1	1.8	0.9	0.3	0.2	0.4	0.0
	フルタイム非正規雇用者→無業・就業希望者	0.0	0.8	1.4	1.6	1.6	2.9	1.8	1.1	0.5	0.9	2.6
	パートタイム雇用者→無業・就業希望者	0.0	0.2	0.3	0.6	0.7	1.3	1.0	0.7	0.8	0.9	0.0
	会社役員等・正社員→無業・就業非希望者	4.3	3.6	0.9	1.2	1.2	1.7	1.2	0.3	0.3	0.4	0.0
	フルタイム非正規雇用者→無業・就業非希望者	0.0	0.6	1.1	1.7	2.0	2.1	1.5	0.9	0.3	1.1	0.0
	パートタイム雇用者→無業・就業非希望者	0.0	0.1	0.3	0.5	1.0	1.5	1.2	1.0	0.8	1.1	0.0
	その他就業者→無業	0.0	0.3	0.2	0.4	0.3	0.5	0.6	0.2	0.6	0.0	0.0
	無業→自営・家族従業者	0.0	0.3	0.3	0.3	0.5	0.3	0.4	0.6	0.5	0.0	0.0
	無業→会社役員等・正社員・フルタイム非正規雇用者	0.0	1.8	1.3	0.7	0.7	0.7	1.0	0.8	0.4	0.0	0.0
	無業→パートタイム雇用者	0.0	1.3	1.0	1.1	1.3	1.6	2.8	1.5	1.7	0.4	0.0
	無業→その他就業者	0.0	0.2	0.3	0.1	0.3	0.4	0.4	0.5	0.6	0.0	2.6
	無業・就業希望者→無業・就業非希望者	0.0	1.4	1.6	2.1	2.6	2.4	3.0	4.1	3.3	4.9	7.9
	無業・就業非希望者→無業・就業希望者	0.0	0.4	1.1	0.6	1.3	1.8	1.7	2.0	2.6	1.9	0.0
	前回若しくは今回又は両方形態不詳	0.6	1.3	2.0	2.0	2.0	2.7	3.1	3.0	3.0	4.5	0.0
団塊世代	（集計回答者数）	1,777	1,777	1,777	1,777	1,777	1,777	1,777	1,168	592		
	計	100.0	100.0	100.0	100.0	100.0	100.0	100.0	100.0	100.0		
	自営・家族従業者で変化なし	0.0	1.5	2.7	3.2	3.8	4.2	4.8	4.7	5.4		
	会社役員等で変化なし	0.0	0.8	1.3	1.2	1.4	1.2	1.0	1.2	1.2		
	正社員で変化なし	53.8	27.9	23.9	19.2	15.5	10.6	7.4	5.7	5.7		
	フルタイム非正規雇用者で変化なし	0.0	16.8	23.9	22.6	19.0	14.3	13.1	11.6	11.3		
	パートタイム雇用者で変化なし	0.0	2.3	5.4	6.0	7.4	8.0	9.5	11.0	12.0		
	その他就業者で変化なし	0.0	0.2	0.5	0.7	0.7	0.7	0.9	0.9	1.2		
	無業・就業希望者で変化なし	0.0	3.5	4.3	5.4	5.6	6.5	7.5	8.4	7.3		
	無業・就業非希望者で変化なし	0.0	3.7	7.3	10.2	13.9	18.4	24.1	27.7	28.7		
	自営・家族従業者以外→自営・家族従業者	2.3	1.6	0.9	0.7	1.0	1.0	1.1	1.0	1.0		
	正社員→会社役員等	1.7	0.8	0.6	0.6	0.2	0.2	0.2	0.4	0.0		
	正社員→フルタイム非正規雇用者	23.2	12.9	4.5	3.5	2.6	3.0	1.9	1.0	1.0		
	正社員→パートタイム雇用者	3.4	3.2	0.9	1.1	1.3	1.1	0.8	0.4	0.0		
	フルタイム非正規雇用者→パートタイム雇用者	0.0	1.1	2.3	2.3	2.6	3.0	2.2	2.7	1.9		
	その他の仕事の形態間の変化	1.4	6.9	6.2	6.9	6.8	6.0	5.2	5.7	6.6		
	自営・家族従業者→無業	0.0	0.2	0.1	0.3	0.1	0.7	0.2	0.3	0.8		
	会社役員等・正社員→無業・就業希望者	9.1	2.8	1.7	1.5	1.0	1.5	1.0	0.3	0.2		
	フルタイム非正規雇用者→無業・就業希望者	0.0	1.0	2.0	2.1	2.0	2.8	1.5	0.9	0.7		
	パートタイム雇用者→無業・就業希望者	0.0	0.1	0.4	0.6	0.9	1.2	1.1	0.8	0.8		
	会社役員等・正社員→無業・就業非希望者	4.6	3.7	0.9	1.0	1.5	1.5	1.1	0.3	0.3		
	フルタイム非正規雇用者→無業・就業非希望者	0.0	0.7	1.4	1.4	2.1	2.2	1.5	0.9	0.5		
	パートタイム雇用者→無業・就業非希望者	0.0	0.1	0.3	0.6	1.0	1.5	1.0	0.9	0.5		
	その他就業者→無業	0.0	0.3	0.1	0.5	0.3	0.5	0.7	0.3	0.7		
	無業→自営・家族従業者	0.0	0.3	0.4	0.2	0.7	0.3	0.5	0.9	0.3		
	無業→会社役員等・正社員・フルタイム非正規雇用者	0.0	2.1	1.5	1.0	0.6	0.5	1.0	0.9	0.7		
	無業→パートタイム雇用者	0.0	1.6	0.7	1.5	1.4	1.7	2.9	1.5	1.5		
	無業→その他就業者	0.0	0.3	0.4	0.2	0.3	0.6	0.4	0.6	0.7		
	無業・就業希望者→無業・就業非希望者	0.0	1.6	1.7	2.6	2.9	2.5	2.7	4.0	3.4		
	無業・就業非希望者→無業・就業希望者	0.0	0.6	1.6	0.7	1.2	1.7	1.7	1.7	2.9		
	前回若しくは今回又は両方形態不詳	0.4	1.4	2.1	2.2	2.1	2.8	3.2	3.3	2.7		

（2）　各歳別雇用就業形態遷移（男性、59歳時正社員）（つづき）　　　　　　　　　　　　　　　　　　　　　　（人、％）

プリ団塊世代

	59→60歳	60→61歳	61→62歳	62→63歳	63→64歳	64→65歳	65→66歳	66→67歳	67→68歳	68→69歳	69→70歳
（集計回答者数）	470	470	470	470	470	470	470	470	470	470	38
計	100.0	100.0	100.0	100.0	100.0	100.0	100.0	100.0	100.0	100.0	100.0
自営・家族従業者で変化なし	0.0	1.5	2.3	2.3	2.1	2.8	3.0	3.6	3.6	3.8	0.0
会社役員等で変化なし	0.0	2.1	3.0	2.3	2.1	1.5	1.3	0.9	0.6	0.6	0.0
正社員で変化なし	61.5	26.8	23.0	19.8	16.0	10.2	7.0	7.4	7.0	6.0	10.5
フルタイム非正規雇用者で変化なし	0.0	13.6	25.3	18.7	15.1	14.3	11.7	10.9	11.5	9.4	7.9
パートタイム雇用者で変化なし	0.0	2.1	6.4	7.4	9.4	9.1	9.8	10.9	9.8	10.0	5.3
その他就業者で変化なし	0.0	0.4	0.6	0.4	0.2	0.9	0.6	0.6	1.1	0.2	0.0
無業・就業希望者で変化なし	0.0	1.9	3.8	4.3	5.7	6.4	9.1	9.1	9.1	7.7	7.9
無業・就業非希望者で変化なし	0.0	3.0	7.7	9.8	14.5	19.4	23.6	29.6	32.3	34.3	39.5
自営・家族従業者以外→自営・家族従業者	1.7	1.1	0.9	0.2	0.9	1.1	0.4	0.6	1.1	1.3	0.0
正社員→会社役員等	3.2	1.5	1.1	0.0	0.0	0.2	0.6	0.2	0.4	0.2	0.0
正社員→フルタイム非正規雇用者	17.0	17.9	1.7	3.2	3.4	3.8	1.5	0.9	0.4	0.6	5.3
正社員→パートタイム雇用者	4.0	5.3	0.6	1.5	0.6	0.4	1.1	0.0	0.0	0.2	0.0
フルタイム非正規雇用者→パートタイム雇用者	0.0	0.6	2.1	3.4	2.3	1.5	2.3	2.3	1.3	2.6	5.3
その他の仕事の形態間の変化	1.7	5.5	9.1	7.7	6.6	5.7	5.5	6.0	5.5	4.7	5.3
自営・家族従業者→無業	0.0	0.0	0.2	0.6	0.4	0.2	0.0	0.2	0.0	0.9	0.0
会社役員等・正社員→無業・就業希望者	6.0	3.0	0.9	1.9	1.9	2.3	0.4	0.2	0.2	0.4	0.0
フルタイム非正規雇用者→無業・就業希望者	0.0	0.4	1.3	2.8	1.5	2.8	3.0	1.7	0.2	0.9	2.6
パートタイム雇用者→無業・就業希望者	0.0	0.2	0.4	1.5	0.9	1.7	0.6	0.4	0.9	0.9	0.0
会社役員等・正社員→無業・就業非希望者	4.3	4.3	1.3	1.5	1.1	0.4	1.5	0.2	0.2	0.4	0.0
フルタイム非正規雇用者→無業・就業非希望者	0.0	0.9	0.4	2.6	3.0	1.3	1.5	1.1	0.0	1.1	0.0
パートタイム雇用者→無業・就業非希望者	0.0	0.4	0.2	1.1	1.3	1.7	1.9	1.5	1.3	1.1	0.0
その他就業者→無業	0.0	0.4	0.4	0.4	0.0	0.6	0.4	0.2	0.4	0.9	0.0
無業→自営・家族従業者	0.0	0.4	0.0	0.4	0.9	0.0	0.4	0.0	0.6	0.0	0.0
無業→会社役員等・正社員・フルタイム非正規雇用者	0.0	1.5	0.9	0.9	0.6	0.9	1.1	0.4	1.1	0.4	0.0
無業→パートタイム雇用者	0.0	1.5	1.3	0.6	2.1	1.7	2.3	1.3	1.9	0.4	0.0
無業→その他就業者	0.0	0.6	0.2	0.0	0.4	0.2	0.2	0.4	0.4	0.0	2.6
無業・就業希望者→無業・就業非希望者	0.0	0.6	1.1	1.3	3.2	3.4	4.3	4.3	3.2	4.9	7.9
無業・就業非希望者→無業・就業希望者	0.0	0.6	0.4	0.6	1.3	2.3	1.9	2.8	2.3	1.9	0.0
前回若しくは今回又は両方形態不詳	0.6	1.7	3.4	2.8	2.6	3.2	2.8	2.3	3.4	4.5	0.0

ポスト団塊Ⅰ世代

	59→60歳	60→61歳	61→62歳	62→63歳	63→64歳	64→65歳
（集計回答者数）	1,475	1,475	1,475	1,475	1,009	535
計	100.0	100.0	100.0	100.0	100.0	100.0
自営・家族従業者で変化なし	0.0	1.5	2.2	2.8	3.4	3.2
会社役員等で変化なし	0.0	1.0	1.4	1.4	1.2	0.4
正社員で変化なし	54.5	28.6	23.9	21.4	19.1	11.6
フルタイム非正規雇用者で変化なし	0.0	18.6	26.5	26.7	24.8	17.0
パートタイム雇用者で変化なし	0.0	1.6	4.5	6.0	6.6	6.2
その他就業者で変化なし	0.0	0.1	0.5	0.5	0.6	0.4
無業・就業希望者で変化なし	0.0	4.1	3.9	3.9	3.4	3.6
無業・就業非希望者で変化なし	0.0	4.0	7.4	10.4	14.2	17.4
自営・家族従業者以外→自営・家族従業者	1.8	1.0	0.8	0.5	0.6	0.9
正社員→会社役員等	2.2	1.3	0.6	0.5	0.5	0.6
正社員→フルタイム非正規雇用者	23.7	13.8	5.9	3.8	2.2	3.0
正社員→パートタイム雇用者	2.5	3.0	0.8	0.8	0.6	1.3
フルタイム非正規雇用者→パートタイム雇用者	0.0	0.7	1.6	1.9	2.2	3.9
その他の仕事の形態間の変化	1.0	7.2	8.4	8.3	8.4	6.4
自営・家族従業者→無業	0.0	0.2	0.1	0.0	0.2	0.7
会社役員等・正社員→無業・就業希望者	8.5	2.9	0.8	0.8	0.9	2.6
フルタイム非正規雇用者→無業・就業希望者	0.0	0.5	0.9	0.7	0.8	3.4
パートタイム雇用者→無業・就業非希望者	0.0	0.2	0.1	0.3	0.4	0.9
会社役員等・正社員→無業・就業非希望者	4.7	2.8	0.9	1.3	0.9	3.6
フルタイム非正規雇用者→無業・就業非希望者	0.0	0.2	1.0	2.0	1.3	2.6
パートタイム雇用者→無業・就業非希望者	0.0	0.1	0.3	0.3	0.9	1.3
その他就業者→無業	0.0	0.5	0.2	0.3	0.3	0.7
無業→自営・家族従業者	0.0	0.1	0.2	0.4	0.1	0.7
無業→会社役員等・正社員・フルタイム非正規雇用者	0.0	2.0	1.4	0.3	0.9	1.3
無業→パートタイム雇用者	0.0	1.2	1.4	0.8	0.8	1.3
無業→その他就業者	0.0	0.2	0.3	0.1	0.3	0.2
無業・就業希望者→無業・就業非希望者	0.0	1.4	1.8	1.7	1.7	1.3
無業・就業非希望者→無業・就業希望者	0.0	0.3	0.7	0.5	1.4	1.3
前回若しくは今回又は両方形態不詳	0.9	1.2	1.3	1.5	1.5	2.2

（2）　各歳別雇用就業形態遷移（男性、59歳時正社員）（つづき2）　　　　　　　　　　　　　　　　　　　　　（人、％）

ポスト団塊Ⅱ世代

	59→60歳	60→61歳	61→62歳
（集計回答者数）	1,164	827	436
計	100.0	100.0	100.0
自営・家族従業者で変化なし	0.0	0.6	1.8
会社役員等で変化なし	0.0	1.7	0.9
正社員で変化なし	59.5	33.0	27.3
フルタイム非正規雇用者で変化なし	0.0	16.0	25.5
パートタイム雇用者で変化なし	0.0	2.3	5.0
その他就業者で変化なし	0.0	0.0	0.5
無業・就業希望者で変化なし	0.0	1.7	2.5
無業・就業非希望者で変化なし	0.0	3.5	8.0
自営・家族従業者以外→自営・家族従業者	0.6	1.2	0.9
正社員→会社役員等	2.8	0.8	0.5
正社員→フルタイム非正規雇用者	24.0	16.7	4.4
正社員→パートタイム雇用者	3.0	2.2	1.4
フルタイム非正規雇用者→パートタイム雇用者	0.0	1.0	2.8
その他の仕事の形態間の変化	0.9	6.4	7.6
自営・家族従業者→無業	0.0	0.0	0.5
会社役員等・正社員→無業・就業希望者	5.5	1.6	0.5
フルタイム非正規雇用者→無業・就業希望者	0.0	0.8	0.9
パートタイム雇用者→無業・就業希望者	0.0	0.1	0.2
会社役員等・正社員→無業・就業非希望者	3.3	4.4	0.7
フルタイム非正規雇用者→無業・就業非希望者	0.0	0.7	0.9
パートタイム雇用者→無業・就業非希望者	0.0	0.2	0.2
その他就業者→無業	0.0	0.1	0.0
無業→自営・家族従業者	0.0	0.7	0.9
無業→会社役員等・正社員・フルタイム非正規雇用者	0.0	0.7	0.9
無業→パートタイム雇用者	0.0	0.6	0.5
無業→その他就業者	0.0	0.0	0.5
無業・就業希望者→無業・就業非希望者	0.0	1.5	0.5
無業・就業非希望者→無業・就業希望者	0.0	0.2	1.1
前回若しくは今回又は両方形態不詳	0.3	1.2	2.8

付属集計表4．引退年齢、離職年齢、転換年齢の試算結果（通期回答者）

（1）引退年齢

（人、%）

		集計回答者数	計	60歳未満で引退	60歳時	61	62	63	64	65	66	67	68	69	70	引退していない	不詳
＜総計＞																	
男性	計	9,247	100.0	2.0	2.2	2.8	1.9	2.5	2.6	3.1	2.5	1.7	1.1	0.7	0.0	76.7	0.1
	団塊の世代	3,450	100.0	1.8	2.0	2.5	1.9	3.0	3.8	5.4	5.4	3.6	2.0			68.3	0.2
	プリ団塊の世代	922	100.0	1.7	1.5	2.8	2.2	2.6	3.9	3.5	4.8	3.7	3.5	7.5	0.4	61.7	0.2
	ポスト団塊の世代Ⅰ	2,793	100.0	2.5	2.5	2.8	2.3	3.8	2.6	2.6						81.0	0.0
	ポスト団塊の世代Ⅱ	2,082	100.0	2.0	2.5	3.2	1.0									91.3	0.0
女性	計	10,854	100.0	17.3	4.3	4.2	3.2	3.3	2.7	3.1	2.1	1.7	1.1	0.6	0.0	55.2	1.2
	団塊の世代	4,075	100.0	16.9	4.0	3.9	3.4	3.6	3.7	5.2	4.8	3.2	2.0			47.9	1.4
	プリ団塊の世代	1,016	100.0	12.8	5.6	4.1	3.5	4.2	3.4	4.0	3.2	4.7	3.8	6.2	0.4	41.4	2.4
	ポスト団塊の世代Ⅰ	3,237	100.0	17.1	4.0	4.8	3.6	5.3	3.2	2.5						58.5	1.0
	ポスト団塊の世代Ⅱ	2,526	100.0	20.0	4.9	4.0	2.2									68.2	0.8
＜59歳時就業者＞																	
男性	計	8,439	100.0		1.8	2.6	1.8	2.4	2.4	3.0	2.4	1.7	1.1	0.7	0.0	80.0	
	団塊の世代	3,143	100.0		1.7	2.3	2.0	2.9	3.7	5.2	5.0	3.6	2.0			71.7	
	プリ団塊の世代	832	100.0		1.0	2.6	1.7	2.5	3.6	3.5	5.0	3.6	3.5	7.6	0.5	64.9	
	ポスト団塊の世代Ⅰ	2,538	100.0		2.3	2.6	2.3	3.5	2.3	2.6						84.4	
	ポスト団塊の世代Ⅱ	1,926	100.0		1.7	3.2	0.9									94.1	
女性	計	6,690	100.0		3.7	3.9	2.8	2.8	2.7	3.2	2.2	1.7	1.1	0.6	0.0	75.1	
	団塊の世代	2,460	100.0		3.8	3.6	2.9	3.2	3.9	5.6	5.1	3.5	2.4			66.0	
	プリ団塊の世代	593	100.0		3.0	4.6	3.9	3.2	3.5	3.7	3.4	5.2	3.0	6.6	0.5	59.4	
	ポスト団塊の世代Ⅰ	2,042	100.0		3.6	4.3	3.0	4.5	3.2	2.7						78.6	
	ポスト団塊の世代Ⅱ	1,595	100.0		3.8	3.6	2.0									90.7	
＜59歳時正社員＞																	
男性	計	4,886	100.0		2.7	3.8	2.4	3.0	3.0	3.7	2.8	1.8	1.1	0.9	0.1	74.7	
	団塊の世代	1,777	100.0		2.6	3.3	2.6	3.6	4.7	6.1	5.7	4.1	2.2			64.9	
	プリ団塊の世代	470	100.0		1.5	4.0	2.3	3.8	4.9	4.9	7.0	3.6	3.6	8.9	0.9	54.5	
	ポスト団塊の世代Ⅰ	1,475	100.0		3.5	3.5	3.1	4.4	2.7	3.4						79.4	
	ポスト団塊の世代Ⅱ	1,164	100.0		2.4	4.6	1.1									91.8	
女性	計	1,661	100.0		5.2	7.6	3.9	3.0	3.1	3.3	1.7	1.6	1.1	0.4	0.1	69.2	
	団塊の世代	597	100.0		5.9	8.4	3.9	3.5	4.7	5.9	4.5	2.8	2.3			58.1	
	プリ団塊の世代	139	100.0		4.3	6.5	7.9	3.6	5.8	4.3	0.7	6.5	3.6	5.0	0.7	51.1	
	ポスト団塊の世代Ⅰ	501	100.0		3.8	7.2	4.2	4.8	3.0	2.6						74.5	
	ポスト団塊の世代Ⅱ	424	100.0		6.1	7.3	2.1									84.4	

（2）59歳時の仕事からの離職した年齢（離職年齢）

（人、%）

		集計回答者数	計	60歳時	61	62	63	64	65	66	67	68	69	70	離職していない	不詳
＜59歳時就業者＞																
男性	計	8,439	100.0	19.8	12.8	4.4	4.3	3.5	4.6	2.3	0.9	0.4	0.2	0.0	44.6	2.1
	団塊の世代	3,143	100.0	21.2	13.6	5.6	5.5	5.3	7.9	4.7	1.7	0.6			29.7	4.2
	プリ団塊の世代	832	100.0	17.3	13.9	6.9	7.9	6.9	5.3	5.5	2.8	1.8	2.2	0.2	23.9	5.4
	ポスト団塊の世代Ⅰ	2,538	100.0	20.3	12.8	4.3	4.9	2.8	3.8						51.2	0.0
	ポスト団塊の世代Ⅱ	1,926	100.0	17.9	11.2	1.7									69.2	0.0
女性	計	6,690	100.0	16.4	12.0	6.0	4.8	3.2	4.6	2.3	1.1	0.5	0.2	0.0	47.7	1.2
	団塊の世代	2,460	100.0	17.5	13.3	7.6	6.4	4.8	8.4	4.7	2.0	1.0			32.1	2.3
	プリ団塊の世代	593	100.0	17.4	13.3	7.9	5.7	5.4	6.9	6.2	4.0	1.5	2.4	0.0	24.6	4.6
	ポスト団塊の世代Ⅰ	2,042	100.0	15.7	12.8	6.3	6.5	3.0	2.9						52.7	0.0
	ポスト団塊の世代Ⅱ	1,595	100.0	15.2	8.7	2.3									73.9	0.0
＜59歳時正社員＞																
男性	計	4,886	100.0	27.6	17.6	4.9	4.4	3.9	5.4	2.3	0.8	0.3	0.2	0.0	31.2	1.4
	団塊の世代	1,777	100.0	29.9	18.6	6.6	5.4	6.2	8.8	4.7	1.5	0.5			14.5	3.3
	プリ団塊の世代	470	100.0	23.0	20.2	7.4	9.4	8.7	6.8	6.2	2.8	1.3	2.1	0.0	10.2	1.7
	ポスト団塊の世代Ⅰ	1,475	100.0	28.9	17.6	4.3	5.0	2.7	5.2						36.4	0.0
	ポスト団塊の世代Ⅱ	1,164	100.0	24.4	15.1	2.1									58.3	0.0
女性	計	1,661	100.0	23.6	21.7	5.3	4.0	2.6	4.0	1.8	1.1	0.2	0.1	0.0	34.9	0.7
	団塊の世代	597	100.0	27.1	23.6	6.9	4.7	4.9	8.0	3.7	1.5	0.3			17.9	1.3
	プリ団塊の世代	139	100.0	22.3	22.3	11.5	6.5	4.3	3.6	5.8	6.5	1.4	1.4	0.0	12.2	2.2
	ポスト団塊の世代Ⅰ	501	100.0	22.8	21.6	5.2	5.8	1.8	2.6						40.3	0.0
	ポスト団塊の世代Ⅱ	424	100.0	20.0	18.9	1.2									59.9	0.0

（3）59歳時の雇用継続の中で正社員から他の雇用就業形態へ転換した年齢（転換年齢）

（人、%）

		集計回答者数	計	60歳時	61	62	63	64	65	66	67	68	69	形態転換していない	不詳
＜59歳時正社員＞															
男性	計	4,886	100.0	16.1	9.5	2.5	1.4	0.7	0.7	0.3	0.1	0.0	0.0	67.2	1.4
	団塊の世代	1,777	100.0	15.5	8.8	2.9	2.0	1.4	1.1	0.6	0.1	0.1		64.2	3.3
	プリ団塊の世代	470	100.0	14.5	16.0	1.5	1.3	1.3	2.1	0.9	0.9	0.2	0.2	59.6	1.7
	ポスト団塊の世代Ⅰ	1,475	100.0	16.5	9.6	3.8	1.6	0.3	0.3					67.8	0.0
	ポスト団塊の世代Ⅱ	1,164	100.0	17.1	7.9	0.8								74.2	0.0
女性	計	1,661	100.0	13.9	7.1	2.1	1.2	0.7	0.8	0.3	0.2	0.1	0.0	72.9	0.7
	団塊の世代	597	100.0	13.2	5.9	3.0	1.5	1.3	1.3	0.8	0.3	0.2		71.0	1.3
	プリ団塊の世代	139	100.0	11.5	10.8	3.6	3.6	2.9	0.0	0.0	0.7	0.0	0.0	64.7	2.2
	ポスト団塊の世代Ⅰ	501	100.0	14.2	9.6	1.4	1.2	0.0	1.2					72.5	0.0
	ポスト団塊の世代Ⅱ	424	100.0	15.3	4.7	1.2								78.8	0.0

付属集計表5．文中グラフのバックデータ

図1　世代区分別雇用就業形態別割合の推移（通期回答者・男性）

(%)

	①有業の形態計				②正社員				③フルタイム非正規雇用者			
	団塊世代	プリ団塊世代	ポスト団塊Ⅰ世代	ポスト団塊Ⅱ世代	団塊世代	プリ団塊世代	ポスト団塊Ⅰ世代	ポスト団塊Ⅱ世代	団塊世代	プリ団塊世代	ポスト団塊Ⅰ世代	ポスト団塊Ⅱ世代
59歳時	91.2	91.6	90.8	92.5	51.5	51.7	52.8	55.9	7.5	5.8	8.1	9.6
60	83.7	85.8	83.5	87.3	30.8	34.4	31.4	34.8	19.0	14.8	20.1	22.9
61	80.8	81.6	81.4	82.6	19.4	18.1	19.9	22.3	24.0	22.6	26.0	28.0
62	77.7	78.5	80.1	81.5	16.4	17.0	17.6	19.5	23.2	19.7	25.8	26.5
63	73.7	71.6	77.2		13.8	14.6	15.5		21.4	16.8	24.6	
64	69.3	67.7	73.6		11.4	11.1	14.1		18.4	15.5	22.0	
65	62.4	62.0	64.7		8.0	7.5	9.3		15.0	14.1	17.7	
66	58.8	58.3			5.8	5.7			13.2	11.4		
67	56.6	55.7			5.3	5.7			11.5	10.0		
68	55.4	54.1			5.9	5.2			11.7	10.7		
69		50.3				4.3				8.4		
70		44.4				5.1				8.9		

	④パートタイム雇用者				⑤無業・就業希望				⑥無業・就業非希望			
	団塊世代	プリ団塊世代	ポスト団塊Ⅰ世代	ポスト団塊Ⅱ世代	団塊世代	プリ団塊世代	ポスト団塊Ⅰ世代	ポスト団塊Ⅱ世代	団塊世代	プリ団塊世代	ポスト団塊Ⅰ世代	ポスト団塊Ⅱ世代
59歳時	2.0	0.9	1.4	1.3	4.3	4.4	4.9	4.3	3.4	3.3	3.6	3.0
60	3.9	3.4	3.0	3.2	8.4	6.9	8.5	6.3	6.8	6.3	7.1	5.7
61	7.2	7.4	5.8	5.6	8.2	7.0	7.8	6.0	10.0	9.8	10.0	10.3
62	8.1	8.8	6.9	8.0	9.3	8.0	7.1	6.2	11.7	11.4	11.7	10.4
63	9.1	9.9	7.8		9.6	11.4	6.9		15.4	15.9	15.1	
64	10.4	10.7	8.0		10.2	10.7	7.2		19.3	20.3	18.3	
65	11.1	10.5	10.3		11.9	14.0	10.2		24.3	22.5	24.1	
66	12.1	12.0			11.0	12.9			28.5	27.3		
67	12.0	11.4			10.7	11.6			31.3	30.9		
68	11.3	10.2			10.9	11.6			32.2	31.7		
69		10.6				10.8				36.8		
70		8.9				12.7				40.5		

図2　世代区分別雇用就業形態間遷移別割合の推移（通期回答者・男性）

(%)

	①正社員→フルタイム非正規				②正社員→パート				③役員等・正社員→無業・就業希望者			
	団塊世代	プリ団塊世代	ポスト団塊Ⅰ世代	ポスト団塊Ⅱ世代	団塊世代	プリ団塊世代	ポスト団塊Ⅰ世代	ポスト団塊Ⅱ世代	団塊世代	プリ団塊世代	ポスト団塊Ⅰ世代	ポスト団塊Ⅱ世代
59→60歳	12.0	8.8	12.5	13.4	1.8	2.1	1.3	1.7	4.8	3.3	4.6	3.2
60→61歳	7.3	9.8	7.9	9.6	1.7	2.7	1.6	1.2	1.8	1.8	1.7	1.0
61→62歳	2.7	1.2	3.5	2.5	0.5	0.4	0.5	0.8	1.1	0.7	0.5	0.4
62→63歳	2.1	2.2	2.4		0.6	0.8	0.5		1.0	1.3	0.6	
63→64歳	1.6	2.1	1.5		0.8	0.4	0.3		0.6	1.4	0.5	
64→65歳	1.8	2.1	2.2		0.7	0.3	0.7		1.2	1.3	1.8	
65→66歳	1.0	1.0			0.4	0.7			0.8	0.8		
66→67歳	0.6	0.5			0.4	0.0			0.2	0.1		
67→68歳	0.7	0.4			0.2	0.1			0.2	0.1		
68→69歳		0.4				0.1				0.3		
69→70歳		2.5				0.0				0.0		

	④役員等・正社員→無業・就業非希望者				⑤無業→役員等・正社員・フルタイム非正規				⑥無業→パート			
	団塊世代	プリ団塊世代	ポスト団塊Ⅰ世代	ポスト団塊Ⅱ世代	団塊世代	プリ団塊世代	ポスト団塊Ⅰ世代	ポスト団塊Ⅱ世代	団塊世代	プリ団塊世代	ポスト団塊Ⅰ世代	ポスト団塊Ⅱ世代
59→60歳	2.6	2.5	2.7	1.9	0.8	0.9	0.8	0.7	0.5	0.4	0.3	0.4
60→61歳	2.1	2.5	1.8	2.5	1.7	1.2	1.5	0.5	1.3	1.2	1.1	0.7
61→62歳	0.6	0.9	0.6	0.5	1.3	0.8	1.2	1.1	0.7	1.1	0.9	0.4
62→63歳	0.7	1.1	0.9		0.7	0.8	0.4		1.1	0.5	0.6	
63→64歳	1.0	0.9	0.6		0.6	0.4	0.6		1.0	1.6	0.7	
64→65歳	1.2	0.3	2.1		0.5	0.5	0.8		1.2	1.1	0.9	
65→66歳	0.9	0.9			0.8	1.0			1.9	1.5		
66→67歳	0.4	0.4			0.9	0.8			1.1	1.1		
67→68歳	0.3	0.3			0.5	0.8			1.0	1.3		
68→69歳		0.9								0.8		
69→70歳										0.0		

	⑦フルタイム非正規→無業・就業非希望者				⑧パート→無業・就業非希望者			
	団塊世代	プリ団塊世代	ポスト団塊Ⅰ世代	ポスト団塊Ⅱ世代	団塊世代	プリ団塊世代	ポスト団塊Ⅰ世代	ポスト団塊Ⅱ世代
59→60歳	0.2	0.1	0.1	0.2	0.0	0.0	0.1	0.0
60→61歳	0.5	0.7	0.2	0.7	0.0	0.2	0.1	0.3
61→62歳	0.8	0.3	0.6	0.5	0.3	0.2	0.3	0.1
62→63歳	1.1	1.7	1.2		0.6	0.7	0.3	
63→64歳	1.4	2.2	0.8		0.7	0.9	0.6	
64→65歳	1.7	0.7	1.8		1.0	1.0	0.8	
65→66歳	1.2	0.9			1.0	1.2		
66→67歳	0.7	0.8			0.6	0.9		
67→68歳	0.3	0.2			0.6	0.0		
68→69歳		0.8				0.5		
69→70歳		1.3				0.0		

— 166 —

図3 世代区分別雇用就業形態別割合の推移（通期回答者・男性・59歳時正社員）

(%)

	①有業の形態計				②正社員				③フルタイム非正規雇用者			
	団塊世代	プリ団塊世代	ポスト団塊Ⅰ世代	ポスト団塊Ⅱ世代	団塊世代	プリ団塊世代	ポスト団塊Ⅰ世代	ポスト団塊Ⅱ世代	団塊世代	プリ団塊世代	ポスト団塊Ⅰ世代	ポスト団塊Ⅱ世代
59歳時	100.0	100.0	100.0	100.0	100.0	100.0	100.0	100.0	0.0	0.0	0.0	0.0
60	85.8	89.1	86.0	90.8	53.8	61.5	54.5	59.5	23.2	17.0	23.7	24.0
61	80.7	82.9	82.3	84.1	33.1	29.6	33.6	37.4	32.7	34.3	34.8	34.3
62	76.7	79.6	80.7	82.0	27.3	28.9	29.1	31.7	31.6	29.6	35.3	32.8
63	71.9	69.6	77.1		22.9	24.0	25.5		28.8	24.5	33.4	
64	66.1	63.7	72.5		18.3	18.5	23.2		24.8	22.3	30.2	
65	56.9	54.8	59.4		12.8	12.1	14.4		19.6	20.9	23.6	
66	53.3	50.0			8.4	9.1			18.3	16.2		
67	50.9	46.7			7.9	8.7			15.5	14.3		
68	51.4	46.4			8.3	8.5			16.0	15.1		
69		41.7				6.6				11.7		
70		42.1				10.5				15.8		

	④パートタイム雇用者				⑤無業・就業希望				⑥無業・就業非希望			
	団塊世代	プリ団塊世代	ポスト団塊Ⅰ世代	ポスト団塊Ⅱ世代	団塊世代	プリ団塊世代	ポスト団塊Ⅰ世代	ポスト団塊Ⅱ世代	団塊世代	プリ団塊世代	ポスト団塊Ⅰ世代	ポスト団塊Ⅱ世代
59歳時	0.0	0.0	0.0	0.0	0.0	0.0	0.0	0.0	0.0	0.0	0.0	0.0
60	3.4	4.0	2.5	3.0	9.1	6.0	8.5	5.5	4.6	4.3	4.7	3.3
61	8.4	9.6	6.9	6.2	8.4	6.6	8.4	4.7	9.8	9.4	9.0	10.3
62	9.4	11.5	8.5	9.9	10.4	7.0	6.4	5.5	11.8	11.1	11.8	10.8
63	11.6	13.6	10.2		10.7	12.1	6.6		16.5	17.2	16.1	
64	13.3	15.1	10.7		11.3	11.5	7.2		21.6	23.2	19.2	
65	14.4	14.0	13.3		14.1	16.6	12.9		27.4	26.8	26.9	
66	16.2	16.6			13.4	15.5			31.4	33.4		
67	16.4	15.3			12.5	14.9			35.0	37.2		
68	16.2	14.3			12.3	13.2			35.0	37.7		
69		14.5				12.3				43.6		
70		13.2				7.9				50.0		

図4 流れでみた雇用就業形態遷移（団塊世代の59歳時正社員だった男性）

(%)

	59→60歳	60→61歳	61→62歳	62→63歳	63→64歳	64→65歳	65→66歳	66→67歳	67→68歳
①正社員からの遷移									
正社員で変化なし	53.8	27.9	23.9	19.2	15.5	10.6	7.4	5.7	5.7
正社員→フルタイム非正規雇用者	23.2	12.9	4.5	3.5	2.6	3.0	1.9	1.0	1.0
会社役員等・正社員→無業・就業希望者	9.1	2.8	1.7	1.5	1.0	1.5	1.0	0.9	0.2
会社役員等・正社員→無業・就業非希望者	4.6	3.7	0.9	1.0	1.5	1.5	1.1	0.3	0.3
②パート化及び自営化									
正社員→パートタイム雇用者	3.4	3.2	0.9	1.1	1.3	1.1	0.8	0.4	0.0
フルタイム非正規雇用者→パートタイム雇用者	0.0	1.1	2.3	2.3	2.6	3.0	2.2	2.7	1.9
自営・家族従業者以外→自営・家族従業者	2.3	1.6	0.9	0.7	1.0	1.0	1.1	1.0	1.0
③形態転換経由「引退」									
フルタイム非正規雇用者→無業・就業希望者	0.0	1.0	2.0	2.1	2.0	2.8	1.5	0.9	0.7
フルタイム非正規雇用者→無業・就業非希望者	0.0	0.7	1.4	1.4	2.1	2.2	1.5	0.9	0.5
パートタイム雇用者→無業・就業非希望者	0.0	0.1	0.3	0.6	1.1	1.5	1.0	0.9	0.5
④無業からの引退									
無業→会社役員等・正社員・フルタイム非正規雇用者	0.0	2.1	1.5	1.0	0.6	0.5	1.0	0.9	0.7
無業→パートタイム雇用者	0.0	1.6	0.7	1.5	1.4	1.7	2.9	1.5	1.5
無業・就業希望者→無業・就業非希望者	0.0	1.6	1.7	2.6	2.9	2.5	2.7	4.0	3.4
無業・就業非希望者→無業・就業希望者	0.0	0.6	1.6	0.7	1.2	1.7	1.7	1.7	2.9

図5 試算した離職年齢から試算される59歳時の仕事に引き続き就業（雇用）継続している割合（59歳時＝100）

	59歳時	60	61	62	63	64	65	66	67	68	69	70
○59歳時就業者（男性）												
団塊の世代	100.0	78.8	65.2	59.6	54.1	48.8	40.9	36.2	34.4	33.8		
プリ団塊の世代	100.0	82.7	68.8	61.9	54.0	47.1	41.8	36.3	33.5	31.7	29.6	29.3
ポスト団塊の世代Ⅰ	100.0	79.7	66.9	62.7	57.8	55.0	51.2					
ポスト団塊の世代Ⅱ	100.0	82.1	70.9	69.2								
○59歳時就業者（女性）												
団塊の世代	100.0	82.5	69.2	61.6	55.2	50.4	42.0	37.3	35.4	34.3		
プリ団塊の世代	100.0	82.6	69.3	61.4	55.6	50.3	43.3	37.1	33.1	31.5	29.2	29.2
ポスト団塊の世代Ⅰ	100.0	84.3	71.5	65.2	58.7	55.7	52.7					
ポスト団塊の世代Ⅱ	100.0	84.8	76.2	73.9								
○59歳時正社員（男性）												
団塊の世代	100.0	70.1	51.5	44.9	39.5	33.3	24.4	19.7	18.2	17.8		
プリ団塊の世代	100.0	77.0	56.8	49.4	40.0	31.3	24.5	18.3	15.5	14.3	12.1	11.9
ポスト団塊の世代Ⅰ	100.0	71.1	53.6	49.3	44.3	41.6	36.4					
ポスト団塊の世代Ⅱ	100.0	75.6	60.5	58.3								
○59歳時正社員（女性）												
団塊の世代	100.0	72.9	49.2	42.4	37.7	32.8	24.8	21.1	19.6	19.3		
プリ団塊の世代	100.0	77.7	55.4	43.9	37.4	33.1	29.5	23.7	17.3	15.8	14.4	14.4
ポスト団塊の世代Ⅰ	100.0	77.2	55.7	50.5	44.7	42.9	40.3					
ポスト団塊の世代Ⅱ	100.0	80.0	61.1	59.9								

注：「ポスト団塊Ⅱ世代」は参考であり、本文グラフには図示していない。

図6 試算した引退年齢から算出される引退せずに労働力の状態にいる割合（59歳時＝100）

	59歳時	60	61	62	63	64	65	66	67	68	69	70
○59歳時就業者（男性）												
団塊の世代	100.0	98.3	96.0	94.0	91.1	87.4	82.3	77.3	73.7	71.7		
プリ団塊の世代	100.0	99.0	96.4	94.7	92.2	88.6	85.1	80.0	76.4	73.0	65.4	64.9
ポスト団塊の世代Ⅰ	100.0	97.7	95.1	92.8	89.3	87.0	84.4					
ポスト団塊の世代Ⅱ	100.0	98.3	95.1	94.1								
○59歳時就業者（女性）												
団塊の世代	100.0	96.2	92.6	89.7	86.5	82.6	77.0	71.8	68.3	66.0		
プリ団塊の世代	100.0	97.0	92.4	88.5	85.3	81.8	78.1	74.7	69.5	66.4	59.9	59.4
ポスト団塊の世代Ⅰ	100.0	96.4	92.1	89.1	84.6	81.4	78.6					
ポスト団塊の世代Ⅱ	100.0	96.2	92.7	90.7								
○59歳時正社員（男性）												
団塊の世代	100.0	97.4	94.0	91.4	87.8	83.1	77.0	71.2	67.1	64.9		
プリ団塊の世代	100.0	98.5	94.5	92.1	88.3	83.4	78.5	71.5	67.9	64.3	55.3	54.5
ポスト団塊の世代Ⅰ	100.0	96.5	93.0	89.9	85.5	82.8	79.4					
ポスト団塊の世代Ⅱ	100.0	97.6	93.0	91.8								
○59歳時正社員（女性）												
団塊の世代	100.0	94.1	85.8	81.9	78.4	73.7	67.8	63.3	60.5	58.1		
プリ団塊の世代	100.0	96.1	89.2	81.3	77.7	71.9	67.6	66.9	60.4	56.8	51.8	51.1
ポスト団塊の世代Ⅰ	100.0	96.2	89.0	84.8	80.0	77.0	74.5					
ポスト団塊の世代Ⅱ	100.0	93.9	86.6	84.4								

注：「ポスト団塊Ⅱ世代」は参考であり、本文グラフには図示していない。

図7 59歳時の仕事からの離職年齢別引退年齢が同じである割合（男性／通期回答者）—各年齢での離職者のうちに占める割合—

①59歳時就業者計　　　　　　　　　　（％）

離職年齢	団塊世代	プリ団塊世代	ポスト団塊世代Ⅰ	ポスト団塊世代Ⅱ
60歳	8.3	5.6	11.4	9.6
61	11.1	16.2	14.5	20.5
62	13.9	14.0	22.0	24.2
63	21.1	11.9	34.1	
64	18.2	24.6	22.2	
65	27.6	17.8	42.3	
66	27.7	32.6		
67	41.8	17.4		
68	47.4	33.3		
69		61.1		

②59歳時正社員　　　　　　　　　　（％）

離職年齢	団塊世代	プリ団塊世代	ポスト団塊世代Ⅰ	ポスト団塊世代Ⅱ
60歳	8.9	6.5	12.0	9.9
61	11.8	16.8	13.9	22.2
62	16.2	20.0	23.8	24.0
63	24.0	18.2	39.2	
64	18.9	19.5	17.5	
65	26.1	18.8	39.5	
66	26.2	41.4		
67	34.6	7.7		
68	25.0	50.0		
69		50.0		

注：「ポスト団塊Ⅱ世代」は参考であり、本文グラフには図示していない。

図8 59歳時の仕事からの離職年齢別引退年齢割合（累積）（59歳時正社員・男性／通期回答者）

（％）

	①60歳時離職		②62歳時離職		③63歳時離職		④65歳時離職	
	団塊世代	プリ団塊世代	団塊世代	プリ団塊世代	団塊世代	プリ団塊世代	団塊世代	プリ団塊世代
60歳引退	8.9	6.5						
61	12.6	9.3						
62	15.3	12.0	16.2	20.0				
63	19.8	17.6	22.2	22.9	24.0	18.2		
64	25.8	25.0	26.5	22.9	29.2	22.7		
65	31.5	30.6	30.8	31.4	31.3	25.0	26.1	18.8
66	36.0	38.0	34.2	31.4	33.3	31.8	31.2	34.4
67	39.9	41.7	39.3	37.1	36.5	38.6	36.9	37.5
68	42.4	44.4	42.7	40.0	40.6	43.2	38.2	43.8
69		50.9		45.7		54.5		59.4
70		50.9		45.7		56.8		59.4

図9 59歳時仕事からの離職の理由（59歳時正社員・男性／通期回答者）（複数回答）

（％）

	計			うち61～64歳時離職		
	団塊世代	プリ団塊世代	ポスト団塊Ⅰ世代	団塊世代	プリ団塊世代	ポスト団塊Ⅰ世代
定年	64.1	54.6	69.6	56.3	53.5	59.9
契約期間満了	13.6	19.6	8.5	16.3	19.1	11.7
希望退職に応じた	3.1	2.9	2.7	2.1	2.3	1.6
倒産	1.6	1.9	1.0	2.3	1.4	1.1
解雇	4.4	2.9	2.1	6.3	1.9	2.1
新しい仕事が見つかった	1.2	1.4	1.6	1.1	2.3	2.8
健康	4.7	5.3	5.5	5.8	5.1	8.3
家族の介護・看護	1.2	0.5	2.5	1.4	0.5	2.1
子・孫の育児	0.3	0.2	0.2	0.2	0.5	2.6
人間関係	1.8	1.2	1.9	3.2	0.9	3.4
労働条件	3.5	1.7	3.0	4.7	2.8	4.4
年金受給開始	6.2	6.0	5.4	7.2	7.0	7.3
その他	2.7	7.0	3.3	2.4	7.4	3.9
離職理由不詳	5.9	8.2	4.1	7.9	8.8	5.0

V　用語の定義

1　就業継続
第1回調査以降、「仕事をしている」と継続して回答している状態をいう。

2　離職
「就業継続」していた者が、「仕事をしていない」と初めて回答した場合をいう。
例えば、第3回調査まで「仕事をしている」と回答し続けていた者が、第4回調査で「仕事をしていない」と回答した場合、第4回調査で「離職」が発生したとみなす。

3　生存時間分析
あるイベントの発生パターンとその要因に関する分析手法の総称。生存分析、ハザード分析、期間分析ともいわれる。

4　カプラン・マイヤー法
あるイベントが発生し得る期間の開始から終了までの時間の長さの順にケースをならべ、経過時間ごとにイベントが発生しない確率、つまりは生存率の算出を行い、その生存率の値を掛け合わせることで、経過時間ごとの生存率を求める方法である。

5　離散時間ロジット・モデル
生存時間分析のうち、時間の測定単位が連続的（際限なく細かい）とは仮定できず、離散的（序数的）である場合に利用される分析手法。

6　オッズ比
基準カテゴリに対する相対的なイベントの発生確率を示す。オッズ比が1より値が小さい場合、基準カテゴリよりイベントの発生確率が低く、1より大きいと発生確率が高いことを意味する。

7　健康意識
「健康」
　　調査日現在の健康状態について、「大変良い」「良い」「どちらかといえば良い」と回答した者をいう。
「不健康」
　　調査日現在の健康状態について、「大変悪い」「悪い」「どちらかといえば悪い」と回答した者をいう。

8　遷移確率行列

　2時点間の状態の変化を示す行列で、ここでは、ある年齢（t歳時点）で健康であった人が1年後（t＋1歳時点）に変化があったかどうかを示す。

　個人の属性別に遷移確率行列を作成することで、ある状態であった人がその状態のままである確率や、ある状態から別の状態へと変化する確率を比較することができる。

9　賃貸住宅居住者

　賃貸住宅に住んでいる者をいう。社宅等は含まない。

10　固定効果推定

　パネルデータを用いた統計分析の手法の一つで、調査においては直接測定されていない個人の効果を統制することができる。

平成31年4月10日　　発行　　定価は表紙に表示してあります。

中高年者縦断調査
（中高年者の生活に関する継続調査）
特 別 報 告

編集　厚 生 労 働 省 政 策 統 括 官
　　　（ 統 計 ・ 情 報 政 策 、 政 策 評 価 担 当 ）

発行　一 般 財 団 法 人　　厚 生 労 働 統 計 協 会
　　　郵 便 番 号　 103-0001
　　　東 京 都 中 央 区 日 本 橋 小 伝 馬 町 4 番 9 号
　　　小 伝 馬 町 新 日 本 橋 ビ ル デ ィ ン グ 3 階
　　　電 話　 0 3 － 5 6 2 3 － 4 1 2 3

印刷　大 和 綜 合 印 刷 株 式 会 社

この報告書は表紙にリサイクルに適さない資材を使用しているので、古紙回収に出す場合は、取り除いてください。